学习领导模式的建构与实施研究

刘建强◎著

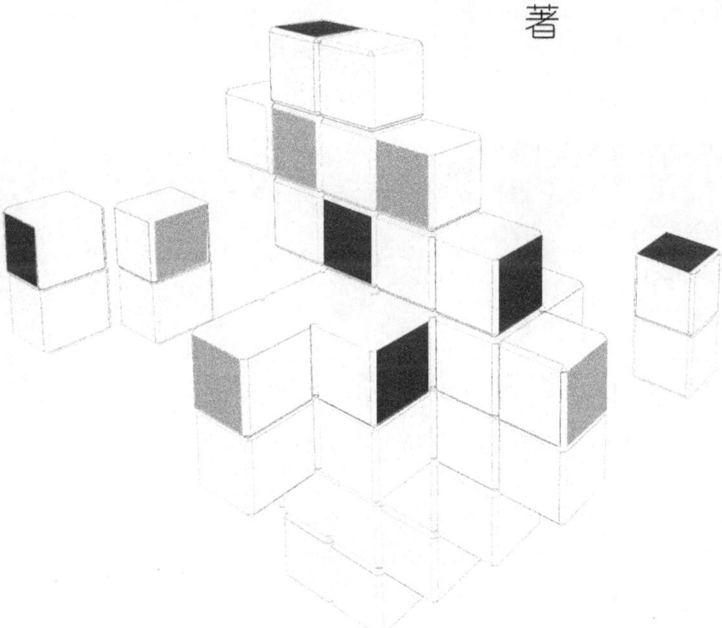

世界图书出版公司
广州·北京·上海·西安

图书在版编目（CIP）数据

学习领导模式的建构与实施研究 / 刘建强著 .—广州：世界图书出版广东有限公司，2017.11

ISBN 978-7-5192-3979-4

Ⅰ . ①学… Ⅱ . ①刘… Ⅲ . ①学校管理—领导学 Ⅳ . ① G471

中国版本图书馆 CIP 数据核字（2017）第 280481 号

书　　名　学习领导模式的建构与实施研究
XUEXI LINGDAO MOSHI DE JIANGOU YU SHISHI YANJIU
著　　者　刘建强
责任编辑　刘文婷
装帧设计　楚芊沅
出版发行　世界图书出版广东有限公司
地　　址　广州市海珠区新港西路大江冲 25 号
邮　　编　510300
电　　话　（020）84459702
网　　址　http://www.gdst.com.cn/
邮　　箱　wpc_gdst@163.com
经　　销　新华书店
印　　刷　虎彩印艺股份有限公司
开　　本　787mm × 1092mm　1/16
印　　张　17
字　　数　207 千字
版　　次　2017 年 11 月第 1 版　　2017 年 11 月第 1 次印刷
国际书号　ISBN 978-7-5192-3979-4
定　　价　49.00 元

摘要

学校领导的核心工作是教师的教学与学生的学习，学习与领导紧密相连，如何领导学习是学校领导的一个重要的、全新的、跨学科的研究领域；我国自2002年全面推进新一轮基础教育课程改革以来，如何提高学校学习的质量是学校领导者最为关心的话题，也是学校领导变革的方向；如何适应新时代发展的要求，构建新课程背景下的学习领导模式，在实践中探索出一个具有中国特色的学习领导新模式，是当前学校管理面临的重要问题。

本书首先从理论上阐述了实施学习领导的必要性，解释了学习领导的内涵和特征，分析了学习领导的积极意义。本书认为，学习领导隶属于教育领导的范畴，是继课程领导、教学领导之后一种新的领导范式、领导形态；学习领导直接服务于学习者的学习，以关注和提升服务学习者的学习质量和效果为第一要义；它将领导的职能、范围、功效延伸至教师、学生以及与学校学习密切相关的人员，这些成员的行为直接影响学生的学习活动，并间接影响学校文化的创建、共同愿景的塑造、教和学的各种资源提供等活动；学习与领导之间形成一种互惠的建构式关系，学习取向的领导文化建构新的学校领导意义，产生可持续性的效果。学习领导对改变学校领导者的角色和定位、领导者与被领导者的关系、发挥学校成员在学习中的领导作用、提高教育质量和学校组织的效率、推动学校领导理论的发展等方面具有重要意义。

本书运用行动研究法试图建构一个学习领导模式。首先从理论和现实需求两方面论证了学习领导模式的必要性，从理论上来说，学校中的每一个成员应当以学习者的主体身份去主动确定学习目标、分享组织知识；校长、教师起学习促进者的作用而不是知识的源泉，学习者的学习过程是与学习内容、领导能力相互作用的过程；学校领导的目的在于通过激励、影响等手段培养学习者的自我领导能力。从现实需求来说，学习化、信息化、全球化的社会大背景中，原有的学校领导不利于新课程改革的深入开展，不利于学生学习成绩的快速提高。因此，学校每一个成员都需要再学习，需要得到他人的正确领导，需要能落实具体学习内容的新型领导模式。

然后从领导价值取向、组织模式、作用方式、运作方式、领导学习内容、评价系统、保障机制等方面建构了一个学习领导模式。这种模式以学习为学校领导的价值取向，领导的作用力集中于学习成就的提升，通过学习社群的构建、拓宽领导来源、实施多元领导、增强领导密度等方式的具体运作，实现“合作学习、共享领导”的学习领导目的。在学习领导实践中，校长自我领导学习的示范、激励作用，对个体和组织学习领导活动的深入开展、学习领导者的培养等工作具有相当重要的意义；配备必要的评价、保障机制能保证学习领导行动迈向学校发展愿景。这种模式成功运作的表现：提升了校长的领导智慧，校长能自觉向名优校长的方向努力；促进了教师的专业发展，让学习优秀的教师进入名优教师的行列；提升了学生的学习成就，学生学会学习、自主学习，走向终身学习之路；学校也因此得以不断改进和变革。

基于以上建构的模式，研究者本人在学校实践中加以试行。在首轮实践中，根据 W 小学在发展中存在的各种问题，抓住学校变革和可持续发展的根本 —— 学习，建立院校协作联盟，以综合性项目的学习为切入口对学校组织学习进行领导，通过高效课堂的构建、开展课题研究、鼓励教师在职进修等活动来领导教师学习，通过建立学生学习共同体、实施有效教学等活动来领导学生学习，特别例举了学科知识、方法、价值和整体掌握学习是学习领导的具体指向。

从第一轮试行的结果来看，初步改变了学校办学初期那种盲目、慌张、杂乱、低效的状况：（1）校长尝试运用“五大价值”处理“学习—领导”工作；（2）组织学习激发了师生主动学习、自主学习的志趣；（3）唤醒了教师的学习领导意识，学习领导的权责得到分布；（4）教师加强了学科学习的具体领导，教与学的能力增强。同时也发现了不足之处：（1）校长学习的自我领导的榜样示范作用，对师生没有起到很好的影响、教化功效；（2）学习领导模式下还沿用科层制组织结构，阻碍了学习者的人际关系改善发展，不利于培养优秀的学习领导者；（3）该模式虽然涉及学习领导的各个层面，但是学习领导的环境没有得到进一步优化。

针对第一轮实践中存在的问题，在第二轮行动研究中突出了校长在学习领导中的主导地位，在加强学习的自我领导的同时注重组织学习的价值引导、培养学习领导者；为关照学校的主体——师生，激发师生的学习领导潜能而调整了原有的科层制组织结构，建立了扁平式的领导组织结构；校长通过自身的榜样作用和积极影响，鼓励师生参与领导学习的工作；运用给优秀的学习领导者给予评优评先的机会、只奖不罚的激励方式、引导师生自我领导学习等措施，改善了学习的领导环境。

本研究通过对全校48名教师的访谈，证明学习领导模式能够改变学校学习和学校现状，其效果体现在：（1）学校的领导现状得以改观。学校以教师专业发展为突破口，注重以学习提高教师的整体素质、完善学校的知识结构，形成学校发展的共同愿景。院校协作活动和人文价值教育项目学习，带动了全校师生走向学习改善工作和生活品质的自觉道路。（2）学习的领导环境得到改善。在H大学的辅助下，学校对综合性项目做了详细的规划和部署，干部、教师能把校长的学习领导意图落实到具体的工作当中，强化了自身在学习中的领导作用，增强了学习的自主性和主动性，改善了学校成员之间的人际关系。（3）学习的渠道变得更加宽广。在大学教授、硕博研究生的学习协助和指引下，开辟了综合性项目、高效课堂项目、课题研究、学历进修和网络研修、学校联盟研讨等方面的学习，使知识的传播渠道变得更加畅通。（4）学习领导的能力得到提高。校长把学习的领导责权分散到优秀的教师、学生和家长的身上，老师们体悟到了如何"领"、如何"导"、如何"学"，使教与学保持最有效的状态。（5）学习领导的来源更加广泛。通过学习领导的实践，全体教师懂得了学习成效体现，必须通过领导他人学习、大胆实践和反思才能检验出来，于是主动参与对学校学习的领导，承担学习的领导责任，发挥自己的优势，共同致力于学生学习成就提升的领导工作。（6）学校的美誉度大幅上升。学习领导模式的成功运作，促进了学校的整体发展，展示了新学校应有的新气象，赢得了各界的赞许。经过两轮实践，证明本书设计的学习领导模式是切实可行、积极有效的。

本书研究者作为新的领导模式的推进者，深刻体会到学习领导理念为学校领导带来全新的认识视角，学习领导模式是积极有效的。其价值主要体现在学习领导能够改善学校学习的结果，学习领导模式可以转变校长领导的观念、培育更多的学习领导者、共建“合作学习、共同领导”的新型学校文化，从而提高学校组织智能，为学校组织的改进和长期发展提供良好的领导决策环境。

关键词：学校领导　学习领导　学习成就　领导模式

Abstract

The core work of the school leader is closely linked by teachers' teaching, students' learning, and the relationship of the learning and leadership. To learn how to lead learning is an important, brand new, and interdisciplinary field of research. It has become the most concern topic and the direction of reform of the school leaders since our country comprehensively promoted the new elementary educational curriculum reform in 2002. The current school administration is facing the important issue on how to meet the demand of the new area, to build the learning leadership model in the new curriculum background, and to explore a new model of leaning leadership with the Chinese characteristics.

The dissertation firstly theoretically elaborates the necessity of implementing learning leadership, explains the meaning and characteristics, and analyzes the positive significance of learning leadership. This dissertation argues that the learning leadership is part of the educational leadership, which become a new paradigm of leadership, and leadership form following the curriculum leadership, and instructional leadership. Learning leadership directly serves learners and enhances the quality of learning for the learners. The first prerequisite is following closely and serving the best quality and effectiveness for them, with the first prerequisite of concerning and serving the best quality and effectiveness for learners. The efficiency of the leadership will extend to the teachers, students, as well as the related school personnel. The behaviors of these members directly affect student learning activities, and indirectly affect and provide a variety of resources for the school culture development, the shape of common vision, teaching and learning, and other activities. It will become a reciprocal, structural relationships between learning and leading, which will produce sustainable results by constructing a new significance of school leader from learning oriented leadership culture. The learning leadership has significance on changing the relationship between the school leader's role and position, the leader and the staffs, members of the school leadership role in learning and improves the quality of education and school organizational efficiency, and promote the development of theory and other school leaders.

The dissertation attempts to construct an action research to build a learning leadership model. First, it demonstrates the necessity from both theoretical and practical aspects demand for the learning leadership model. Theoretically, every member in school shall determine the identity of the learner’ s active learning objectives and share the organizational knowledge. The principals and teachers play the role of a facilitator rather than the source of knowledge. The learner’ s learning process is interacting with the learning content and leading ability. The purpose of school leader is to encourage and impact the learners’ self-leadership. In the practical demands and the social background of learning, technology and globalization, the existing school leadership is not conducive to carry out the new curriculum reform and disadvantage for the rapid increase in students' achievement. Therefore, each member of school needs to learn more, to get the correct leadership from others, and to implement the specific learning content on the new leadership model.

Second, it constructed a learning leadership model in terms of the leadership values, the organizational models, action, operation, the content of learning leadership, evaluation system, and the protection process. The purpose of the model is to learn the value orientation of the school leadership. It realizes the purpose of cooperative learning and shares leadership by building learning communities, broadening the sources of leadership, implementing diverse leadership, strengthening leadership density and so on. In the practice of learning leadership, principals' self-learning will demonstrate and incentive with important significance on the individual and organizational learning leadership activities, as well as the learning leadership training. Necessary evaluation and safeguards ensure the development of a common vision for school leadership actions towards the learning leadership. On one hand, to operate the performance of this model successfully will enhance the principals' leadership wisdom, and the conscious effort in the direction of the famous principal. On the other hand, it will promote professional development of teachers, and make good learner get into the famous teachers. What's more, this model will enhance students' achievement as well. Students will learn how to learn and self-study to get into the road of lifelong learning. With all advantages above, school will be able to continue to improve and change to make it better.

Based on the above construction of the model, the researcher tries out in school practice. In the first practice, according to the problems of the primary school W 's development, the researcher seizes the school change and sustainable development of the fundamental ——learning, he establishes the coalition of institution and school, integrates learning project for the organizational learning in school leadership; he leads teachers and students to learn through building the efficient classes, carrying out research, encouraging teachers' training, establishing community learning , effective teaching and other activities. He specifically exemplifies the academic knowledge, methods, values and overall mastery learning as the specific direction of learning leadership.

From the results of the first round, it has initially changed the circumstances happened in the phase of starting school such as blindness, panic, mess, and inefficiency. They include: (1) the principal tries to use "Five Values" methodology to deal with the duty of the " Learning – Leadership". (2) Organizational learning inspires the interest of the teachers' and students' actively and independently learning. (3) The teachers' awareness of the "Learning-Leadership" has been aroused, meanwhile the responsibility of the "Learning-Leadership" has been distributed. (4) It enhanced the teachers' learning skills simultaneously. However, the drawbacks come along with: (1) the self-improvement of the principals didn't bring significant positive influences to the teachers and the students. (2) the Learning – Leadership model is required to consider the organizational structure, which blocks the learners' improvement of relationship and disadvantages to foster great learning leaders. (3) Even the model gets all the perspectives of the "Learning – Leadership" involved, the environment of the learning-leadership was not improved.

For the problems in the first round of practice, it highlights the dominance of the principal leaders of the learning leadership in the second round. The self-leadership of learning has been strengthened while the value of learning and the cultivation of the learning leaders have been focused. To take care of the teachers and students, the main part of the school, and to inspire teachers' and students' potential of learning leadership, the principle adjusts the original hierarchical organization structure, and establishes a flat leadership structure. Through the example of the principal's self-study, positive impact, it encourages teachers and students to participate in the work of the learning leadership. It has improved the learning leadership environment by using priority appraisement for good learners, only rewarding exciting mode, and guiding teachers and students to self-leadership and other measures.

In the study, 48 teachers were interviewed and proved that the model of learning leadership is able to change school learning environment and the existing situation. The effect was reflected on the bellowing: (1) the current situation of the school leader has changed. Based on the teachers' professional development as the breakthrough, school focused on improving the teachers' overall quality and the knowledge structure, which formed a common vision for the school development. Collaborative activities, cultural institutions and the value of education programs are also leading the teachers and students to work and learn , and improving their quality of life in the conscious way. (2) Learning leadership improves the learning environment. In aid of H University, the school made a detailed comprehensive project planning and deployment of cadres, teachers can put leadership principal's intentions into concrete work, which bolds leadership role in their own learning, and enhances learning autonomy and initiative to improve the relationships between the members of the school. (3) The channels of learning becomes more spacious. In the assistance and guidance from the university professors and graduate students, it become more smooth on the dissemination of knowledge by opening up integrated projects, efficient classroom projects, research, educational training, network training, seminars and other aspects of school alliances. (4) It improves the ability of learning leadership. The principal dispersed the leadership responsibilities and rights to the excellent teachers, students and parents. The teachers realized how to "lead", how to "guide", and how to "learn", which maintained the most effective state between teaching and learning. (5) The learning leadership has more widespread sources. Through experiential learning leadership, all the teachers understand the learning outcomes, which reflects on daring to test out by leading others to learn and practice. Therefore, to active participation of school leadership, to assume leadership responsibility, to play to their strengths, to work together, enhances student- achievement's leadership. (6) The school' s reputation has significantly increased. The successful operation of leadership model promotes the overall development of the school, which showed the new atmosphere of the school and won praise from all other area. After two rounds of practice, it proved that the design for the learning leadership model is viable, active and effective.

In this dissertation, as a new model of leadership facilitator, the author realized that the "Learning -leadership" model could be a better and more effective solution for the school leaders. The beauty of the model includes improving the learning efficiency, changing the leadership patterns and the leadership concept of the current principals, and fostering more learning leaders. It is expected to build the new academic culture of "cooperative learning and sharing leadership" can improve the academic organizational functions. Furthermore, it would also assist to provide ideal environment of leadership and decision-making for the long-term development of academic organizational structure.

Keywords: School leaders Learning leadership Learning achievement Leadership model

目录

1 绪言

学习与领导分属于两个不同的研究领域，但在学校情境中，学校领导的核心工作是教师的教学与学生的学习，教师教学水平的提高是提高学生学习能力的根本保障；教学是一项专业工作，要提高教师的教学水平，就离不开高效率的个人学习与组织学习。因此，学习与领导紧密相连，如何领导学习是学校领导的一个重要的、全新的、跨学科的研究领域——学习领导。

自20世纪80年代以来，“学习领导”一词在西方发达国家陆续出现，现在已经成为国际潮流，美国、英国、澳大利亚等西方发达国家，以及香港、台湾等地区都先后对学习领导开展了相关的研究；这些国家和地区的学校也进行了学校领导改革和实践，学习领导已成为国际研究的热点。我国自2002年全面推进新一轮基础教育课程改革以来，为了每一位学生的发展和中华民族的复兴，在学校领导、教育教学等方面也紧跟着时代的发展而变革。特别是社会各界对优质教育资源的需求不断扩大，如何提高学校学习的质量、教育教学水平和办学成效是学校领导者最为关心的话题，也是学校领导变革的方向。学校教育教学质量的提高有赖于学校领导的领导价值取向；教师教的质量在于教师对现代教育的理解和现代教育技术在教学中的运用程度；学生的学习成就在于教师对学生学习的组织、引导和评价。于是，学校领导如何聚焦于学习，对学校领导领域的改革提出了新的要求，提供了新的契机。

在学校各个层面的学习中，原有的学习管理模式偏重于安排、控制和完成，已经不能适应学习社会发展的需要，新的更加科学的模式逐步诞生，学校必须适应新时代发展的要求，构建新课程背景下的学习领导模式。我国的新课程改革也毫无疑问地要借鉴发达国家和香港、台湾等地区的先进经验，同时，更要结合我国实际，在实践中探索和总结出一个具有中国特色的学习领导新模式。

1.1 问题的缘起

当今时代，世界在飞速变化，新情况、新问题层出不穷，知识更新的速度大大加快。知识的不断更新要求人们进行终身学习。学习是人类认识自然和社会、从自然人转变为社会人的必由之路，是人发展自我、提升在社会生存的最佳选择。终身学习是知识信息化、社会化过程中，对人的发展的必然要求，是人类适应不断发展变化的客观世界的一种能力，是一个贯穿于人的一生的、持续不断的过程。因此，学习成了人们谋生、自身发展、充实精神生活和提高生活质量的内在需要。每一个社会成员都是学习者，学习不受时间和空间的限制，社会上每一个学习者都有各种学习的机会，学习方式向多元化方向发展。对于学校来说，学习是每一个学校成员的权利与责任，促进多元学习、提升学习成就是学校之所以称之为学校的根本含义，更是学校领导关注的重点工作。学校领导加强学校学习的领导，对学校成员的学习和学校的发展具有重要意义。

1.1.1 学校亟需学习领导

基于学习领导对学校成员和学校发展的重要意义，学校应该对学习社会带来的变化做出积极回应，着力去改变学校的领导模式，通过领导理念的转变，增进学校领导对学生学习成就的重视，通过“一种系统持续地努力，旨在改变校内的学习条件和其他相关条件，最终能让学校更有效地实现教育目标（Van Velzen，et al.，1985）”[1]。

（1）新一轮的课程改革，一方面学校课程设置、教学方式、学习内容均发生了变化，另一方面人们对优质教育的需求更加强烈，对学校领导、教与学带来一种前所未有的挑战。学校领导者应该把学习与领导结合起来，根据新时代的特点审视学习的范式、探索教育领导新的含义、过程和功能，以改进学校学习、推动学校的变革和发展。但是，在现实中，以校长为首的学校领导团队，过于注重课程和教学的改革，将大量的时间和精力用于探讨如何实施课程和改进教学方法上，疏于将重点放在改进学校学习和如何领导学习方面。学校对学习的领导往往把注意力集中在教师身上，在一定程度上忽略了校长及其学校领导在领导学习中的重要作用，忽略了校长、教师、学生、家长在学习中的重要作用和积极意义。因此，校长应进一步提高领导学习的思想认识，认清并找准学校成员在领导学习中存在的有碍于提升学习成就的问题所在。也就是说，校长和师生都应强化对学习与领导之间关系的理解，促进多元学习、合作学习，共享领导。

（2）从教师学习层面来看，凡是学校领导交代的任务，能够接受、能够去完成。但是，对于自己不懂的东西，需要学习什么、怎样学习、达到什么状态成为教育生活中的一个难题。教师对学生学习的领导缺乏有目的

[1] 梁歆，黄显华.学校改进的理论和实证研究［M］.上海：华东师范大学出版社，2010：8.

性和具体指向，就变成了应付学习、表面学习，急于应用，因此在推进教学改革和现场展示中，做“戏”的程度高，“教”和“学”主导地位没有得到本质意义上的体现，在促进课程改革、推进教学方式与学习方式的转变中没有发挥应有的作用。课堂上，为了考试，教师更多的是关注教材知识的讲授，其方式是教师讲知识，学生学知识、做练习，疏于引导学生把知识内化为自己的能力、知识结构和情感的意识。加上在县级以上的城市中，教师待遇和工资福利大体相当，教师流动的几率明显下降，在教师队伍相对稳定的情况下，新的人事制度、考核评价标准和绩效奖金制度，没有真正触及教师的心灵深处。因此，大部分教师对自身专业发展的积极性不高，教龄长一点的教师出现严重的职业倦怠，表面学习和应付学习很难突破专业成长的“高原期”，年纪轻一点的教师很想做一番事业，但知识的更新和教育技术的换代实在太快，让人不知所措，出现严重的“本领恐慌”。引导、激励教师学习成了学校领导不得不关注的重点。

（3）从学生学习的表现来看，随着新课程改革的不断深入，学生在课堂上主动参与意识是有了很大改善，但受传统课堂教学模式的影响，教师对新课程理念理解片面、肤浅，不能按照课程标准和编者的意图挖掘教材、处理教材和使用教材，不能准确地把握教学目标，不能围绕教学目标设计教学活动，其教学设计缺乏整体性，尤其是缺乏对学生学科方法、学科价值和学科整体内容的学习引导，使得“过程与方法”和“情感态度价值观”目标的落实只停留在口头上、表面上。课堂上学生的学习基本上是按照教师的教学指令机械地接受知识，学生缺乏交流的时间和空间，其主体性很难得到发挥；在理解与本书内容不同的概念时有很大困难，不能理解为何做和如何做，只是记忆事实和模仿操作程序，导致学生一旦离开课堂、离开教师，就不知如何去学习。学生的这些表现，教师很想去改变，但已有的知识和技能无法把握学科结构所设计的内容、整体学习的重要性，难于达到全方位领导学习的要求。

1.1.2 校长应强化学习领导

学校的变革和发展，必须有充分的知识和技能储备。学习是学校每一个成员必须做的一项日常性工作，成员学习的质量与学校对学习的重视程度跟校长对它的重视程度密切相关，也直接影响学校变革和发展的能力。因此，学校领导在学习方面必须做到“领先一步、导人一程”——自己率先加强学习，学会自我领导学习；在领导方面，寻找合适的领导方式，改善学校成员之间的关系，促进组织学习，并引导师生参与对学习的领导、承担领导学习的责任。最终使学校组织在有效的领导下，变成一个学习力强的组织。一个学习力强的组织，更愿意接受新事物，敢于尝试创新，变革的热情和积极性较高。

（1）对于年轻的学校、年轻的校长来说，应认清学习对学校个体和组织发展的重要意义。在学校变革和发展中，学校师生、校长学习状态可以反映出学校发展的快慢。校长必须通过学习校史、社情，读懂学校的现状，以厘清学校进一步发展的思路，确立和优化办学理念，重点思考如何改善学校的学习、提升学校变革和发展的智能。因此，校长需要弄清学习领导的基本理论，它的具体内涵、特征、包含哪些主要的领导理论，明确学习领导的重要性、必要性和所需要的条件，从而形成通过学习改善学校人际关系、促进学校知识分享、改善学校知识结构、提升学校竞争力的共同愿景，并让其成为全体师生的共识并形成积极的舆论导向。

（2）校长应考虑如何提高个体、组织在学习中的学习成就，提高领导的绩效。可以通过领导个体和组织的学习，总结出更加适应学校发展的领导方式，使学校领导者的领导理念得到转化和更新，“领导者不仅应重视学校改进的‘现在’，还应同时在学校内部进行战略能力的建设——学校的持续发展”[1]。作为校长，还可以尝试构建一套提升学习成就的领导模式，在分析模式的理论依据、与学校发展实际需求的关联基础上，指导校长开展提升学习成就的行动研究。在学习领导理论的指引下，通过对学习的有效领导，积聚学校发展的能量、拓展发展空间、推动学校进入文化个性和特性创造的自觉阶段。同时，营造良好的领导环境，使学校成员和学校组织能持续不断地学习，在学习中增强组织的学习力、变革力，因而推动学校改进和持续健康地发展。

1.2 基本概念的界定

1.2.1 校本学习

学习是为了承担责任，也是人的精神独立的途径。学习是人类最常见的一种自我完善行为，是一个非常复杂的过程，也是人们持续研究的课题。在我国古代，“学习”一词的“学”意为“效也”，有效仿、获得、吸收、接纳、输入知识和整理知识和技能的意思，是从“未知”进入“知之”的过程；而“习”意为“练也”，有熟练、练习、实践和将所学的东西加以应用的意思，是“知之”转化为“熟练”的过程。[2]施良方教授指出，“学习是指学习者因经验而引起的行为、能力和心理倾向的比较持久的变化。这些变化不是因成熟、疾病或药物引起的，而且也不一定表现出

[1] 孟繁华，等.学校发展理论［M］.北京：教育科学出版社，2011：118.

[2] 李志厚.教师校本学习论［M］.广州：广东高等教育出版社，2006：72.

外显行为。”[1] 校是学生学习的地方，也是教师和校长学习的地方，学习是学校成员和学校本身成长的重要途径，也是发展自我的一种基本责任。

李志厚认为，校本学习是一种教师以学校为基础或在学校背景下进行的专业学习。它是指教师以学习者的身份，根据自己自身学习、工作的特点、需要、目的以及学习的内容、条件、性质而立足于学校，或为了学校的进步，常常在学校里进行的学习，其目的主要是为了促进教师自身专业的可持续高质量发展[2]。查有梁认为[3]，校本学习是以学校为本，以学校为基本单位的学习，目的在于推动整个学校的发展，并提高学校的学习能力，是属于在“个体学习”和“团队学习”基础上的“组织层学习”。

本研究认为，校本学习的“学习”，以学习为本位，既指师生去获取知识的学习行为，也可指师生获得了知识的学习内容，还可以指学校及其成员获取知识的学习方式，抑或三者兼而有之。从“组织学习”的观点来看，“校本学习”是针对学校发展需要的个体和组织的共同学习，这种学习与组织发展目标相一致，学习者平等地享有学习信息、学习资源，这种学习能够有效地提高“学校”和学校中的“个体”的学习能力。从学校组织层次来看，包括“个体学习”“团队学习”“组织层学习”“组织学习”和“系统学习”。从领导和管理角度看，校本学习是指在学校情境中以个体学习为基础，学习者通过个体之间、个体与组织之间的互动，使学校组织的观念和行为发生持久变化的过程；校本学习是一个螺旋式循环的集体探索和实践过程，在行动实践中分享、获得或创造的知识，并通过公共理解使其资源整合和制度化。

---

[1] 施良方．学习论［M］．北京：人民教育出版社，2001：5.

[2] 李志厚．教师校本学习论［M］．广州：广东高等教育出版社，2006：4.

[3] 查有梁．校本学习与教育建模［J］．中国教育学刊，2005（2）：33.

1.2.2 学习领导

学习领导是在一种有关教育的社会学中诞生的，这种社会学反映了学校在组织不平等现象产生的过程中遇到的种种阻碍，同时反映了教师有可能使这种状况得到改善。[1] 目前理论界对学习领导并没有明确的概念界定，但是将学习置于学生、教师与领导发展的核心位置，同时对学校进行关键步骤上的改进，是多数学者对该理论公认的特点。学习和领导之间存在一种相互影响的动态关系。[2] Swaffield 和 Macbeath（2009）认为，领导是分散领导的实践，设计经常性聚焦于学习的专业对话，可提供有利于学习的条件；领导是学校成员所共享和所负起成就学生的共同责任，校长领导的任务便是促成学校成员都参与不同层级但相互关联的领导活动，包括学生学习、教师专业学习、学校组织学习，以及系统学习。[3]

在建构主义理论的指导下，本研究认为：学习领导隶属于教育领导的范畴，是继课程领导、教学领导之后一种新的领导范式、领导形态；学习领导是学校领导以提升学习者的学习质量和效果为领导工作的焦点，将学校领导的职能、范围延伸至教师、学生和与学校密切相关的人员，共同领导学校的学习，在工作中建构一个“学习—领导”共同体；学习与领导在共同体活动中形成一种互惠的建构式关系，两者的紧密结合产生可持续发展的良好效果。

---

[1] ［澳大利亚］林嘉德，等．领导学习——达成教育者的愿景［M］．张健，译．长沙：湖南教育出版社，2008：8.

[2] ［美］琳达·兰伯特，等．教育领导：建构论的观点［M］．崔云，译．兰州：甘肃文化出版社，2005：4.

[3] 陈佩英，潘慧玲．校长的学习领导：领导践行与能力发展的初探［J］．教育研究月刊（台湾），2013（5）：52.

1.2.3 领导模式

在现代科学方法论中，模式作为一种重要的研究方法，被广泛应用于各个研究领域，例如物理、数学、经济、教育、文化等，用模式的方法分析问题，可以简化问题，便于较好地解决问题。那么，什么是模式呢？通过多种考察，我们可以简要归纳如下：

（1）《现代汉语词典》将模式定义为“某种事物的标准形式或使人可以照着做的标准样式”，《汉语大词典》解释模式为“事物的标准样式”。

（2）美国著名的比较政治学学者比尔和哈德雷夫在研究了一般模式后作出如下定义：模式是再现现实的一种理论性的、简化的形式[1]。

（3）我国学术界认为，“所谓模式是依据一定的理论基础表征活动和过程的一种模型或形式。一种模式蕴含着一定的理论倾向，代表某种活动结构或过程的范型，一般通过数学、图文或文字的形式，以一种简洁的形式再现活动的结构和操作程序”[2]。“模式是一种问题解决的思维方法”。[3]

综合看来，模式的语义是可供人模仿的样子或借鉴的样式，它抓住了事物的主要矛盾，体现了事物的本质和一般特点的基本结构，它舍弃了事物的细节，反映了事物的基本特征。

领导模式（Pattern of Leadership）是指全局性领导行为相对固定的基本形式，是对某种全局性领导方式的抽象描述，是对团队行动引导与率领的最佳方案的体现。从学习领导层面看，我们探讨的模式，是在总结以往

---

[1] 冯克诚，西尔枭．实用课堂教学模式与方法改革全书［M］．北京：中央编译出版社，1994：3.

[2] 钟志贤．大学教学模式革新：教学设计视域［M］．北京：教育科学出版社，2008：89–90.

[3] 查有梁．教育建模［M］．南宁：广西教育出版社，1998：6.

学习管理的经验教训，借鉴学习外国学习政策的先进经验的基础上提出来的，是适应学习哲学和领导发展的要求，适应社会发展过程中对公民提出的新的要求的产物。领导模式的产生也是由感性认识发展到理性认识的过程，这一理性认识可以反过来指导新的学习领导的实践。本研究认为，学习领导模式的建构，一是规定了学校领导活动的基本运行规则和特征，对学习领导运作具有宏观上的作用和意义；二是领导内容指向学习的一种程式化、结构化、体制化、固定化和有代表性的领导方式；三是这种模式是一种扁平化的组织模式，它以人和组织的学习为领导的价值取向，通过学习与领导之间的影响与互动，使个人愿望延伸至组织的共同愿望，不断激发个人能量，提高学校组织的智能和组织系统的整体运行能力；四是它一般表现在宏观领导结构上，是一种学校内部校长、教师、学生和学校相关人员或组织对学习的整体性领导发生方式、领导存在方式和领导运作方式。

建立模式是源起于解决特定的问题，问题得到解决是建立模式的目的，但它也会随着领导对象的变化而适时改变相关领导策略，以增加适应性。毛泽东同志说过："我们的任务是过河，但没有桥或没有船就不能过。不解决桥和船的问题，过河只是一句空话。不解决方法问题，任务也只是瞎说一顿"[1]。这正是建立模式的意义所在。

1.3 研究的意义

本研究针对当前学校学习和学校管理中存在的问题，从理论上阐述学习领导的含义，说明进行学习领导的必要性和重要性；从理论上建构学习

[1] 毛泽东 . 毛泽东选集（第 1 卷）[M]. 北京：人民出版社，1991：139.

领导模式，然后在学校运行这种模式，探讨学校学习领导及模式构建的有效策略和途径，探究如何通过领导个体和组织的学习，构建新型“学习—领导”关系，提升学校智能，改进领导行为，提高领导绩效和办学水平，为我国学校领导转型和变革的深入推进提出一些启示和建议。

1.3.1 理论意义

经查阅已有的相关研究可见，国外对学习领导的专门研究较为丰富，通过学习领导促进学校知识和技能的生成、教师的专业成长和学生的学习成就的研究也已经起步。本文从建构主义理论的观察视角开展实践研究，理论意义在于：

（1）厘清学习领导的内涵、实施的条件、涉及的主要理论及其实施的必要性。从学习领导的观念与意识、过程与取向、策略与方法、与相似概念的关系等方面来厘清其基本内涵。探讨学习领导对个体学习、组织发展的意义，为学校领导理论的发展提供参考。

（2）讨论校长通过领导学习提高个体和组织学习的成就，改善学校智能，形成学校核心竞争力的可能性。领导学习是否改变了领导者的角色和定位，领导者与被领导者的关系有何变化，师生能否分享领导和承担学习绩效的责任。本研究通过研究者参与W小学的实践行动过程分析，力求探索这些学习领导行为提升个体和组织的能力，形成个体成长和组织的核心竞争力，对学校发展起到推动作用。

（3）讨论学习领导模式构建的理论依据和现实需求，尝试构建学习领导模式。为实现学习领导的目标，改变现有以科层制为基础的学校组织结构，形成以学习为中心的学校组织结构，改变校长和干部的领导行为方式，发挥学校成员在学习中的领导作用，改善学校成员之间的关系，为如何提高教育质量和学校组织的效率提供理论支持，并丰富和发展学校领导理论。

1.3.2 实践意义

目前关于学习领导研究领域对概念内容的阐发，主要是对领导科学、学习科学、管理科学的解读，系统的实证性研究有待进一步拓展。本研究在文献资料中探寻“学习—领导”之间的关系、教育领导的新内涵及其提升领导绩效的重要性。在此基础上把学习作为学校领导的核心内容，尝试建立学习领导模式。在实践中，阐述校长如何通过自我引领学习、更新领导理念、转变领导方式；通过学习愿景的构建，采取有效的领导手段提高学习成就、教育质量和组织效率；领导师生高效学习并分享学习领导的领导权责，促进教师更新知识、革新教学技能和教学特色的形成，提升学生学习成就的模式。通过本课题的实践行动和研究，总结出一个新的教育领导范式，丰富教育领导实践经验。

1.4 相关文献综述

1.4.1 与学习相关的学校领导概念研究

在 20 世纪 80 年代之前，美国的中小学校长主要扮演的是“大楼管理员”的角色，其职责主要是通过教育行政和管理以确保学校工作的正常运行。为应对全球化经济竞争的挑战，全美各州都通过立法给学校树立了更高的标准，各州都建立了高风险评价体系，让学校为学生的学习成就负责，校长越来越被视作学校的“首席学习官”，校长必须成为卓越的教学领导者，必须完成由单纯的学校“秩序管理员”向学校“首席学习官”的转变。[1] 即校长要将更多的时间、更大的精力集中到学校的核心任务——改进和提升学校上，最终促进学生学习成绩的提高。

1983 年，美国国家优质教育管理委员会发表《国家处在危机之中：教育改革势在必行》报告后，围绕着如何提高基础教育质量这一主题，美国州际学校领导者颁证联会（Interstate School Leaders Licensure Consortium，简称 ISLLC）于 1996 年公布了《学校领导标准》。它包括 6 个一级指标，31 个二级指标。主要包括：建立共同愿景、创建高效的学习型组织以及系统规划学校的发展是基础；提高学生成绩，促使学生成功是根本；资源的合理配置、教师的专业化发展与良好的学校外部环境是保障。[2] 围绕“学习”，各国都在尝试通过各种方式，力图改善学校领导方式、转变校长角色、提高校长对学习的领导力度，促进学校学习的整体提升。

1. 学习型学校的领导

学习型学校源于学习型组织，彼得 · 圣吉在《学习型学校》一书中认为，“新的领导者所专注的是更奥妙及更为重要的工作”[3]。目的是通过组织学习，促进组织知识的分享与交流，形成组织学习的良好氛围，共同学习新的知识与技能培养和充分发挥员工的创造性思维能力，并且建立人性化、扁平式的组织结构，以提高组织学习的速度、人员的能力和才能，促进组织的持续发展。在学习型组织之中，领导者被喻为设计师、仆人和

[1] 周俊 . 以学习为中心的学校领导者发展——美国南部地区教育委员会学校领导者发展项目述评［J］. 外国教育研究，2011（11）：7.

[2] 齐书宇，邢立娜 . 美国中小学校长领导标准及其启示［J］. 教育探索，2013（7）：157.

[3] 彼德 · 圣吉 . 学习型学校［M］. 杨振富，译，台北：天下远见出版股份有限公司，2002.

教师。英国教育管理学家萨斯沃斯（Southworth G.）认为[1]：学习型学校就具有建构主义领导的特征，它要求：（1）重视学生的学习活动；（2）教师应是不断的学习者；（3）鼓励教师共同学习或互相学习；（4）学校为学习系统的组织；（5）学校领导者应为学习的领导者。在这个组织中，每一个成员都是学习的一份子，以共同的目标而形成一个学习的共同体。学习领导，是领导的一种价值取向、一种新的领导范式，它的出现、实施与学校现在是否是学习型还是其他的类型无关。对于学校的学习来说，校长是学习的引领者、学习绩效的第一责任人，应围绕学校学习的目标带领全体成员努力奋进。在这个学习共同体中，成员之间是平等的，学习成果是共有、共享的。因而“校长要善于汇聚成员的智慧，把学习引向深入，从而让学习成为每一个成员生活中不可或缺的重要部分”[2]。学习领导的目标在于促进校长、教师、学生个体和学校组织的学习，使学校组织，特别是校长和教师学习的可持续，并建立学习及学习共享系统，让学习有效地发生、发展，最终使学校自然地成为学习型学校。

2. 以学习为中心的学校领导

美国借鉴范德堡教育领导力评估模型，评估结果显示，“以学习为中心的学校领导以现有最佳知识和实践为出发点，并且显著延伸工作，范德堡教育领导力评估满足了锐化以学习为中心的学校领导者的设想，并且通过配备期望得到的心理量表的内容评估过程，实施设想”[3]。刘志华在《以

---

［1］ Southworth G. The Learning School ［C］. P.Ribbin， E. burridge Eds. Improning Education：Promoting Quality in Schools .London：Cassel， 1994：53.

［2］ 田荣俊 . 校长的角色行为（一）［J］. 教育科研论坛，2006（4）：77.

［3］ ［美］J. 墨菲，E. 戈德林，S. 艾略特，X. 克雷文斯，和 A. 波特 . 范德堡教育领导力评估：以学习为中心的评估方式［J］. 华东师范大学学报（教育科学版），2011（3）：10.

学习为中心的校长领导力与中小学教师领导力的关系研究》中得出结论：以学习为中心的校长领导力水平越高，教师领导力的程度越高。[1]以学习为中心的学校领导关注学生学习成绩的提高，但它是通过教师的直接领导来达成的，校长对教师的影响越大，教师对学生学习的影响越深刻。学生学习成就的提升，很大程度上依赖于教师学习的成就和校长对学习的领导力度。因此，以学习为中心的学校领导不但要关注学生的学习成绩，还应关注教师和校长对学习意义的理解和学习领导的水平，以保证学生学习成绩的持续、稳步提升。

3. 学习领导的提出与研究进展

2002 年，美国乔治亚大学 C.D.Glickman 所写的《学习领导：如何协助教师成功》一书对学习领导进行了相关的论述，全书分为：课堂的教与学；课堂协助的结构；焦点观察的格式；与教师密切合作的方法；直接应用于协助教师；评估教师能力与校长的规准；学校成功的目的、长处与同事的力量七章。英国剑桥大学教育学院（Faculty of Education, Cambridge University）设立的“学习领导：剑桥网络”中 J. Macbeth 专门对学习、领导以及两者之间的关系为研究点，提出了相关的理论架构。J. Macbeth 与 N. Dempster 于 2009 年合编了《联结领导与学习：务实的原理》（Connecting Leadership and Learning：Principles for Practice）一书，该书共分为 13 章：“导言”、“我们所知道的学习是什么”、“我们所知道的领导是什么”、“学习领导”、“七个国家、八个地区、24 所学校”、“研究联结、建立方法论”、“聚焦于学习（原则一）”、“学习的环境（原则二）”、“学习

[1] 刘志华.以学习为中心的校长领导力与中小学教师领导力的关系研究［C］. Proceedings of Conference on Creative Education（CCE2012）：217.

的对话（原则三）”、“分享领导（原则四）”、“分享责任（原则五）”、“好礼相传、协助学校在竞争的氛围中合作”以及“学习领导：实务理论的建立”。2010 年，由美国的明尼苏达大学应用研究与教育改进中心和加拿大多伦多大学安大略教育研究学院组成“领导学习专案计划”耗时 6 年，从学理分析、质化资料、量化数据以及后期分析结果为根据，完成了“从学习领导：探究‘有进步的学生’学习的关键”研究报告。在这份报告中 Louis 等人认为，有效的学校领导与学生的学习成就相互联结；校长是领导过程中的中心角色；优质的学校也受惠于包括教师及其他人参与决策的“集体领导”或“分享领导”。该报告分为三大部分：第一部分说明学校采取了哪些做法，提高学生的成就；第二部分说明学区及其领导者，他们如何促成学校改进，又怎样激励学生学习；第三部分说明州的领导及其与学区的关系。

2007 年 6 月，苏格兰由 HMIE 在苏格兰首府爱丁堡所公布的《学习领导：变迁时代的领导挑战》试图以举国之力落实学习领导理念，其行政委员会管辖的皇家督学处要求学前教育与民办教育机构、小学、中学与特殊学校、继续教育师资培训、教育行政部门与社区教育、儿童服务机构等六个部门，负责以提高学习者的水准、品质与成就为指标，提供教育视导方面的专业意见，以作为政府教育施政的参考。该报告分为七章：第一章说明报告书的缘起、目的、架构之外，解释了各章节的要点。第二章是“领导者攸关重要：发挥影响力求卓越”，重点阐述了这几个方面：①有效的领导者会对每个人的学习、教学及成就的品质，造成一定的影响；②成功的领导方式不只一种，达到成功的领导方式也不只一种；③领导者并不只是组织中站最高位置的人，最为有效的组织在每个阶层中都有力量强大的领导者；④型塑学生领导所形成的文化，重点在于将未来领导者的才智与能力释放出来；⑤绩效责任紧密地附注于领导组织的人身上，但是，每个工作成员都应对其每天工作的品质，以及所分配的任务之水准，负有一定的绩效责任。第三章是“愿景、价值与目标：分享共同意旨”，有四个要点：①领导对于想往何处去都有一个愿景，而且有个人自信心；他们有所成就，且这些成就会得到认可；②透过持分者主动且积极参与获得的愿景、价值与目标，才会有效；③领导者透过日常的活动显示在既有的建制下的生活中，那些才是真正重要的事物；④既有的建制对于改进与革新可能会有所助益，也可能横生疑阻。第四章是“领导与方向：聚焦在重点”，分为四个要点：①有策略价值的规划会为既有的建制或服务设定未来发展的方向；②学习领导的主旨在于把学习与学习者放在未来发展的核心；③有效的领导者对于预算的规划及所遇见的资源包括人员的优先顺序，都有明确的掌握；④有效的领导及有效的建制会激发及支持革新及改变，同时会评估与管理其可能发生的危机。第五章是“培养人才与伙伴：蓄积领导能力”，分为四个要点：①在任何建制或服务当中，最为重要的资源就是人；②领导者会建立增能的文化，让员工们自觉地提高争辩、提议、质疑及挑战的能力；③领导者会觉察协同合作的益处，并且培养协同合作的技巧，有时他们必须融入其中，而不是走在前面；④建立可能为学习者带来益处的网络及伙伴关系，是最为有效的领导者提供的最佳服务。第六章是“变革与改进的领导”，分为四个要点：①改变的确是复杂的，但是，微小的、积极的，而且是技术型的改变，才会对既有建制的文化带来深邃的影响；②挑战与支持必须做精致的平衡，才有利于变革的促成；③变革最好以其结果来评估；④学习必须完全地融入自我评估与持续的改进过程中。第七章是“领导者之道”，有两个要点：①领导不可能诉诸机会 —— 领导者必须学习怎样领导；②培养员工的领导与管理能力，须依赖具体明细的专业发展。

从欧美国家和地区的相关研究和现有的文献中可以看出，学习领导概念的提出不过十多年的时间，是新时代教育领导研究的一个重点和热点。在我国对学习领导的专门研究相对比较晚，相关的文献比较少。在基础教育新课程改革中，加强对学习的领导是本课题作为基础教育的教育领导重心转移的研究起点与价值所在。

1.4.2 学习领导的构成与相关分类

学习领导跟普通学校领导一样，它包含了领导的主体和客体、领导环境等基本要素，但学习领导的目标聚焦于“学习”，着力点在“学习”上，一切领导工作都围绕“学习”来进行。围绕“学习”的领导，涵盖了领导与学习的关系、领导的基本要素等，并分为学习型领导、学习共同体领导、首席学习官等，其中教学领导和建构式领导是学习领导的主要理论来源。

1. 学习领导的要素

领导包含了领导者、被领导者、领导环境、领导权力、领导的作用方式、领导结果等要素。学习，是学习领导的核心工作，围绕“学习”的学校领导，其领导环境就是学校学习的环境。为实现对学习的领导，还需要厘清学习与领导的关系，明确“谁”领导、领导“谁”、怎样领导，需要什么条件（或环境）、其过程和结果如何等，使领导能够落实到具体的点上，促进领导成效的提升。

（1）学习领导的内部关系。曾艳等人认为：“已有研究已经证实学习与领导之间存在关联……在理论建设方面，基于对学习含义的解读，重新定义了领导的含义功能，改变了将领导视为单向影响过程的倾向，在方法上，也强调基于不同情境的领导力去理解‘学习的领导’可具有的广泛含义、理解领导实践的情境脉络特征，而非采取规定取向、寻求‘最佳领导’的实践模式”[1]。有学者认为，“‘领导过程就是学习过程’，‘未来的领导就是领导学习’，‘学习是领导价值的核心’，‘作为组织的最高统帅，领导首先也必须做一个学习的人，学习者是领导者最重要的角色，这也是组织发展对领导者的要求’”[2]。因此，学习与领导密不可分，学习能促进领导者成为更好的领导者，领导能提升学习者的学习成就。

（2）学习领导的主体与客体。学校是一个学习机构，“新的学习范式不再仅仅着眼于个体学习，而是将个体学习置于实践社群这一社会情境之中”[3]。学习是广泛分布的社会性、情境性活动，促进成员之间加深交往的“领导”不再聚焦于某一个体或角色，而是展现于成员关系性的交往中。[4]“在学习社群中，领导由学习而定义，因此领导者同时也是学习者”，领导也成为每一个致力于推进学习的教育社群成员应尽的职责和基本立场[5]。在“学习—领导”图景中，校长、教师、家长、学生等所有教育社群成员都应该既是学习者也是领导者。[6]在学习上，领导的主体和客体没有严格意义上的区别，但

---

[1] 曾艳，黎万红，卢乃桂.学习的领导：理解教育领导的新范式[J].全球教育展望，2014(4)：30.

[2] 佚名.领导即学习[J].领导决策信息（月末版），2004（12）：4–19.

[3] 曾艳，黎万红，卢乃桂.学习的领导：理解教育领导的新范式[J].全球教育展望，2014(4)：29.

[4] 曾艳，黎万红，卢乃桂.学习的领导：理解教育领导的新范式[J].全球教育展望，2014(4)：31.

[5] 曾艳，黎万红，卢乃桂.学习的领导：理解教育领导的新范式[J].全球教育展望，2014(4)：32.

[6] 曾艳，黎万红，卢乃桂.学习的领导：理解教育领导的新范式[J].全球教育展望，2014(4)：35.

是，校长在领导学习过程中其示范、激励和行政权威的作用大于教师，教师作用又大于学生，而在相互的影响效果上，学生的作用大于教师、教师的作用大于校长。

巴斯（1990）指出，“校长在学校应该既不是管理者的领袖，也不是教师的头头，而是学习者的领袖”[1]，“作为学习者的校长，其角色职能包括更大范围社区的教育、学校教育和领导能力”，“学校领导者需要寻找和创造知识”，“校长不仅自己要做到终身学习，而且必须作为典范并慢慢地灌输这种行为给别人”，“校长自己不仅是学习者，也是学习的领导者”，“校长的学习领导者角色成为考察学习环境和影响改革的必要条件，且改革也能在学习方面为学校进步做出贡献”。南希强调把整个学校和它所在的社区都看成是学习者，而不是关注校长作为教育领导者单独工作，校长的角色变成了促进其他人学习的角色之一[2]。作为学习者、学习的领导者和促进者的校长，在学校发展过程中，必须以学习为中心，在学校内部“帮助教师和学生理解他们的愿望，发展他们共同的目标，承认他们的心智模式，促进他们在团队学习中的技能，并系统地进行思考，在理解学习型组织系统性的基础上，系统性地与学校成员联系起来，鼓励教师和其他人成为学习者来促进学习型组织的发展。

学校领导和教师之间是一种合作性的工作关系。在专业学习共同体中，每个人都是学习者[3]。对于学习，学校领导的领导行为应分布于学校

---

[1]　[美]马修斯（Matthews，L.J.），[美]克罗（Crow，G.M.）. 今天怎样当校长[M]. 徐益能，等，译 . 北京：中国轻工业出版社，2008：13.

[2]　[美]马修斯（Matthews，L.J.），[美]克罗（Crow，G.M.）. 今天怎样当校长[M]. 徐益能，等，译 . 北京：中国轻工业出版社，2008：63.

[3]　[美]Sylvia M. Robert，Eunice Z. Pruitt. 学习型学校的专业发展——合作活动和策略[M]. 赵丽等，译 . 北京：中国轻工业出版社，2004：51.

组织中的领导者、追随者和特定情境交互作用网络中，领导者既是学校群体的一员，又要为学校的发展负最终的责任[1]；教师是成人学习者，更是引领学生学习、努力学会教学、追求自身主动发展的学习者[2]，校长必须促进教师向合作领导者和学习者角色发展[3]。“学习—领导”是共同建构领导与学习的过程，教师在“学习—领导”过程中，首先是作为一个学习者出现，然后是作为促进教师自身的成长自我领导者；其次教师学习的本质是以提高自身的专业素养而提高引领学生学习的能力，改善学生的学习成就，也是一个学习领导者；最后是成为“学习—领导”共同体的存进者和构建者，在自主学习、合作学习中与同事建立持久的信任关系，激励、影响同事的学习，共同探讨领导学习和解决教学问题的策略，从而凝聚集体力量，以及形成、传承与变革学校的组织文化，最终实现教学的改进和学校的改进。

学生在学校的生活主要是学习。在“学习—领导”中，学生是最大的领导群体，因年龄、学识相似，学生之间的相互引导、相互影响是最有力、最有效的，因而学生是学习领导的主体。学生学习领导者角色的生成，一方面是教师将教学活动与儿童的生活充分地融合起来，为儿童提供一种理解个人问题或社会问题的过程和事例，让学生自然生成领导角色；另一方面是在学习中运用角色演练的方式，根据教学内容、学习情境、个体发展的需要，指导学生分析、理解所学的知识或需亲身体验的事物，学会与其他同学配合完成一件事情或理解一个知识点过程，从而学会在特定

---

[1] 梁东荣，张艳敏．英美澳分布式领导研究透视及其启示［J］．比较教育研究，2007（7）：23.

[2] 孙传远．教师学习：期望与现实［D］．上海师范大学，2010：11.

[3] ［美］Sylvia M. Robert， Eunice Z. Pruitt. 学习型学校的专业发展——合作活动和策略［M］．赵丽等，译．北京：中国轻工业出版社，2004：50.

情境下控制感情，理解领导的概念、开创性的观念和技术技能，并影响学习伙伴。

从教育社会学的观点来看，学生的家庭背景甚至可以是决定学习成就的主要因素。要改变这种现象，学校与家长必须积极合作，为“促进家庭与学校在孩子学业成就方面的联合作用，架起家校沟通的桥梁，构建一个具有共同教育价值取向的教育场，从而改善与提升家庭对孩子学业成就的正向影响”[1]。并让家长在参与个别学生的教育中发挥积极作用。同时，调动家长参与教育的积极性、发挥家长的特长，创造机会让家长了解学校的课程和教学状况，如举办家长进课堂、校园亲子游戏等活动，引导家长理解教育、支持教育，能自觉地在家辅助学生学习，能及时向教师反馈学生的学习情况，因此，家长在此背景中呈现的亦是一个学习领导者和辅助者角色。

（3）学习领导的层次及过程。从领导学的角度分析，学习领导同样包含领导者、追随者和领导环境三个层次。其领导过程从个体学习的角度分析，可以分为校长学习的自我领导，校长领导教师学习，教师领导学生学习和校长领导学生学习，反过来，学生的学习状况和对学习环境的需求影响教师和校长的领导，教师的专业学习结果和技术革新也影响校长对教师的领导，这是一个互相影响的复合体。从团队学习的角度分析，其领导过程可分为“组织层、理念层和环境层”[2]：组织层是指学校组织的学习，它以学科组、年级组学习的基础，处于模型的最底层；理念层是指学校的学习理念，包括建构学校学习愿景，拟定学习目标，学习的评价机制，学习精神的培养，学校新型文化的培育等；环境层是指组织内成员之间的交流

[1] 王海英，伍州.学校改进的路径分析：学校领导的视角［J］.教育科学，2009（2）：11.

[2] 高宏卿，王新法.团队学习层次模型研究［J］.软件导刊·教育技术，2009（1）：8.

学习与信息传递的氛围与环境，包括校长、教师或专家团队、交流学习所必需的信息平台、学习资源、学习方式、互动工具、学习策略、学习评价等。

（4）学习领导的范围。学习领导，是领导者在课堂内外实施开放式学习并促进学习者学习的领导方式。领导的范围包括课堂学习、校内的其他学习活动，以及有组织的校外学习。领导学习的人包含了教育主管领导、学校领导、教师、家长和学生。值得一提的是，“在U-S合作（大学和中小学合作）的学习共同体中，它不把共同体中的领导简单的看作管理者和控制者，而把他们看作为学校和大学成员提供机会，让他们成为领导学习的人”[1]。这些与学校学习相关的人联合在一起工作，意味着在所有学习情境中为学习者创造有利于课业学习和社会学习、发展实践的学习和工作条件。因此，学习领导的范围包括了对个人学习、组织学习以及与学习相关人员的领导。

（5）学习领导的任务。从学习与领导的关系可以看出，学习领导是校长在学校环境中，对学校的发展愿景及拟定的学习目标，对学校组织、校长自身及师生的学习进行统御和指引的行为过程。它包含了以下几个方面的工作：一是对组织学习的领导，即对组织学习的基本定位、对外部环境的把握、学校发展愿景和价值观等方向性问题，“确保学校所有层面的学习，即学生学习，教师、领导者持续的专业学习，组织学习”[2]；二是对团队（或小组）学习的领导，设计团队（或小组）学习的组织结构，促进学

[1] Beckett L. Professional learning in community teachers and academic partners focused on disadvantaged students in schooling and higher education [J]. Aust. Educ. Res., 2011 (38): 109-124.

[2] 梁歆，黄显华. 学校改进：理论和市政研究 [M]. 上海：华东师范大学出版社，2010：49.

习文化的生成，提升团队（或小组）学习效能；三是对个体学习的领导，包括对校长自身在学习上的自我领导和对师生个体学习上的领导。学习领导不仅要求校长自身通过持续学习的实践活动对学校和师生产生积极的影响，还要使师生意识到自身的努力会得到认可，并且能促使同伴积极地自主学习。

（6）学习领导的方式。学习领导隶属于教育领导、学校领导，其共同特征："必须设计和描绘美好愿景，并运用号召、带领、命令、劝说、激励、沟通、督促、协调、服务等有效手段影响人趋向愿景，更好地实现教育目标的活动与过程"[1]。激励、影响、教育引导是学习领导的重要手段，是学校中各成员领导学习方面共有的特征。激励是个体和环境相互作用的结果，是一个满足需要的过程。组织行为学认为，激励是通过高水平的努力实现组织目标的意愿，而这种努力以能满足个体的某些需要为条件，尽管在一般情况下，激励涉及为现实所有目标所付出的努力，但为了反映我们对与有关的行为的兴趣，我们把范围缩小为组织目标这个定义中的三个关键因素是：努力、组织目标和需要。[2]影响是指以间接或无形的方式来作用或改变（人或事）的行为、思想或性质。著名的美国管理学家德鲁克（P. E. Drucker）曾经强调指出，选拔一些没有造就的人做经理是不行的，因为要做一名经理至少要让下属信服。让下属信服，靠的就是影响力。影响力包括了权力影响力和非权力影响力，在学习领导中，非权力影响力比权力影响力的作用更大，因为被领导者注重的是领导者的品格、才能、学识、情感等方面的非权力因素，所以学习领导只有以权力职位为依

---

［1］ 温恒福.教育领导学［M］.北京：中国人民大学出版社，2010：14.

［2］ ［美］斯蒂芬·P.罗宾斯.组织行为学（第7版）［M］.北京：中国人民大学出版社，1997.

托，用非权力因素不断地与被领导者强化沟通、协作，才能提升学习领导的成效。教育引导是指组织内部培育良好的公关意识，使全体员工自觉地关心、参与组织的公关工作；在组织外部培育各界公众对组织的关注与好感、促进组织和公众之间相互适应、相互需要、相互配合，在和谐的关系中共同发展[1]。此外，从领导的公共关系中可以看出，领导者除了担当参谋、智囊、“中间人”等角色以外，还应当充当教育者角色，通过耐心的劝服，经常灌输，教育引导组织成员和相关公众，各自认识对方的重要性，认识对方对自己的影响力，促使双方都能从对方的角度去考虑和处理问题，教育双方都将自身的利益联系在一起，努力去适应对方、满足对方、支持对方。

2. 学习的领导者分类研究

领导是一种复杂的社会现象，内容广泛，形式多样。根据领导活动的具体内容和范围的不同，可以划分为不同的类型，例如以领导的演变过程考察，可分为自然式领导（原始式领导）、专制式领导、管理式领导和公仆式领导；从领导工作的性质和对象来考察，可分为政治领导和业务领导、行政领导和学术领导；从领导活动的主体——领导者的职权和地位来考察，可分为高层领导、中层领导和基层领导，正式领导与非正式领导，等等。在教育领域中的领导，包含了领导的基本特性，又突出了教育自身的特点，领导方式的选择没有对错、好坏之分，但它跟校长个人的价值取向、领导风格和学校具体的情况有关。新课程改革以来，学校领导的侧重点发生了重大变革，有的校长注重行政领导，有的注重道德领导，有

---

[1] 刘裕权，卢彰．公共关系学：原理与实务［M］．成都：成都科技大学出版社，1996：37.

的校长注重课程领导，有的校长注重教学领导，等等，这些都是促进学校发展的好方式。研究发现，行政领导适用于办学初期的校长，道德领导适用于具有悠久历史和深厚文化的名校校长，课程领导适用于课程专家式的校长，教学领导适用于所在学段每一个学科都能教学的校长。对本研究将要作为个案的学校来说，学习领导才能解决本校发展中遇到的各种实际问题、校长自身的专业成长问题。发达国家和台湾地区的学者对学习领导这种方式有充分的研究，是本研究借鉴和实践探索的重要参考。

根据组织类型、领导角色的不同，对学习领导的理解和实施的侧重点有些差异，对企业和非教育领域中，有些设立了专门负责组织成员学习的部门和分管领导，有些把组织成员的学习作为企业主和单位领导的主要工作，在教育领域中，人们以构建学习型组织为重点，突出学习在教育组织中的地位，但围绕学习有不同类型的领导。

（1）按领导类型分。一是学习型领导。自 20 世纪 60 年代首次提出“学习型组织”这一概念后不久，Argyris 等[1]提出组织学习的概念，并发表了大量相关文章，Argyris 也因此被誉为“组织学习”之父。20 世纪 90 年代，彼得·圣吉（Peter M.Senge）在《变革之舞——学习型组织持续发展面临的挑战》一书中，提出在学习型组织中“将以不同的眼光看待领导”，把领导艺术看作是一个人类社团塑造未来的能力，特别是持续不断地进行必要的重要变革过程的能力。学习型组织理论，基于圣吉（1990）与阿吉里斯（1999）的著作，主要讨论使用中的理论、单环与双环学习的概念与系统学习模型；组织心理动力学，基于英国的比恩（Bion）与美国的莱斯（A. K. Rice）研究，发展了关于组织中法定系统与影子系统的双

[1] Argyris C，schon D. Organizational learning：a theory of action perspective [M]. MA：Addison — Wesley Publishers，1978：340-352.

系统理论（the legitimate system and shadow system）。学习型组织是在管理理论与实践中发展起来的一种全新的管理理念和组织模式。

学习型领导必须学习一些新的技能和运用一些新的工具，使组织成员能持续不断地扩张其能力，并鼓励成员不断自我超越，持续不断地“学习”。致力于学习的过程比致力于任何具体问题的解决更为重要，领导者应负责建立一种组织，能够让其他人不断增进了解复杂性、厘清愿景和改善共同心智模式的能力，也就是说，领导者要对组织的学习负责。学习型领导是具有强烈的自主学习意识和积极的学习行为，主动引导、激励全体组织成员进行系统学习，提高组织的竞争力和创造力，不断地推动组织向学习型组织发展的组织领导者。[1]学习型领导与学习领导的功能基本是相同的，但是学习领导是一个过程、一种领导范式，它不像学习型领导那样具有固定的称谓，学习领导可以发展成为学习型领导。

二是学习共同体领导。日本教育学者佐藤学认为，“学校是人们共同学习成长的场所，我们必须从这个朴素的观念出发重建学校理想”[2]。“在学校内部构筑文化与教育公共圈的学校，称之为‘学习共同体’。作为‘学习共同体’的学校，不仅是儿童相互学习的场所，也是教师相互学习的场所，家长和市民相互学习的场所”：“作为‘学习共同体’的学校，是借助一系列具体的工作得以实现的：以学习为中心的教学的创造、教师之间‘同事性’（collegiality）的构筑、基于家长与市民的学习网络的构筑、地方教育行政援助学校体制的构筑。”[3]因此，在一所好的学校里，每个人

[1] 梁毅．探寻学习型领导——一项关于中学校长的质的研究［D］．广西师范大学，2004：6.

[2] ［日］佐藤学．课程与教师［M］．钟启泉，译．北京：教育科学出版社，2003：82-83.

[3] ［日］佐藤学．学习的快乐——走向对话［M］．钟启泉，译．北京：教育科学出版社，2004：340-341.

都是教师，每个人又同时是学生。学生学习知识，同时也创收知识；校长教授知识，同时也学习知识；教师在教学的同时也在学习。学习是学校的中心任务，所有的事情都必须围绕这个中心进行。校长作为学校学习的领袖，对学习成就的提升有着怎样的认识，直接影响领导取向和师生的学习。

我国学者钟志贤认为，学习共同体是发展中的一种教学隐喻，它直接与建构主义中“学习是知识的社会协商”这一学习隐喻相对应[1]。赵健认为，维果茨基的心理发展社会文化观、社会建构主义和建构是学习社会化、具有社会性的，说明个人知识的建构发展到社会知识的协商和建构，共同体是其中的主要媒介和实践途径。因此，校长要引领师生发现和挖掘自己工作与学习的价值，使师生明确学习对未来发展的意义，从而树立远大的理想，积极参与到学习与实践中去，从学习和实践中提升专业素养，加强合作学习、知识共享，促进自身和学校共同发展。

三是组织学习的领导。组织学习是以组织的目标为核心的分享共同心智模式的团队学习形式[2]，它是团队学习的活动过程、建立学习型组织的基础。组织学习是以团队（或小组）学习为基础，强调的是人员管理、行为训练、知识和技能的获得。所以，对组织学习的领导应采取以下措施：①保持方向感，“建立一个综合的且与现存的理论和实践相一致的学习方向的构念”[3]，把握并让师生充分了解学校发展的愿景，清楚学校对其的期望，

---

[1] 钟志贤 . 知识建构、学习共同体与互动概念的理解［J］. 电化教育研究，2005（11）：22.

[2] 张兆芹 . 个体学习、组织学习与学习型组织之辨析［J］. 比较教育研究，2006（8）：46–47.

[3] 陈江 . 五大利器提升组织学习力，构建企业核心竞争力［J］. 现代管理科学，2010（10）：102.

每个人能够乐于奉献，为学校目标奋斗；② 保持系统的系统性、整体性和协调性，使组织学习能够和谐、顺利地进行；③ 通过有效的激励和评价，激发每个成员的知能，促使组织能不断地获取知识，在组织内传递知识并不断地创造出新的知识；④ 搭建组织和成员各层面激励性的沟通平台，通过分享和交流，使个体之间、个体与组织之间的知识和技能及时转化，提高共同学习的能力，促进组织行为和绩效的改善。

（2）按领导角色分。一是首席学习官（Chief Learning Officer）。首席学习官从20世纪80年代提出组织学习的概念，发展到20世纪90年代，组织学习被看作是形成公司未来核心竞争力的重要因素，于是首席学习官已逐渐成为一个越来越稳定和必需的职位。其实，最早对首席学习官这个概念进行界定的学者是杰克·菲利普斯和戴德·伯纳。2000年，他们在《领导知识管理与学习》一书中，把首席学习官定义为：组织中那些能把组织学习力量转化为实际的运营成果，进而增加市场竞争优势的人。并描述归纳了CLO的职责：①整合组织中的不同群体及职责；②开发组织性、持续性学习以及知识管理的文化氛围；③发掘改进与需求分析相关的关键领域；④建立并管理知识分享体系；⑤引导公司范围的学习与知识开发；⑥与高层团队保持密切关系；⑦推动战略规划实施；⑧揭示最佳实践及标杆；⑨成为组织学习和知识管理的领导者。

国内组织学习研究专家侯锷博士从学术与实践相结合的角度，第一次对首席学习官进行了准确定义，侯锷指出："首席学习官是指在组织学习发展过程中，具有充分的战略理解能力和组织学习资源的整合能力，通过建立和优化组织学习发展体系并领导组织学习活动，以实现组织不断适应变革与宏观战略的契合、驱动组织整体业务绩效的提升、打造持续性竞争优势的高级管理人员”[1]。首席学习官的使命主要在于以下几个方面：①确保组织学习的战略性方向；②创造一种学习型的组织文化；③为组织的经营和发展提供个体和组织学习支持，培养高级专业管理人员。首席学习官的工作目标就是构建和优化团队和组织学习的发展体系，领导组织不断适应变革与发展战略的契合，驱动组织整体学习绩效，从而提升企业效益，形成竞争力。

二是以学习为中心的学校领导（Learning—centered Leadership）。这是 20 世纪 90 年代，随着学习型社会的理念逐渐深入人心，以学习为中心的思想日益渗透到教育领域、学校领导中。在美国，“为了学习而领导”的新理念在这一时期蔚然兴起，并逐步发展成为新时代的领导潮流。[2]进入 21 世纪之后，“以学习为中心的领导”成为继教学型领导、变革型领导之后美国教育领导研究领域的新范式，它是真正将教学型领导、变革型领导以及其他类型领导联结在一起来的[3]。在这以后的十多年中，以学习为中心的学校领导已经为许多学校的改进提供了很大帮助。美国学者杰夫·索斯沃斯（Geof Southworth）把教师学习和学生学习紧扣在一起，认为学习领导有以下六项特色[4]：①以改善课堂教学为学校改进的关键因素；②让教师有足够机会分享和交流专业知识和技能；③赋权教师，让他们得以承责，推动改进力量；④确保改进项目能够落实；⑤加强沟通，凡事以提升

---

[1] 侯锷．首席学习官［M］．北京：社会科学文献出版社，2010：22.

[2] 王红，陈纯槿．美国教育领导力评价研究三十年：回顾与启示［J］．比较教育研究，2012（1）：58.

[3] Hallinger，P. A Review of Three Decades of Doctoral Studies Using the Principal Instructional Management Rating Scale：A lens on Methodological Progress in Educational Leadership. Educational Administration Quarterly，2011，47（2）：271-306.

[4] 王世伟，黄崴．试论聚焦于组织学习的学校领导［C］．中国教育学会教育管理分会教育管理学学科学术委员会第 10 次学术年会，2009：232.

学生学习为道德使命；⑥鼓励提升教学的创见。

（3）按领导取向分。主要为教学领导。是为提升教师的课堂教学效果，提高学生的学习成绩，而提供教育教学的技术指导、教学资源、同时采取的有效相关措施支持教师的教与学生的学。1979 年埃德蒙德（Edmonds，R.）在《贫困市区的有效学校》一文中指出，“专注于课程与教学的强有力的直接校长领导对于城市贫困地区的小学非常有效”[1]。加拿大多伦多大学学者雷斯伍德与蒙哥马利（Leithwood，K.& Montgomery，D.）在《小学校长对学生成绩的改进》一文中正式提出了教学领导的概念，“教学领导通常被看作是小学独具特色的一种领导方式”。[2]这些著作推动了教学领导概念和含义的不断完善。随着外围领导科学从管理学中独立出来，教学领导理论的产生，教育领导学改变了从领导学或管理学移植理论的惯例，教育领导学有了自己独立的研究理论 —— 教学领导，这是教育领导学成为一门学科的重要标志。实证研究显示，这种模式成为学校领导的主要模式，至今仍然是影响学校教育的重要领导理论。

往后的学者在研究中，充分肯定了教学领导理论对学校教学质量改进的贡献，也在研究中发现了两个一时难于解决的问题：①相关研究中，主要探讨的是如何改进“教”的策略，忽略了真正需要关注的对象“学”的方面的改进，因此，“教学领导者”就变成了“教”的领导者，而不是“学”的领导者，对学生的“学”不是最直接的，这显示了教学领导研究重心的偏差；②改善教学是全体教师共同的事情，而大部分研究把注意力全部集中在校长身上，很大程度上忽略了教师及其他学校成员在改善教

［1］ Edmonds，R.. Effective Schools for the Urban Poor［J］.Educational Leadership，1979，（37）：15–24.

［2］ Leithwood，K. & Montgomery，D.. The role of the Elementary Principal in Program Improvement［J］. Review of Educational Research，1982，（3）：309–339.

学环境、教学策略和学校效能方面的重要作用，把他们置于一种被动响应者的地位，而且有关的理论还存在着把教学领导的成败几乎完全与校长的职位权威和个人作为联系起来的倾向，不经意间造就并强化了一种“英雄领导者”（heroic leader）的形象。再往后，有学者用“共享教学领导”（shared instrucational leadership）替换了先前传统的以校长关注课堂实践或组织管理为中心的概念。[1]不同于传统教学领导概念，共享教学领导是一个包容性的概念，它是以校长为核心，教学管理部门和教师为提升教学效能，在教学中形成明确的教学理念，可操作、可持续发展的教学目标，采取相关的措施鼓励教师、学生和家长积极、主动参与课程和教学的管理、评价，推动教学改革，提高教学成绩，整体提升学校教学质量的教学管理活动。在这种领导模式下，校长希望获得教师在教学相关领域上的想法、见解和专业知识，并且与教师共同工作以促进学校改进。

到了20世纪90年代末，教学领导的相关研究进入了低潮，人们将关注点转移到校本管理等实践中的热点以及一些新型领导理论方面[2]。权力下放是当时教育改革的主要特征，“校本管理”“校本领导”“特许学校”等是当时研究的热点问题。与此同时，有关道德领导、转化式领导、分布式领导等的探讨也此起彼伏。这些似乎削弱了人们对教学领导的关注。当教学领导再次成为西方学校研究的热点主题时，它已被改称为“学习领导”（Leadership for learning）了，正如美国范德比尔特大学教授菲利普·海林杰（Philip Hallinger）所说的，“教学领导最近已经以‘学习领导’的面貌

[1] 王帅．当代西方主流教育领导理论新进展［J］．外国教育研究，2013（5）：50.

[2] Lashway，L．Developing Instructional Leaders．ERIC Digest［DB/OL］，http：//www. Eric digests. org /2003-2/leaders. html，（2009-11-5）.

重新化身为（has recently reincarnated）一种全球的现象”。[1]“学习领导”的研究重点不再是领导者行使什么权力、怎样行使权力，而在于领导影响的受体——教师和学生改变了什么。[2]

1.4.3 学习领导研究的积极意义

从学习型组织的建设、以学习为中心的学校领导研究来看，教育教学绩效的提升、校长领导力的开展，与学习的联系紧密。学习影响组织成员和组织的发展，加强个体和组织学习的领导，可以提高组织绩效，促进组织发展，提升领导者的领导力。

刘志华研究发现[3]，以学习为中心的校长领导力最终目的是促进学生成绩的提高，校长各类行为的关注焦点都在如何提高学生的学习上，而教师领导力的本质是积极改善学生成绩的影响力。由此可以推论，校长是通过影响教师进而影响学生的学习，以学习为中心的领导力与教师领导力之间存在相关关系。

李艺伟、李文举在研究以学习为中心的教学模式和体系时发现，当前的学习过程是分布式的发现学习，学习条件是综合式的认知情境，学习策略是个别式的意义建构；认为未来的学习，主张学生学习的意义性，鼓励学习共同体的建立与发展，要求学习者学会自我调控，倡导提供多方位的

---

[1] Hallinger, P. Leadership for 21st century: From instructional leadership to leadership for leaning [A].Hong Kong: The Hong Kong Institute of Education, 2009: 45-65.

[2] [美]阿尔玛·哈里斯.分布式领导：不同的视觉[M].冯大鸣，译.上海：上海教育出版社，2012：8.

[3] 刘志华.以学习为中心的校长领导力与中小学教师领导力的关系研究[C].2012年教育创新大会（科研专辑）：217.

学习支持服务[1]。

自2002年，美国乔治亚大学C.D.Glickman写《学习领导：如何协助教师成功》一书以来，学校领导在欧美国家陆续出现专门的研究，这里主要对相关代表人物的研究成果进行梳理：

Sergiovanni（2005）认为，领导是态度领导行为，而不是不相关、彼此独立之技巧展现而已。过去领导太过强调个人、英雄式领导，学习领导强调每位成员都是（可以且必须是）领导者，如果校长学习领导仍嫌不足，必须从学生学习、教师教学、学校学习、教育行政执行的角度来看学习领导。

数字经济时代的领导认为[2]，“过去的指挥、控制型的领导方式已不再适用，数字化时代正在不停地改造着我们的传统思想观念、行为方式，领导者只有通过学习、研究，不断掌握更广博的知识，才能适应时代的要求”，“而要想获得更多的资讯和知识，拥有最可靠的竞争优势，领导者不仅自己要善于学习，还要善于领导员工克服障碍去学习，在知识的获取和传授模式上，打破传统的一对一、多对一或一对多的模式，建立一种新型的联网型的知识共享体系，采用多对多的知识传授模式，充分发挥复合型知识的最大效益”。

林嘉德（Lingard，2008）认为“在学校中，为了达到所有学生可以得到最好的教育成果，需要在全校都进行领导能力的实践”[3]。Hallinger

---

［1］ 李艺伟，李文举．“以学习为中心”的心理学解读与启示［J］．辽宁工业大学学报（社会科学版），2011（2）：91-92.

［2］ 李莉．数字经济时代领导者的素质刍议［J］．淮北煤炭师范学院学报（哲学社会科学版），2004（6）：63.

［3］ ［澳大利亚］林嘉德，等．领导学习——达成教育者的愿景［M］．张健，译．长沙：湖南教育出版社，2008：60.

（2011）认为，学习领导包含了教学领导、转型领导和分布式领导的特征，学习领导所描述的学校领导者为达到重要的学校成果，所采取的各种方法，而在这些重要的学校成果中，学生的学习是特别受关注的焦点。台湾地方教育发展学会在 2012 年举行的“迈向学习领导学术研讨会”中强调：[1] 为适应新世纪的快速变迁与挑战，传统的学校教育角色以及学生学习的任务皆须进行改革；而台湾地区在 2014 年起实施的 12 年国民基本教育，更标明了提供均等、适性优等的教育环境，以培育学生关键的学习与创新能力，为其主要的施政方针；此种根本的变革为教育界带来的冲击，将是前所未有的巨大，让所有利害攸关的持分者，无论是中央还是县市教育主管机构，或是各级各类学校的校长、教师、家长及学生，都必须扮演称职的“学习领导”的积极角色，就许多新的事物、观念、做法，特别是加强以学生学习为中心的学校教育理念，自我学习与相互学习。

因此，厘清与学习领导相关的领导理论是认识学习领导的关键。为了实现学习领导的目的，必须在了解和掌握相关的领导理论的基础上，才能运用新的教育领导方式实施领导。基于对学习领导研究的思考，作为校长，一个学习的领导者，必须具备良好的道德观念，善于用自己的道德观念去影响师生，从而使他们也都能用公平的态度去对待每一个人，这是学校文化的基石。同时，作为学习领导者的校长，必须是一个高效的领导者，需要引导教师和学生的积极参与，把学习当作是学校团队工作的一种方式，与学习成员进行对话，以及时了解他们最近的学习有些什么困难，取得了哪些成绩，需要得到怎样的帮助或支持，从而形成凝聚力和信任感，发展集体的智慧。在领导学习过程中，还要善于授权与分享，形成一个立体、互动的领导集体，让组织内的每个成员拥有权力，主动参与对学

[1] 单文经 . 试释学习领导的意义 [J]. 教育研究月刊（台湾），2013（5）：12.

习的领导，形成集体的智慧，明确更切合实际的学习目的，并“培育学习文化、发展具有共享价值观的学习共同体，然后通过分布于组织中各个工作团队的领导‘流’，来改进课堂教学和学生的表现”[1]。

综上所述，无论运用什么领导方式来提高教学质量和学校组织的效率，促进学校的发展，都必须先学习、理解这些领导方式的内涵，根据学校实际去加以选择和探索。学习领导，可以融合多种领导方式，让个体和组织学习得到更长效的领导关怀，持续促进学习和领导绩效的双重提升，因而实现学校的跨越式发展。

1.5 研究思路与研究方法

1.5.1 研究思路

本文正文的研究框架和具体思路大致遵循研究主题“为什么——是什么——怎么做——反思前瞻”的分析路径。

到目前为止，国内相关的学习领导研究并没有提供太多的信息，已有的学校学习领导及模式的研究数量相对较少，还没有形成足够的知识基础。在国际上和我国港台地区，学习领导是近十多年学校领导研究中道德领导、课程领导、教学领导之后的重点研究领域。因此，本研究旨在了解在学校领导转型变革中，试图阐明学习领导在学校领导中的重要性与必要性。

本研究属于理论与实践相融合的行动研究。从学校领导学入手，以

[1] 冯大鸣. 美、英、澳教育管理前言图景［M］. 北京：教育科学出版社，2004：74-76.

学校领导与学习的关系为讨论起点，界定学习领导模式的相关概念；重点探析学习领导的基本理论体系和学习领导模式的构建等问题；采用行动研究、访谈等方法叙述、总结研究的全过程。

本研究重点从以下几方面来考虑研究的主要内容，并最终形成较为完整的体系。

一是分析学校领导中遇到的各种问题，解释学习社会这一新的时代背景对学习的需求而带来学校领导内容和方式转变的机遇和挑战，找到校长领导学习及构建模式的问题所在。这是关于“为什么”的分析与研究。

二是分析学习领导的基本理论。从学校需要组织学习、组织学习需要领导、领导需要学习分析学校实施学习领导的必要性；从学习领导环境、领导学习的能力、学习者的意愿和学习的可持续来讨论实施学习领导的必备条件；从学习与领导的关系分析、学习领导相似概念的辨析中厘清学习领导的内涵和外延，力求分析出新的特点和核心特征；并系统分析学习领导所涉及的主要理论，讨论学习领导的积极意义，为学习领导模式的构建和具体运作提供参考。这是关于“是什么”的理论探讨与分析。

三是结合学习领导的基本理论，阐释学校领导理论的变革、校长角色的转变和学校领导模式相对滞后等方面的理论依据，分析个体和学校组织的发展需要学习、学校领导的基本指向和领导模式需要重构的现实需求，为构建学习领导的模式提供重要的参考依据。

四是提出学习领导模式的构建。通过分析学习领导组织的基本模式、学校领导的取向和领导力的作用焦点，运作的基本方式，校长对个体和组织学习、培养学习领导者的积极作用，相关的评价、保障机制等方面的阐述，说明学习领导实施的基本路径，为实践操作指明方向。

以上两个环节是在“是什么”的基础上提出研究的假设。

五是以 W 小学为例开展模式实践探索，从领导取向、建立院校协作共同体、领导师生学习等方面阐述学习领导对组织学习、个体学习的促进作用，并反思总结现状背后的原因，提出改进的思路。

六是分析讨论第一轮实践中暴露出的问题：突出校长的学习领导的重要作用；构建有助于深化学习领导的组织结构；优化学习领导的环境，使学习领导绩效更加明显，等等，对这些问题进行逐项解决，使模式更加完善。

以上两个环节主要讨论“怎么做”，以及对行动过程的详细阐释。

七是针对案例运行的情况，运用访谈等方法说明实施该模式的效果，分析学习领导应该到何种程度，或者相关研究应该继续关注的视角。这个环节是反思、验证提出的假设，得出可行性结论和提出未来研究的指向。

总之，本研究的具体实施，紧密围绕学习领导的内涵，依次从意义、模式构建、运作过程与具体指向、对策、展望等方面展开。同时本研究整个过程都采用笔者作为校长的研究和实践视角，注意甄别校长的主体思维和在领导中的主体地位，将校长和教师的专业发展、学生学习成就与学习领导内涵、意义结合起来，将校长领导学习的感悟、运作过程与领导学习的实施改进联系起来，将校长的实践行为与领导学习的方法对照起来，将校长领导学习与学校组织发展的未来融合起来。

1.5.2 研究方法

“任何的学术研究，都离不开问题、材料、理论、方法四要素。”[1]研究者所选择的研究方法必须根据研究的内容和目的来考虑。卡尔・波普尔

[1] [美]约翰・W. 克里斯韦尔. 质的研究及其设计——方法与选择[M]. 余东升，译. 青岛：中国海洋大学出版社，2008：前言，1.

说："任何方法只要导致能够合理论证的结果，就是正当的方法。"[1]本文的研究是一种准实验研究，我们遵循领导行为理论研究的方法论，主要选择文献研究法、实践行动研究法、调查研究法等具体研究方法来开展实践研究。

1. 文献研究法

关于学校领导的方式方法、模式研究等有很多论述，其中有很多值得参考的地方，我们可以通过文献的研究以获得相当的启示。为此，本研究查阅了教育领导学、学校领导学、组织行为学、学校管理学等大量的文献，通过对文献的收集、梳理，开阔了本研究的视野，也为本研究提供了可借鉴的理论。

整理关于学习领导的相关文献，了解学习领导的基本原理、逻辑起点以及研究现状。文献涉及领导学、组织学、教育领导学、教育组织学、文本解读的基础文献，包含国内教育领导、学校领导实施现状的文献；关于学习领导本体论及其解读的文献，包含领导理论及学校领导相关内容；关于学习领导目标、内容、实施、评价等领域的实践文献，主要指学习领导具体指向，例如校长学习什么、如何学，如何领导师生学习和学校组织学习等方面的实例。

2. 行动研究法

行动研究是一种中小学常用的实证研究方法，适应小范围内教育改革的实践性、探索性的研究方法，其目的"不在于建立理论、归纳规律，而

[1] 刘亚敏. 大学精神探论 [D]. 华中科技大学博士学位论文，2004：4.

是针对教育实践中的实际问题，在行动研究中不断探索、改进和解决”[1]。本研究是关于学习领导模式的建构与实施，它“以研究者本人作为研究工具，在自然情境下采用多种资料收集方法对社会现象进行整体性探究，使用归纳法分析资料和形成理论，通过与研究对象互动对其行为和意义建构获得解释性理解的一种活动”[2]，是一种属于实践性、描述性的研究。实践性行动研究主要强调“怎么做”，即用什么方法来完成行动研究，描述性行动研究主要是说明“做了什么”，即用什么资料证明完成了行动研究。本研究始于理论的优选到实践反思和深入探索，最后在经验的总结中升华，把理论与实践的循环往复看作是在行动过程中教育理论与实践互相包容和批判的辩证统一、螺旋式加深的发展过程。

（1）研究步骤。第一步：发现和界定问题。本研究首先叙述研究的背景，从背景中发现、梳理出具体的研究问题；然后对研究的主题进行界定，包括校本学习、学习领导、领导模式等，并对所涉及的相关文献进行整理、归纳和分析，并在此基础上确定本研究的意义。相关文献梳理目的在于从理论上、来源上梳理学习领导的相关概念、包含的要素及其重要性，为后一步学习领导的理论分体和模式构建提供指导。

第二步：查阅文献，优选理论。从相关理论中分析领导学习理论的内涵，试图解读实施学习领导的必要性，学习领导的内涵、分类、特征与行政领导的区别、重要意义和运作的相关条件。即“设某种基于现实而又超越现实的理想目标，启发本研究在理想与现实、终极的指向性与历史的确定性之间，既保持‘必要的张力’，又不断打破这种‘微妙的平衡’，从而使人类在自己的全部活动中保持生机勃勃的求真意识、向善意识和审美意

[1] 韩廷伦主编．教育研究方法［M］．北京：高等教育出版社，2011：237.

[2] 陈向明．质的研究方法与社会科学研究［M］．北京：教育科学出版社，2006：21.

识，永远敞开自我批判和自我超越的空间”[1]。

第三步：设计方案，提出假设。通过在学习领导的基本理论指引下，分析实施学习领导的理论和现实依据，从模式结构、具体运作方式、评价和保障等方面分析、构建学习领导的基本模式。即通过研究者对物质世界“科学理性”的理解，探究学习领导的基本模式的构建方式及过程的“实践理性”。

第四步：参与行动，改进行动。一是选择笔者曾经担任校长的W小学作为研究个案，根据现有的资料对个案的真实情况进行描述性的介绍，运用态势分析法分析案例当时存在的优势、弱势、机遇和挑战，找准解决问题的切入点，为学习领导模式在W小学的实施做准备。二是选择质化研究方式进入研究现场开展研究，叙述学习领导模式的具体运作过程，因为质化研究“是从研究对象的角度来研究问题，注重现场参与者的观点，不是要通过一个设计严密、不能重复的程序去证明一个研究者预先设定的假设，而是在尽可能自然的状态下，研究者试着进入研究对象的世界中去，了解他们的所思所想”[2]，所以采取质化研究有助于笔者回顾、叙述模式实施的细节，也有助于研究结果与访谈论证的对比，使研究结论更趋于真实、有效。三是反思性地描述研究者本人亲自参与在W小学进行的实践行动过程，对模式实施有关现象和原因作出分析和解释，找出计划与结果的不一致性，对行动和模式提出改进方案。四是研究者本人根据第一轮实践行动研究中存在的问题，进行讨论、分析，提出改进改进性实践行动研究，从具体情境下的问题开始，使用学习领导的基本理论及构建的基本模

[1] 孙正聿．哲学导论［M］．北京：中国人民大学出版社，1999：91.

[2] 靳玉文．教育研究大视界（上篇：教育研究方法论）［M］．东北师范大学出版社，2010：30.

式，在实践中探讨一个特定的情境运作过程，寻求学习领导模式运作的合理性解释。

第五步：结论与反思。采取行动研究的理论研究、经验总结相结合的方法，通过质化研究的深度访谈手段来获得参与者关于主题活动的体验和看法，发现他们在主题活动中的成长和存在的障碍与问题，分析、说明学习领导模式的运作效果，发现其中存在的创新之处和问题，讨论学习领导模式的未来走向。

（2）成效验证。第一步，选择验证方法。本研究主要运用质化研究的深度访谈方法来论证研究的效果。深度访谈能够获得关于受访者感受和观念的深度的、丰富的理解，而不是由研究者控制的、收集客观数据的工具（Kidd，2004：450）。本研究的访谈，是经过两轮的实践行动，在研究者、受访者（参与者）都对研究主题有一定的认识之后，根据其中的敏感信息再使用半结构式访谈方法了解一些更加深入、直接的问题，力求获得更加丰富的资料。这些材料主要是访谈中收集到的文字、录音材料等，获得材料之后运用话语分析、登录重要的概念和情景来进行归纳、分析、验证主题研究的效度。

第二步，选择访谈对象。本研究的访谈对象是研究个案 W 小学除现任校长外的全体 48 名教师，教师平均年龄为 33.5 岁，职称结构为中小学高级职称 3 名、中级职称 33 名、初级职称 14 名。（教师基本情况是 2015 年 9 月的核定编制）。

第三步，实施访谈工作。在访谈之前，确定访谈的主题，拟定访谈提纲，确定访谈方式，具体的访谈问题在访谈过程中根据具体情况现场发挥，对访谈者提出的访谈问题并不要求完全一致，对不熟悉的情况也可以不作回答。

一是访谈前的准备。根据研究问题选取背景，提出学习领导模式需要验证的相关问题，了解被访谈者对本研究主题的了解情况以及何时方便接受访谈。

二是确定访谈方式。确定直接访谈或间接访谈，单独访谈或集体访谈，口头访谈或书面访谈等。本研究采取分类访谈、在线单独网谈等方式进行访谈。

三是明确访谈的目的。①了解学校领导的现状；②了解校长、教师、学生对自己和组织学习的态度；③了解领导在教师、学生和组织学习中的现状；④了解影响学生学习、教师学习和组织的学习的领导因素和领导障碍；⑤了解校长、教师、学生在学习领导模式运作中的态度、表现；⑥了解学习领导模式对促进学校整体发展的积极表现。

四是设计访谈提纲。访谈提纲紧绕学习领导模式构建的主要内容，从现状、概念、内涵、要素、结构、运作方式、存在的优缺点以及改进的意见或建议来展开，使访谈有内在逻辑性，问题的设计清楚、明确、简洁，便于被访谈者回答，不使用诱导性、暗示性问题。记录方式主要是摘取关键词及重要言论，尽量减少雷同的答案，以方便进行资料的整理、统计、整合。

五是预访谈。尽管访谈提供有价值的数据，但仍有出偏差的可能。因此，要对访问主题及程序进行先导测试以确保其提供可靠正确的数据。本研究在正式访谈之前，找到曾经在 W 小学参加协作学习的教育硕士进行预访谈，以检验访谈提纲的可行性和有效性，然后根据访谈的结果做适当的调整，以便更好地采取相应的措施来应对某些棘手问题。

六是正式访谈。找有时间的教师进行单独面谈或分类面谈，从校长在办学初期与现在的领导关注点为话题，逐步进入本研究的主题，让教师自然地对研究的主题阐述自己的看法，研究者对关键性的话语进行记录和整理，形成有用的访谈资料；对确实没有时间进行面谈的教师，则利用晚上或假日休息时间进行在线网谈，工作中发现这种访谈方式比当面访谈的效果还要真实、具体，可能是因为当面阐述问题时比较尴尬，或一时反应不过来而表达不够清楚。

七是收集数据。本研究与 W 小学的教师直接面对面交流的有 30 人，历时 5 个工作日，在线网谈的教师有 18 人，顺利完成了访谈。所有访谈由研究者本人亲自完成，访谈时间最短的一次为 10 分钟，最长的为 25 分钟左右。访谈摘录并不把所有的录音转化为文字，只是抓住研究主题需要调查的要点来归纳。

第四步，数据的归纳整理与分析。本研究的论证数据是按照访谈提纲访谈的内容来进行整理，从学校领导的现状、学习领导环境、学习领导渠道、学习领导的能力、学习领导队伍的培养、学习领导对学校发展的影响等进行分析，以学校主要领导、教师发展部门、硕士生群和一线教师四个方面的访谈内容来归纳和整理，力求以真实的材料反映学习领导模式的运作成效。

第五步，关于信度和效度。信度，是指研究结果的可靠性和一致性，通常被认为是一项研究结果在其他时间是否可以被其他研究者复制方面的问题。受访者在接受访谈的过程中，可能会因不同的采访者或采访的时机不同而提供不同的回答。因此，本研究中不宜采用信度检测。学习领导是一个过程、一种平常的领导活动，它关注的是蕴含在其中的内心体验和精神觉醒，这种体验和觉醒无法定量表达，而且学习领导是一个螺旋式上升的过程，随着人的认知提升，对学习领导的期盼会不断地超越现实，所以只能用效度来加以判断。

效度，是指研究的效力和效果及陈述的真实性、正确性。效度必须“从研究内容到采用的研究方法与研究对象都是一致的”[1]。本研究采取效度检验方法是内容效度检测法。也就是说，“测验的内容范围、材料与所要测量的内容范围、教育目标是否相符合”[2]。本研究通过对 W 小学案例实践的真实性描述、总结分析、确定访谈主题以及在访谈中的控制等过程，来提高研究的效度，以此不断提高对不同研究对象的敏感度，以及总结和概括的能力。

（3）技术线路。提出学习领导的研究问题——分析国内外的学习领导文献——厘清学习领导的基本理论——分析模式建构的理论依据和现实需求，构建学习领导模式——反思性描述在 W 小学的行动过程及效果——通过访谈论证行动过程，得出结论并反思。

---

［1］ 黄毅英主编 . 教授现在告诉你：如何开展教育研究［M］. 武汉：华中师范大学出版社，2010：75.

［2］ 蔡京玉 . 行动研究对中小学教师专业发展的助推作用研究——基于长春汽车经济技术开发区区域推进案例［D］. 东北师范大学，2013：41.

2 学习领导的基本理论

"领导"一词，从字义上讲，是由"领"和"导"组成的。"领"是带领、率领、统领的意思，它表示：一是领人，包括四个方面，即育人、选人、用人和管人；二是领力，即以领导者自身的力量，包括四个方面，即智力、权力、精力和魄力；三是领策，包括制定政策和贯彻执行政策、决策。"导"是引导、指导、疏导和督导。合起来就是领导，即领航导向的意思。领导有广义和狭义之分，广义上的领导是指动词意义上的领导活动，狭义上的领导是指名词意义上的领导者。在学校领导中，学校领导者一方面带领学校成员提高教育教学质量，推动学校向前发展；另一方面改善学校领导环境，提升领导绩效，培养优秀的教育领导者。其中，学生学习质量的提升是学校领导的最高目标，又是最终落脚点。因此，提升学习成就是学校领导的应然选择和必然追求，领导的重心理应聚焦于学习，并增强对学习的领导力度与频度，改善学习环境，营造良好的学习领导文化。

2.1 实施学习领导的必要性

学习是学生在校的主要事务，是学生成长的必经阶段。在学习工作化、工作学习化社会中，学习不仅是教师和校长的一项工作，也是一种学校管理的工具。对学校来说，学习是对生产性工作过程方面的补充，领导是把握生产方向的必要手段。学习和领导一样，是学校的中心工作、长效工作。学习领导改善学校领导行为，提升学校学习成就的重要领导范式。

2.1.1 促进个体的发展

随着学习社会化、信息化、终身化的理念不断深入，师生如何获取学习的讯息和资源、把握学习的方向和边界、提高学习的能力和效率，需要得到他人的正确领导和管理。有效的领导和管理，有助于促进各层次有目的地学习，创造良好的沟通平台，实现知识的共享和跨越组织边界的知识和信息的流动，在互动中产生新知识与新经验。这些知识和经验，每个人都可以借鉴、转化、创新，从而增强每个人在组织中的活力和适应能力，并不断突破自己的能力上限。加强对师生学习的领导，其作用在于：

（1）领导教师学习，能够促进教师的学习、开启教师的教学心智，便于引导教师以研究者的角度看待现实中的教育教学现象和发生的事件，让教师成为学习的研究者。学生学习成就的不断提升，需要教师以发展的眼光分析教与学的要素、关系、结构、作用与价值，学习领导能够促进教师不断地对自己的专业成长和日常工作进行反思，促进教师开展深度学习。学习领导责任的分担，需要教师以领导者的担当精神对学生和组织的学习做出正确的决策，学习领导能使教师成为学习的示范者、组织者和领导者。教师作为学习的激发者，教育教学质量的提升，需要教师认真分析教与学的过去、现在和未来，学习领导能够激发教师的创造精神，自觉地通过学习而跨越障碍、超越自我。

（2）领导学生学习，能够对学生的学习起到思想端正、方向明确、明白意义、发展个性、自主学习和终身学习等积极作用。一是端正学习思想。通过领导学习，帮助学生树立学习理想和信念，让学生的心灵不再恐惧、不再迷惘，能够敞开心扉，直接和世界接触，大胆探索自己未知的世界。学习领导注重引导学生在学习过程中积累学习经验，改善学习行为，从而学会学习、把握学习规律，相信学习能成全生命价值。二是注重学习体验。学习领导主张学生在自由的状态下学习，既帮助排除各种消极因素对学习的干扰，让学生充分体验主动学习的愉悦感受，又能近距离地指导学生正确认识人和世界，以保持永不停息的探索心灵，从观察、挣扎、快乐与眼泪中学习，丰富学生的学习思维和生命旅程。三是传授学习意义。学习领导关注学习方法的指导，明确学科学习的具体指向和整体学习意义，明确学习的多元世界赋予每个人一样的学习机会，每一个人都是学习的主人，都可以选择适合自己的学习方式、学习时间，都有机会分享、表达自己的学习成就，都能够通过学习去寻找事物的真相，完善自己的思维品格，促进自己身心的全面协调和可持续发展。四是发展学生个性。学习领导激发学生学习、开启心智，能为自己的学习成果和理想而努力，并赋予自己学习的价值，寻找自己认为有意义的生命质感，形成独特的学习个性。学习领导良好的运行机制便于引导学生分享学习、承担学习责任和引领同伴学习，学生可以对教师和学校领导表达自己的学习意愿、学习需要，推广自己学习的成果和独特的经验，从而培养学生领导学习的能力和独特的个性。五是促进终身学习。学习领导给予每一个学生均等的学习机会、学习资源和学习时空，注重学生的生活经验和发展学生的潜能，关注学生的爱好和学习兴趣；学习领导可以选择有利于学生学会学习、持续学习的基础知识和技能，并通过不同层级、不同类型的学习榜样，引导、教化学生学会自主学习，树立终身学习的理想，自觉地革新学习方式，主动参与合作学习、探究性学习，自由地在学习世界里遨游。

2.1.2 推动组织的发展

学校本质上就是一个全方位的学习场所，是一个目的性很强的复杂组织体系，在终身学习社会、信息化学习时代，学校必须顺应时代发展的潮流，加强学习新知识、新技能来适应时代的发展和社会的变革。组织的效率在于领导的方略、组织学习的成败，在于学习领导的价值追求和具体落实。认知心理学的研究者认为，“组织学习是指获得新的知识及最终结果的过程，学习提供了组织变革的潜在可能性”[1]。这是因为组织中人与人之间的交互，可以实现共享信息和知识，改善心智模式，使组织获得、分享、储存和创造知识，为组织变革带来必要的智能。有研究者认为，“学习领导处于学校改进的核心地位”[2]，故组织学习的结果是获得新的智能：应用新知识以巩固现有活动或任务的绩效，运用新的力量增强变革的能力。

组织学习是一个组织成为学习型组织的必要条件[3]，加强组织学习的领导，就是为促进个体和团队的高效学习，解决组织整体学习运行中存在的问题，改进领导行为，提升组织学习力，发展组织世界观和意识形态，从而实现组织学习既定的目标，向学习型学校迈进。同时，减少组织知识在内部传播过程中的“能量”损失，切实为组织学习带来组织行为和绩效的改善，为学校改进奠定智能基础和营造良好的领导环境。

---

[1] 原献学. 组织学习的动力理论与实证研究 [D]. 华东师范大学，2004：16.

[2] 刘茜. 学习领导理论述评 [J]. 外国教育研究，2011（1）：24.

[3] 张兆芹，卢乃桂，彭新强. 学习型学校的创建：教师组织学习力的新视角 [M]. 北京：教育科学出版社，2011：58.

（1）构建学习愿景。学习愿景是组织学习的美好图景，是组织学习的明确定位，也是激发组织成员学习的动力源泉。根据学校的实际，校长及整个领导层应该“建立一个综合的且与现存的理论和实践相一致的学习方向的构念”[1]，勾勒出比现状更加美好的未来，通过行政手段和非行政手段相结合的方式，并把这种愿景融入学校的日常工作中，强化“学习”对组织发展的价值，使师生员工对自己所做的工作和学习保持学习的方向感、兴奋感，从而引导师生把握和认同整个学校的战略和目标，形成一个学习团队，创造一种合作的学习文化氛围。同时，通过各种途径多次向师生提出、表达、执行、保持整个学校团队共享和支持的学习愿景，把向历史学习和向未来学习有机地融合在日常的领导、管理、教育教学工作中，让每一个成员通过学习、工作，更加理解、认可优秀的办学经验，并积极反思、发现发展中存在的问题和当下应该解决的迫切问题。愿景构建过程中，通过明确学习关系，建立学习的目标、制度、方式、经验和结果的分享机制、学习评价和激励措施等方面的支持，从而使学校学习制度化、规范化，并指向具体的方向，提高个人和组织的能力，以引导师生把积极学习、自主学习内化为一种习惯，成为一个可持续的学习团体。因而，在“学习”这个共同愿景的激励、感召下的组织学习，学校成员能同心协力地朝着共同的方向努力，着力去改进和更新学校成员的学习观、知识观、人际交往观以及社会价值观，在实践中逐步塑造、培养具有学习美感与人文关怀的创新价值、社会价值，创新生活品质。

（2）纠正学习行为。随着课程改革的不断深入，知识与技能、过程与方法、情感态度价值观等多元价值取向，导致教学目标与学习结果的不确

---

[1] 陈江. 五大利器提升组织学习力，构建企业核心竞争力[J]. 现代管理科学，2010(10)：102.

定性。个性化学习和合作学习带来教学对象的不确定性及快速更新的知识和课程内容的综合化，需要教师花很多时间查找资料，补充教材内容。网络学习的扩大和课堂学习方式的变革，迫使教师认清教育发展的形势，判断自己的职业适应能力，思考未来的路该走向何方。同时，信息化社会，教师如何传道、授业、解惑，光凭自己的经验是远远不够的，必须加强学习，必须有明确的学习对象和学习的方向。组织学习的目的，就是发现新课程改革进程中组织运行中存在的问题，把握住上述的“不确定性”和相关的“变革”。组织教师群体不但要向书本学习，更要向学生、领导、行家、未来学习，能用新的视角审视教与学；引导教师群体把学习与学校的发展规划紧密地联系在一起，为他们的学习搭建学习平台，引进优质的学习资源，以开阔视野、突破知识的边界、适应教与学角色的随时转变。通过学习领导，能增强教师群体之间的互动，改善个体之间、个体与组织之间的关系，化解学习中的各种矛盾，明确学习的对象和方向，纠正教师在“不确定性”和“变革”过程中的行为，提高组织适应社会能力，实现学习的组织形式的创新和突破及组织的重新建构与持续发展。

（3）培养新的教学观念。学校的意义必须根据学校的办学经验和现有的知识去主动建构，在学习化的社会环境中，强调让学校以自己的经验信念为背景，深刻分析学校知识的合理性，并对学校知识进行批判、反思和建构。根据建构主义理论的观点，学校的发展必须以作为学习者的师生为中心，在已有经验的基础上，结合学习科学的前沿理论，激发他们的学习主动性和探索性，创建具有竞争力和安全感的良好的学习情境，开启人的思维，全力去探索和实现学习的共同抱负。通过领导个体和组织的学习，提高学校对现代“教”与“学”的认知水平，形成新的“教”与“学”的观念，逐步从学科教学走向学科教育。

教师是领导学生学习的主力，是“教”与“学”意义建构的主体。教师通过领导学生学习，能深刻地体会到学习的速度必须大于教育变革的速度，必须加强自身的学习，才能认识新事物，解决教育教学中遇到的新问题、新事件。学习领导的实施，能让教师充分体验到自身角色在教与学之间、领导与被领导之间、独立个体与组织成员之间的转变，从而激发教师自己、学生甚至是学校组织自主学习、合作学习的热情，开启学习智慧，在学习大草原上自由驰骋。

2.2 学习领导的内涵、特征、关系、方式与结果

学习领导包含了“学习”和“领导”两个基本要素，可以从它们之间的关系及与学习管理的区别加以区分。

2.2.1 学习领导的内涵

学习领导，是把“学习”和“领导”两个独立概念的词整合在一起的新词。我们经常提到的有管理式领导、道德领导、教学领导、课程领导、权变领导、分布式领导等，但直到近十多年“学习领导”的概念才出现并开始研究。学术界认为学习是领导工作中的一项基本内容，但是一直没有把它放在最重要的位置上来研究。实质上，“学习”既是学校领导研究的出发点，也是关键点，解决了“学习”的关键问题，其他问题就相对容易解决了。

学习，是人类的本能，是人类的本性，是人类的基本需要，是“指学习者因经验而引起的行为、能力和心理倾向的比较持久的变化”[1]。从学校

[1] 施良方.学习论［M］.北京：人民教育出版社，2001：5.

组织看，学习包括“个体学习”“团队学习”“组织层学习”“组织学习”。组织学习是指在组织范围内首先以个体学习的方式出现，通过组织内部人与人之间、人与组织之间的互动，使组织观念和行为发生持久变化的活动过程。

领导，是一个复杂的、现代的概念，相关研究者都是从各自研究的角度阐释自己的领导含义，但他们对领导的定义都有一个共识：“领导是组织的管理者指挥或带领被管理者去实现既定目标的活动过程，是领导者和追随者之间为实现组织目标相互共享的过程。具体包括三个方面：第一，领导的主体是一个组织的管理者，领导的客体是管理者部下，也就是被领导者或追随者，并对其施加影响才能称之为领导。这里的客体既可以是作为个体的被领导者，也可以是一个组织；第二，领导的作用是带领和影响，包括指挥、激励、沟通等多种手段；第三，作为管理者的一个重要职能，领导是一种有目的的行为，领导的目的就是带领个体或群体有效地实现组织目标。”[1]

学习领导是专指对学习的领导，而不是行政意义上的领导。学习领导是指学校的所有成员以学习为中心，学校领导，特别是校长引领学校成员共同努力，达成学校组织学习促进学校发展、促进教师持续地专业学习与成长、提高学生的学习成就的目的；学校各种教育变革都以提升学习者的学习成效为导向，学校领导直接指向学习，通过领导学习来培养师生和学校组织的学习能力以及增进学习者的学习质量，以此来应对学习化社会的挑战和未来社会发展的需要。

英国剑桥大学“学习的领导”（Leadership for Learning，简称 LfL）研究

[1] 刘延平，杜英歌. 组织领导学 [M]. 北京：清华大学出版社；北京交通大学出版社，2010：5.

小组的学者则借用 Gronn 的分布式领导理论将学习的领导本质阐释为实践活动（activity）和能动性（agency），是融合不同层面学习的联结组织。这些概念化方式指出了“学习的领导”所具有的广泛分布的特征，并基于新的“学习—领导”关系图景，重新阐述了教育领导的研究对象应包括整个教育社群的成员。[1] 目的是促使“每一位学习者都应主动寻求意义交往并推动整个学习社群之中的意义交往”[2]。

中国台湾国立中正大学的林明地教授认为，学习领导的内涵有五个方面：一是全员承诺于真实教与学；二是营造有利于教与学的环境；三是对学习领导持续对话产生共识行动；四是提高领导密度；五是检视学习结果共同承担责任。[3] 我们认为，在学校情景中，学习领导主要包括五个方面：①明确学校中每一个成员，包括学校本身都需要学习，学习是领导工作的焦点；②围绕学习来规划学校的发展：构建学习的共同愿景，系统思考学习的现在与未来，以榜样示范作用引导师生学习；③拟定学习的任务：在充分了解学校学习现状的基础上拟定个层级的学习目标及进阶，积极主动为改善学习而加强与学校附近的社区沟通；④领导师生学习：包括视察及评价课堂教学中师生的表现，协调各层级学习时间，改善学习的组织方式，及时检测学习者的学习成效；⑤营造良好的学习氛围：让师生具体了解学校的学习期望，树立学习榜样，激发学习潜能，允许师生选择及参与个性化的、合作式的学习方式，建立奖励制度来提升学习者的学习热情，完善学习的考核标准，保障师生和学校组织的学习时间。

---

[1] 曾艳，黎万红，卢乃桂. 学习的领导：理解教育领导的新范式[J]. 全球教育展望，2014(4)：31.

[2] 曾艳，黎万红，卢乃桂. 课程改革中教师成为学习领导者的路径探索——基于一项实证研究的探讨[J]. 教师教育研究，2014（1）：87.

[3] 林明地. 学习领导：理念与实际初探[J]. 教育研究月刊（台湾），2013（5）：18.

2.2.2 学习领导的特征

学习领导立足于改善学校学习，通过带领师生员工和学校组织学习新的知识和技能，建构学校领导的新意义，促进学校适应学习化社会环境中的教育变革。学习与领导是一个互惠的过程，成功的学习领导运用不同的领导技能和领导方式，能创造性地完成预定的任务并能妥善处理突发事件。学习领导不仅通过学习完善自己、提升自己，还能通过领导成员和组织的学习来改造学习条件、提高组织智能、改善领导环境、创新学校“学习—领导”工作。因此建构与创新是学习领导的本质特征。一般而言，学习领导应具有以下特征：

（1）目标的共同性。学校是一个学习共同体，学习是共同体中每一个成员的事情，也是共同体中各组织和组织层之间的事情。在此学习共同体中，“领导应该是源于共享价值观、理念、理想的义务和责任为表现形式的道德权威”[1]。校长倡导通过学习促进教师专业发展、学生学习成就和学校整体智能提升的美好愿景，使共同体中每一个成员都应围绕共享价值、理念和理想而学习，共同维护共同体的利益、承担相应的责任。因而提高了师生参与的积极性，开发了师生的潜能，提升了师生的参与度，师生能够在参与学习领导的行动中自觉地将学习领导的愿景转化为内在的价值追求，形成一个包含学生、教师和领导的领导共同体，共同去实现组织发展的目标：学习的改善与提升、领导群体的构建与领导绩效的提升。

（2）地位的平等性。社会互动理论认为，学习不是简单的个人对学习内容的主动加工，而是需要学习者之间开展合作、积极互动。因此，在学习领域，学习结果的提升在于学习者之间加强互动，特别是在学校范围

[1] Edward Salis and Gary Jones.Knowledge Management in Education：Enhancing Learning & Education［M］.Kogan Page，2002.2：5、3、XV、121.

内，每个成员都是学习者又是潜在的教师，大家具有相同的学习环境和工作节奏，共享学校的学习资源，交流互动的机会远大于社会。学习不分先后，每一个学校成员都有自己独立的学习空间，可以自由支配自己的学习实践，分享自己的学习成就，给他人提供参考，为学校组织的学习奉献力量。这种平等，能使学校领导、教师和学生保持学习方向上的一致性，又使每一个成员都可以充分发挥自己的潜质，加快学习的速度，提高学习的成效，优先享有领导自己和领导他人学习的责权。

（3）情境的参与性。情景学习理论认为，“知识是基于社会情境的一种活动，而不是一个抽象具体的对象；知识是个体与环境交互过程中建构的一种交互状态，不是事实；知识是一种人类协调一系列行为，去适应动态变化发展的环境的能力”[1]。学习领导不是靠领导者个人的行政命令、管理控制、检查监督来实施，而是给予学习者平等、公正的学习机会和宽松的学习时空。在此基础上，允许、鼓励学习者表达自己的学习意愿和学习需求，学习者能主动参与有关学习的讨论、决策，参与学习领导的全过程，分享学习与领导的成就，承担学习与领导的责任。“学习者作为一个完整的人，他在学习中不仅要参与特定的学习活动，而且还参与特定的社会共同体”[2]。即强调以共同的目标为中心，强化学习者之间的合作与交流，使学习者主动参与、积极奉献，勇于担当。

（4）领导的多元性。一方面，在人的社会化过程中，学习是适应社会发展的重要途径；另一方面，在领导过程中，学生、教师、家长、教育行政领导都需要学习，但是每一个学习者的学习心理、学习方式、学习手

[1] 王文静．情境认知与学习理论研究述评［J］．全球教育展望，2002（1）：51-55.

[2] 周建平．大学实践教学的变革：情境学习理论的视角［J］．高教探索，2009（4）：80-83.

段和希翼的学习结果都不一样，以致“不只是教育行政官员、校长、教师，甚至是家长、社会各界人士大家都需要‘学习领导’，学生之间也需要‘学习领导’”[1]。学习的多元性、学习者的多元性，使领导的主体、领导风格、领导方式随之变得多元化，这两种变化促进了学习与领导之间的交互和发展，领导者与被领导者之间不是一种不可逾越的关系，而是随着学习而发展，被领导者可以成为领导者的领导，即领导有来自上级、同级和下级等多层次、多方面的。

（5）行为的互惠性。建构主义学习理论认为，“知识是学习者主动进行意义建构，而非被动吸收的；知识是学习者经验的合理化和实用化，而非死记硬背的结果；知识是学习者与学习者互动所形成的共识”[2]。学习和领导的行为是一种持续变化、充满活力的互惠过程，个体的知识、能力在此基础上不断地提高和重构。因此，学习优异者可以成为学习领导者，学习领导者也可以成为学习优异者。学习领导也是学习者和领导者围绕学校发展问题而形成的一个互动、互惠过程，一种新型的学习关系和领导关系的建构过程。

（6）结果的发展性。由于“学习越来越多地被认为是建构认知、分布式认知和情境认知的过程，而不仅仅是知识的传递；越来越关注知识协同建构的社会本质，知识共同体影响着知识建构的过程”。[3]也就是说，学习不能仅仅是学习者对已有知识的转化或建构，不能仅仅是个体成长为共同体成员的过程，也不能仅仅是二者的整合，归根结底，学习不能被理解为仅仅是学习者消费和传承知识的活动，学习更应该成为学习者生产和创造

---

［1］ 单文经.学习领导的意义［J］.教育研究月刊（台湾），2013（5）：15.

［2］ 王冰，尹涛，吕廷杰.论基于建构主义的探究性学习与知识创造过程［J］.天津大学学报（社会科学版），2008（3）：176.

［3］ 余胜泉，等.e-Learning新解：网络教学范式的转换［J］.远程教育杂志，2009（3）：3.

知识的活动[1]。加强对学习的领导，目的就是更好地促进教师的专业发展，提升学生的学习成就，提高组织的智能，最终推动学校变革，实现学校的发展的共同愿景。学习领导在于使学习者认同、适应学习的价值和目标，并与个人的发展目标形成密切联系，在为组织的发展创造价值，同时实现个人和组织的协调与可持续发展，创造自己的人生价值。

2.2.3 相关概念的辨析

1. 学习领导与行政领导

学习领导与行政领导的主要区别：（1）行政领导依法行使行政权力，承担法律责任，学习领导则偏向非行政权力，为“学习”承担“领”和“导”责任；（2）行政领导具有严格的执行性，学习领导具有明显的互助性；（3）行政领导具有明显的政治性，学习领导则显示人文性；（4）行政领导的产生方式一般是选举、委任、考任和聘任，学习领导的产生方式一般是自荐、推荐、成绩评价和榜样示范；（4）行政领导讲究政治素养和解决问题的能力，学习领导注重专业素养、学习能力和知识转化能力。作为校长，学校的健康发展，既要懂得运用行政权力，又要善于使用非行政权力，做到刚柔并济，建构有利于学习领导的环境，营造学习领导的氛围，激发成员参与学习领导决策和高效运作的热情和主动性，协调好学习与领导的各种关系，使学习领导成为校长领导和学校发展的不竭动力。

[1] 曾文婕，柳熙．获得·参与·知识创造——论人类学习的三大隐喻[J]．教育研究，2013(7)：92.

2. 学习领导与学习管理

学习管理与学习领导的主要区别：（1）学习管理主要针对学习中的“事”；学习领导主要针对学习中的“人”。（2）学习管理强调制定详细的学习日程，安排严密的时间表，分配必需的资源，以实现组织的目标；学习领导则强调确定学习的方向，阐明学习的形势，构建学习愿景，制定学习战略，以引起组织必要的变化。（3）学习管理的焦点在于为个体的学习设计组织系统，构建组织学习中人员的相互关系，设置学习的物质环境；学习领导则通过与师生交流愿景，引发他们的承诺与他们共同建立团队和联盟，以便有效地完成组织使命。（4）学习管理在于发展激励系统，以更好地激发师生解决学习问题，监督学习目标的实施进展，在学习活动偏离目标时及时采取纠正措施；学习领导则强调激励和鼓励师生、信任师生、授权给师生，鼓励师生自我超越。在个体和组织学习过程中，管得过多，领得过少，学习者的学习行为、学习方式容易定型，这不利于激活学习者自主学习的积极性，在领导或专家的知识权威的影响下，不利于学习者学习思维发展，按部就班的知识管理模式，不利于学习者创造性学习。所以，学习的管理应转变为学习的领导。

3. 领导学习与学习领导

领导学习（leading learning）是学校领导通过参与学习活动，运用自身学识和影响力领导个体和组织的知识分享、知识建构（knowledge building），为学习者提供学习资源、行政支持，优化教育质量的专业发展方式。领导学习包含两个层面的意思：一是指作为领导者自身的学习，即自我导向学习，学习行为由自主转变为自发、自立转变为自强；二是指领导者的一种具体行为，是领导工作的一种基本职责，即运用领导手段，促进被领导者的学习。在学校学习场域中，领导学习的主力是学校教师，相互之间就共同关心的问题，进行展示、分析、阐释、建构其中内涵的知识图景，达成小组、团队对问题的共同理解，让师生从中受益。领导者领导他人和组织学习，是根据个体或组织学习的规律，履行领导的职能，使学习者主动寻求学习的意义，并推动个体和组织学习之间的意义交往，完成领导任务。学习领导，是将领导的作用力聚焦于学习，围绕“学习”而展开的系列领导行动；学习领导，使领导的目标更加明确、力量更加集中，有助于提升学习的成就。课堂教学是学习领导的主要场所，学习领导是“一种在课堂内外促进学习的广阔的领导观念，意味着为学习者的学术学习、社会学习、实践学习创造无处不在的支持条件”[1]；从事领导学习的人既是知识的学习者、建构者、学习的推动者，也是能动的学习领导者。

4. 学习领导与教学领导

教学领导就是根据国家课程理念和教学大纲的要求，指明教学活动的方向，提出教学发展的愿景和目标，选人用人，影响人趋向教学愿景、提升教学质量，实现教学目标，使师生和学校获得更好发展与回报的活动与过程[2]。教学领导与学习领导主要区别：一是两者的目的均指向学习成绩的提升，但教学领导侧重于教师的教，通过改善教来促进学，学习领导侧重于学校全体成员的学，通过学来促进学、改善教和提升领导绩效；二是教学领导的实施者主要是教师，学习领导的实施者是全体学习者（包括校长、教师和学生等）。

---

［1］ BECKETT L. Professional learning in community：teachers and academic partners focused on disadvantaged students in schooling and higher education ［J］. Aust. Educ. Res，2011（38）：109–124.

［2］ 温恒福编著. 教育领导学［M］. 中国人民大学出版社，2011：311.

5. 领导者与被领导者

在本研究中的学习领导者，核心是指校长。校长是整个学习组织的“首席学习官”，学习愿景和领导目标的制订者，处于学习领导的顶端，校长通过教育、带领、影响、激励、赋能、服务等手段领导师生学习，对学校的学习和发展负总责；被领导者一般是指教师和学生，通过校长的领导，学会学习、自主学习和终身学习。行政、课程、教学中的领导是自上而下的垂直领导关系，而学习无法用森严等级或科层权威来进行严格划分，对学习的领导随着学习内容、方式、手段、结果等方面的不同而变更领导关系，因此师生均可通过平行领导和向上领导实现对同伴、教师、校长学习的领导。教师一般通过教育、指导、激励、监督和创造良好的学习环境领导学生学习，学生则通过学习内容、学习环境的需求来影响教师的学习与学习领导方式，教师则通过专业影响、评价中反映出来的学习与领导问题来推动校长学习领导方式的改进。学习领导除校长、教师、学生，还可以是与学校团队学习、组织学习相关的专家。因此，领导者通过领导他人或组织的学习，使领导者建构新的领导意义：领导角色不是固定不变的，而是随着学习成就的提升促进被领导者综合能力的提升，学习接受快的被领导者可以反过来领导学习接受慢的领导者的学习；领导力的聚焦点在于学习，学习力改变领导力，领导力依赖学习力。在学习领导情境中，“领导可以发生在任何方向上，有时甚至可能打破谁在领导、谁在追随的区别，因而反映一种相互影响的过程”。[1] 把领导看成是一种集体影响过程，并没有否定领导者个人角色的作用，而是把领导者的作用包含在领导这种

[1] Uhl-Bien，M.. Relational Leadership Theory：Exploring the social processes of leadership and organizing．Leadership and organizing. Leadership Quarterly，2006，17：654-676.

复杂的、各种因素相互作用的社会影响过程之中。[1]学习与领导，是一个互动、互惠、螺旋式上升的过程。

2.2.4 学习领导的方式

“学习—领导”是一种互动、互惠的关系。在学校情境中，校长是学习领导的领袖，教师是学习领导的主力，学生是学习领导的主体，校长对全校的学习负全责。校长直接影响师生的学习，师生的学习影响校长的学习与领导。学习领导的方式跟普通的领导方式有相同的地方，也有其独特的方式。相同的是，都包含了激励、示范、影响、指导、教育等常用的方式；不同的是，领导者与被领导者的关系随着“学习”而发生变化。校长在学校学习的目标指引下，通过领导责权转化和分布，将学习的领导权分散给学习优秀的师生，激励他们提高自身的学习力和领导力，形成领导共同体。在教师的指引和协助下，学生在学科学习、整体发展的过程中形成一个学习共同体，把自身和同伴的学习需求和结果向上领导教师、领导校长，即推动教师和校长的学习，提高他们的领导力。教师在教学过程中，首先是学习者，通过专业学习和综合性项目学习，形成一个发展共同体，学习优秀的教师可以平行领导同事和教师团队的学习；同时教师又是学生学习的领导者，既要领导好学生的学习，又要向校长表明学习的内在需求、学习的评价标准、学习的预期结果，以影响和推动校长的学习；校长在师生的学习影响下自我领导学习，同时又根据师生的学习情况更新知识和转变领导观念，建构新的领导意义，促进学校领导方式变革，提升领导效能，最终使学校成为一个完整的学习组织和领导共同体。

---

［1］ 文茂伟 . 当代英美组织领导力发展理论与实践［M］. 浙江大学出版社，2011：62.

2.2.5 学习领导的结果

学习，是一种心灵的沟通、思维的碰撞，是一种促进人的心智成熟的重要途径。在学习领导的运作过程中，学校成员因学习使相互之间的合作、互动和了解得更加紧密，相互之间更加理解和信任，人际关系得到更好的改善；因领导学习而了解学习者的真实需要、智能发展的状态，构建有利于领导改进的自然环境，提高整体的领导力。因而，学习与领导达到一个相互促进的效果，减少了阻碍学习、阻碍领导的不利因素。校长在此过程中不断提升教育智慧，向名优校长的方向努力奋进；教师不断提升教与学的智能，向名优教师方向发展；学生的综合素质不断提高，学会学习，为了美好的未来——善好生活，从而走向自主学习之路。学校成员的持续学习及领导行为方式的不断改进，提升了学校的整体智能和变革能力，使学校最终得以不断改进和发展。

2.3 学习领导的重要作用

从第 1 章的文献分析中可以看出，学习领导的目标是通过领导学习活动，改善学校人际关系、个体和组织的知识结构，形成学习与领导相互促进，提升领导绩效，达到学校成员素质和学校组织应变能力的整体提升的总和。

为更好地厘清学习领导目标的独特性和价值性，可以从学校管理目标和教学目标来加以区分和阐释。学校管理目标是以学校教育目标为依据，从本校的实际和管理角度出发，期望通过何种方式把学校办成学校成员及相关人员心中理想的学校。它反映学校管理者和被管理者协同进行有效活动的要求，关注理想办学状态的价值追求。教学目标是以学校教育目标为依据，从学习领域和学生的发展状况出发，通过教与学的实践，使学习者的认知、情感、技能达到什么标准或要求。它反映课程教学的具体要求，关注教学内容的选择与组织、教学策略、教学行为和教学结果的预测。学习领导是以个体终身学习和组织发展的思想为依据，通过校长领导自我、师生和学校组织的学习，优化“学习—领导”的环境，提升学校“学习—领导”的绩效，关注“学习—领导”的意义构建，重点是“教师专业发展、专业精神建设、学习共同体建设、学校共享愿景的构建等内容”[1]。相对来说，学校管理目标是宏观的，学习领导目标是中观的，教学目标是微观的，其独特性在于学习对学校管理和教学目标的实现具有促进的功能，学习领导从提升整体素养上推动学校教育的发展和新型学校领导范式的意义构建。

2.3.1 提升校长的办学能力

校长应该是好学者。其工作任务之一是时刻审视周边的环境有什么变化趋势，发生什么事情了，对学校的现状和未来有什么影响。如果一个校长放弃学习，或因为“忙”而不把学习当回事，就绝不会进步，绝不会成为一个有创新能力的人，从而他所领导的学校也将落后于时代的步伐。

（1）开展专业化学习。积极参加教育行政管理部门组织的专业学习，这种学习是以校长的学习需求为中心，重视领导能力和管理过程的学习，并进行真实的评鉴；其教学以问题为中心，进行个案教学、小组讨论、行动研究与融入情景模拟等方式进行，以问题解决为本，从情境中、实务经验中进行学习，提升校长的问题解决能力，使校长学会如何自主学习，运

[1] King, D. The changing shape of leadership. Edueational Leadership, 2002, 59 (8): 61-64.

用所学知识、技能应对学校所面临的各种状况。

（2）跟岗与参访学习。校长可以在参访学习中，现场观摩他校的行政运作、处理危机问题、相关人事、基本法令常识，或者课程建设、师资管理、课堂常规、特色培育等真实情境，或者办学的宝贵理念与经验，等等，以提升校长的思辨力、判断力、变革力，使校长在学习中做人，在学习中管理，在学习中成长，在学习中发展，在学习中创新。

（3）坚持系统学习。系统学习是一种自我超越的学习，包含了问题式学习、批判式学习、研究式学习、自主式学习等，它会敏锐地警觉校长自身的无知、力量的不足和成长的极限。保持系统学习，可以突破这种极限，不断地发展自身，形成个人追求不断学习的内在动力。系统学习能开放心态、引发系统思考，这是一种对事物、对象的全方位、全过程、全领域进行研究和思考的整体性的思维方式。系统思考不再把学校整体拆分成一个一个片段来理解，而是将自身行动与教育思想、办学目标、发展规划以及每一项工作、每一个细节进行紧密联系，整体上进行协调优化，达到最好的办学状态。

校长学习，是发展自我智慧，提升专业素养，增强合作共享，促进师生和学校成长的一项有益的活动。校长应坚持做到用开放的态度广泛地学习，向新情况新问题学习，向新环境新技术学习，向他人他校学习，这不仅是得到信息、产生新构想、学了一些新的语言、观念或方法而已，而是提高校长自身学习力、领导力、处事能力，它最重要的是直接导致校长办学行为的改变。

2.3.2 促进教师专业发展

学习是教师专业成长的重要途径。领导目标的实现，一是确定学习及发展的结构关系，为教师提供有意义的学习体验以及真实的自然环境和认识环境，使每一个教师通过学习认识自我、认识专业成长、认识教与学的未来。二是解决教师学习可供选择的方法及资源，为教师的专业成长、教育素质的提升提供服务；解决不同学科、不同年龄教师的学习问题，为参与学习的教师讨论、协作交流过程及时提出反馈策略，使个体学习、团队协作学习、组织学习变得更加容易；三是分析教师知识结构中的共享知识、学习信息，努力发展教师的专业知能，增强教师的教学思维，改善教师的教学实践，提升教师的精神境界，使学习团队成员共同提高，并为学习团队提供实时的支持。

（1）培育名优教师。学习领导必须基于教师个体成长和学校整体发展的需要，通过倾听、沟通等方式，了解教师专业发展的知识和技能的需求及专业发展的自我责任感，明确教师在专业发展应保持一种自省、自生、自勉、自励的状态。在领导的协助下，教师能及时调整自己的专业发展行为方式和活动安排，努力达到理想的专业境界。在学习愿景的感召下，教师能自觉自主更新和补充知识、技巧和能力，并能在专家的协作指导下，主动参与以问题为导向的学习、反思、研究。在共同构建的学习领导环境中，教师能在知识分享、交流中善于拓展和提升知识，丰富教育理想，增进对专业发展的理解；在个人反思或集体反思的过程中拓宽专业视野，激发不断超越自我的信心。最终走向更新自我，勇于创造，善于建构高水平、个性化的教学特色，成为名优教师之路。

（2）促进学科特色建设。学习领导在激发教师个体积极参与群体互惠活动的基础上，通过合作学习、团队建设和行政辅助等手段，培育学科教师发展共同体，促进学科特色的建设。一是为学科团队提供教学范例、课程学习资源、教学同步指导和成果展示平台，鼓励学科团队开展读书会式、问题导向式和主题中心式的学科学习；二是指导学科课题实验研究和经验交流，鼓励教师将教育叙事、教学资料、论文进行共享，激励教师根据自己的需要和条件即兴创造；三是建立学科网站和教学资源库，协助学科组开展网上教研活动和特色专题培训，为教师与外界提供交流信息的网络工具和信息平台，为学生提供课内外学科知识，激发学生主动学习的欲望。

2.3.3 提升学生的学习成就

学习领导的最终目标是提升学生的学习成就。学生学习成就的提升不仅有赖于教师专业发展的良好环境，更重要的是学习环境的改善和领导理念的更新。

在学校学习情境中，校长、教师都是学校组织学习中的一名普通的学习者，这种学习者的角色便于和学生一起在学习中建立新型的师生关系，使每一个学习者都能从学科学习、合作学习、组织学习中找到乐趣、方法和成就感，能更加深刻地理解学习的价值，从而学会学习的自我意义构建。同时，为更好地促进自身的学习，学生变得乐于反哺教师，教师善于影响同事和校长。校长能为学习成就的提升而转变领导观念，将领导焦点放在学校学习环境、学习资源、学习结果、学习评价制度的改善上；教师将焦点放在教给学生学习方法，关注学习的整体意义构建，教育和引导学生学会自主学习、合作探究，激励学生提高学习的自信心，树立美好的学习愿望。

为进一步促进领导目标的实现，学习领导应通过全体教师强化学生的读书习惯、上课习惯、作业习惯和思考问题的习惯等方面的培养，强调深刻理解整体学习与综合素质提高的关系和意义，激发学生学习的志趣，提高自信心，增强成就感，能自觉地把学习的内容和方法在新的情景中迁移应用，学生最终变得更加主动学习，学习成就更加明显。

2.3.4 达成“学习—领导”互惠共生

互惠，是指人的学习力促进自身的领导力，领导力的提升又促进学习力的提升。共生，是指学习与领导共同生长、共同发展。校长通过领导学习，进一步理解学生的学习成就提升责任在于校长，教师整体发展和名优教师的培养在于校长的有效领导，校长是“学习—领导”的第一责任人。师生的学习活动主要是在学校领导的引导下，积极主动地学习文化知识和技能，培养能力，形成良好的思想品德、学习品格、创造精神的过程，也是一个由学校成员构成的多边活动和过程，校长的成长促进教师领导力的提升，教师领导力的提升促进学生的学习成就，学生的学习成就能够培养学生的领导力。即在提升学习成就的过程中，每一个成员都能对他人的学习产生积极影响，每一个学习者都可以起到榜样示范、教育引导和服务监督作用。“学习—领导”所构建的新型人际关系，明确学校成员和组织是一个有机的共生、共存、互惠整体，大家在同一个学习领导愿景的感召下，凭借多元学习、多元领导和现代教育技术，共同按人的发展、教育教学规律进行领导运作，促进学校改进，实现学校教育的总体目标。

2.3.5 改善学校领导绩效

学习是领导活动的出发点与归宿点，学习领导的目的是在实现学习目标的过程中去影响他人，突出领导在学习中的价值和重要性及学习在领导能力提升中的意义和必要性，形成学习与领导交互、共进的螺旋式上升关系，不断改善学校领导的绩效，持续推动学校的快速健康发展。

（1）提升学习领导力。学习带来的正向效应，能激起校长和教师的学习观念、领导心智发生变化，领导他人学习的经历和成功体验，使他们理解自己的世界，理解学习世界和领导世界——一个人可以走得很快，一群人可以走得更远。无论是学习还是领导，都需要一群志同道合的人才能走得又稳、又快、又远，学习的领导力将因此而拓展，学习者愿意将自己的学习心得、学习经验、学习成果进行分享，并激励同伴学习、交流、奋进，在共情中增强学习力、凝聚力。与此同时，领导主角、学习主体、领导效用、学习结果发生相应的变化，形成沟通、信任、分享、合作的学习再造、领导再造型互惠团队。

（2）建构领导共同体。学习领导能够围绕学习，系统地收集、分析、储存、传播和使用与学校及成员有关的信息，让学校内不同层次的学习者分享和分配学习与领导的任务，并且通过学习愿景的共同构建，随时可以接纳优秀的学习者进入领导者角色，共同指向学校整体效能的提升。以交往和对话为手段唤醒师生的自我意识和激发师生的主体性，构建民主、合作、信任、赋权的学习领导文化。相互影响、相互促进的人际关系和学习领导关系在共同体内部和谐共生，有效地激发师生对学习领导的积极参与，使以往支离破碎的学习思想和缺乏连贯的领导行为，在共同体的规划与运营过程中，达成注重组织创新、组织变革和专业发展的学习领导目标，能够共同为学习承担责任，形成学习领导共同体。

（3）提升领导的价值。学习领导重视学习的价值、关注学习的需要、创造学习的环境、鼓励学习的发生、支持学习的行动。学习领导所构建的学习、领导的共同愿景，突出了通过自主学习、团队学习、学科学习、整体学习的重要性，具有提升学习者的整体素养来改善领导行为的功能。通过领导学习，明确领导的价值取向和具体目标，学习与整体发展的关系，知道了领导“是什么”和“为什么”，懂得“如何做”和“如何做得更好”。通过领导学习，突出学习对个体和组织发展的内在价值，明确“谁需要学习”“学习什么”“如何学习”“学到什么程度”等。因而构建了学习领导的整体意义，形成学习领导的价值，提高学习领导在学校领导中的作用与地位。

（4）促进学校改进。学习领导得以实施，学校成员将因学习使相互之间的合作、互动和了解变得更加紧密，相互之间更加理解和信任，人际关系得到更好的改善。因领导学习而了解学习者的真实需要、学习时间、学习内容、学习目标，构建有利于领导、管理的学习的学校环境，提高对学习的领导。因而，学习与领导达到一个相互促进的效果，减少了阻碍学习、阻碍领导的不利因素。校长在此过程中不断提升教育智慧，向名优校长的方向努力奋进；教师不断提升教与学的智能，向名优教师方向发展；学生的综合素质不断提高，学会了学习，为了美好的未来——善好生活，从而走向自主学习之路。学校成员的持续学习和领导行为方式的不断改进，使学校最终得以不断改进和变革。

（5）构建学习型学校。在学习型组织建设中，校长是学习的领袖，教师是学习领导的主力，学习领导就是将学习作为促进学校发展的一种领导取向，为学校改进和将来的发展，描绘通过学习促进师生和学校发展的共同愿景，构建有利于学习和领导的扁平化组织结构，促进成员之间、成员与组织之间的知识分享与交流，运用制度矫正和教育影响等手段激发成员学习的自信心和责任感，强调合作学习和群体智力的开发，形成学校整体上、意义上的核心竞争力，推动学校发展成为学习型学校。

2.3.6　培育学校核心竞争力

学校在长期的发展过程中需要一代又一代的积累，这种积累包括办学历史、学校文化、教师队伍的整体智能，这种积累是学校发展的优势，是自身变革及与外界竞争的一系列能力。学习领导在领导行动中，通过对个人的学习指导，提高学习者的学习志趣和学习成功感，为学习者储备变革的智能，激发学习者的创新意识和创造能力，学习优秀者能自觉地尽到领导他人、组织学习的义务，承担学习领导的相应权责；通过对组织学习的领导，促进组织知识的共享，改善人际关系和学校的知识结构，提高学校发展的智能和学习者对组织的归属感和责任心，增强组织成员共同改进过去、创造未来的信心。学习领导的成功运作，能使组织领导将领导、学习及变迁的能力转换成提升个体和组织变革能力的新组织领导文化，而其所属的价值、政策、体制及结构等均能支持每一个学习者和组织的学习和领导。在此基础上，促进学习领导文化的建设，统一学习者的思想和行动，提高校长的决策水平、干部的执行力和师生的追随力，使学校的应变能力和创新能力凝聚为学校的核心竞争力。

2.4　实施学习领导的条件

2.4.1　学习的领导环境

（1）丰富的学习资源。学习，需要学会学习的方法，掌握学习的技术；学习，需要解决学习资源、网络学习工具。学习方法、技术、资源、工具运用，需要有适合内外学习交流的平台，以便学习者及时获取最新学习信息和资源，提高学习的成效。学习资源的优化是让学习领导能够把领导的中心落实到具体的事物上，使学习领导更趋于现实，做“有米之炊”。学习资源包括看得见的资源和看不见的资源。① 看得见的学习资源是一个包含学习清单、主题学习（概念、原理、方法、技能）、问题设计、在线讨论、在线作业（自测试题库）、资源上传、学习拓展等模块的资源库，这是学习者学习、交流的一个中心结点，是学习的“一个知识结构网——‘知识地图’”。②看不见的学习资源是安静的学习环境和人人都热衷学习的氛围，以及学习同伴释放出来的学习情怀、学习态度和学习精神等，这也是学习领导中学习优胜者为领导者（也是学习者）带来的一个无形资源，这个资源随着学习和领导的密切互动不断产生新的影响力，既促进了看得见的学习资源的优化，又发展了看不见的学习资源。学习领导必须以满足学习者的正当需求为己任，充分运用行政手段，聚集一定的人力和物力满足学习者对学习硬件和软件的需要，保证学习资源得到优化，促进学习者高效地学习。同时，运用非行政手段，鼓励学习者多元化学习和学习多元化，拓展学习的资源和渠道，达成学习领导目的。

（2）可建构领导社群。领导社群，是领导者拥有纵向和横向领导的渠道、充分的领导力发展空间，透过领导他人，使领导者自身和组织适应环境变迁，增进领导者自身和社群领导效能的有效途径。因为领导者在自我领导学习过程中产生的独特见解和创新思维，能为组织作为提高效率和创造未来提供机会，能为自身领导观念的更新和具体决策提供参考。所以，主要领导者可以运用领导的力量帮助建立领导社群，以促进领导者从自身经验与他人经验中得到启发，共同促进组织获取、分享、运用以及储存有价值知识，增进领导者之间的情谊，增强群体领导责任感，克服组织学习和领导沟通的障碍，提高领导效能，并形成一种有利于学习的社群领导文化。这种文化的支持能为领导带来更大的学习张力。

（3）学习领导者能得到培训。培训学习的领导者，是改善领导者领导方法、获取新的领导知识和技能的重要途径。通过“学习领导”理论的学习、培训，可以帮助领导者学会转换角色，进一步理解“学习—领导”之间的关系，能够透过学习强化领导者领导学习的意识、欲望，建构新的领导学习能力，并透过领导他人的实践促进领导者自身学习能力的提高。同时，学习的领导者为提高领导学习的绩效，还可以对学习者进行培训，降低学习者学习能力的差异、学习沟通的困难；学习者在学习和培训中，能够理解学习领导对自身学习成就和领导能力的培养意图，认可、参与学习领导的相关工作，使学习领导能够达到促进学校整体发展的目的。

（4）便于营造互动氛围。建构主义认为，领导被看成是一种社会建构过程，而不是完全由领导者主导的过程，这种领导观念的生成性取向就比较明显。[1] 在学习领导中，学习有利于领导、领导有利于学习，领导者、被领导者、学习对象随着学习环境、习得基本内容而发生改变。领导者与学习环境的互动作用主要体现在学习者时空流变的同时，领导者和学习者都会主动去建构有利于自主学习、高效学习的环境，两者在“学习—领导”中持续互动，有效的领导促进有效学习、高效的领导促进高效学习；有效的学习促进有效领导、高效的学习促进高效领导。与此同时，学习者之间的学习热情和学习成就对同伴又有潜移默化的感染力，影响和激励学校成员自觉学习、主动参与领导，也因而构建良好的学校“学习—领导”文化。

2.4.2 校长的学习领导力

（1）校长有学习力。学校之间的竞争很大程度上是校长之间的竞争，

[1] 文茂伟. 当代英美组织领导力发展理论与实践［M］. 杭州：浙江大学出版社，2011：63.

而校长的核心竞争力体现在校长的学习能力上。作为学校学习的第一责任人，校长必须愿意学习、主动学习且具有丰富的学习经验，能系统学习、持续地自我领导学习。有学者认为，学习领导成功的奥秘在于：一是能以最快速度、最短时间从内外资源中学到新知识，获得新信息；二是让每一个人尤其是领导层能不断地提高学习能力；三是能带动“组织整体学习”、集思广益，提升组织学习力；四是以最快速度、最短时间把学习到的新知识、新信息应用于变革与创新，以适应人类进步发展的需要。[1]因此，校长的学习力能促进校长的领导力，领导力能促进学习领导绩效的改善。

（2）校长有影响力。对于学习，人人都有一定的意愿和需求，也存在一定的惰性。因此，我们是很难用行政权力来逼迫师生就范的。校长必须运用非权力因素的影响，创设良好的学习情境，让师生懂得学习的重要性和紧迫性。校长自己必须养成自觉学习的习惯，把学习、研究作为一种生活方式，从而影响、带动师生学习。校长要求师生学习的，自己首先要学习，这样才会产生示范效应。此外，在学习过程中校长应经常进行自我敲打、自我剖析，在改进学习行为中感悟和改善领导行为，并对其他领导和教师的学习产生正向影响，扩大追随者的范围。

（3）校长有指导力。校长的学习指导力来源于广博的知识、掌握科学的学习方法和接纳现代学习方式，清楚师生在学习上的内在需求和存在的心理障碍、组织学习的阻碍因素与困难，懂得组织的学习规划和分配完成学习任务的责权、完善学习的规章制度。在具体行动上，一是校长有办法激励师生学习和帮助师生克服学习困难，能让师生看到学习带来的美好图景；二是努力创造一种轻松和谐、相互学习、团结协作、分享创新的组织

［1］ 孙远航主编 . 新时期中小学校长领导力的提升［M］. 西安：陕西师范大学出版社，2008：127.

学习气氛，鼓励师生互相分享知识；三是熟悉儿童学习、成人学习的相关理论，能根据师生的特点具体指导师生学习。

2.4.3 学习需要领导

学习者学习的意愿是支持组织持续学习的关键性变化因素。校长应该相信每一个人都有学习的意愿，都能自觉学习、主动学习。然后，通过沟通、会谈、影响等方式让学校组织中不愿学习、阻碍学习的造舆论者和决策者接触新的学习信息，知晓学习为社会带来知识、技术、环境变化，领会不加强学习定会带来本领恐慌，职业生涯难于到头，无法创造更加美好的教育生活，难于体验幸福的教育人生等。

在学校环境中，个体的学习需要得到领导和同伴的认同。否则，学习无法转化为行为，学习的结果得不到认可，学习者会失去耐心和信任，学习无法深入和拓展。在组织学习中，领导者为他人创造一个安全的、可预知的学习环境是他们的职责。领导者的思想观念、行为，能对组织成员的学习价值观、思维和行为方式、认知模式产生影响。当学校领导的行为无助于学习时，组织学习就会受到阻碍。当学校领导将领导权让组织内不同层次的学习者分享和分配时，则有助于组织学习的发展。一方面，校长必须运用“说教”方式，激发他们改变固有、陈旧的思维模式，并负起促进他们产生需要学习和持续学习的领导责任，也可以让一部分学习积极分子先“富”起来，让其他人看到学习的重要性和学习带来的教育成就。另一方面，校长还必须通过多种方式让教师明白，学习是提升教师教育生命力的方式之一，学习是教师应承担的一种基本责任，更是学生创造美好生活的前提，教师能更加重视对学生学习的指导。同时，充分赋予师生自主学习、合作学习的空间和权利，让师生乐于学习。

2.4.4 领导需要改进

随着知识更新速度的不断加快，原有的学校领导与管理理论、经验受到很大的冲击，单纯的行政领导、事务性管理不再适应时代的发展变化，迫切地需要重新学习、研究新形势下的学校领导与管理知识、技能，改进不适合此时的领导方式。从学习理论中获悉，学习是一个人或组织的内在需要，是一个动态的发展过程，一个与他人或文本互动的过程，一个与自己心灵对话的过程。传统的领导是授权管理，把职权分担给他人而已，但他人并不一定乐意承担，这种领导方式显然不适合对学习的领导。那么，就需要动态、对话式的领导方式，即分布式领导。分布式领导的核心是“学科对话”，目的是促进教师自己的专业发展和学生学习。实际上，校本学习研究改革就是学校领导者与部门以及学科教研组人员共事合作、相互学习，致力于就如何最有效地满足教师和学生当下学习需要达成共识。

在学习中工作，在工作中学习，是学校生活的常态。“为学习而领导”理念开展，始终关注学习活动的全方位、全过程，创造有利于学习的条件，分享领导权力，分担领导责任，切实希望达到“学校的学习氛围能激发教师参与课程改革、响应课程改革要求的潜力”的目的，就需要校长和教师，尤其是教研组长和优秀教师发挥他们巨大的作用——学习引领和学科教学。同时通过每一个成员的共同努力来营造学校学习氛围，期待于不断地在不知不觉、潜移默化中生成和再生学校文化。

学习领导者是否能促进学习的连续性，关系到个人和组织学习最终目标的实现。校长应通过教育、引导矫正学习的功利思想、短期行为。一方面，校长应充分认识到学习者能够永远自觉地走向自主学习，同时以学习者的学习需要为前提，避免从学校和专家的视角与方式对学习者进行思想上的说教和知识上的传授；必须通过沟通和民主决策达成学习的共识，避免随意接纳对问题的主导性的、为先前文化所接受的定义来妨碍未来的学习主动性；必须构建学习者之间合作和谅解的组织文化，使各层级的学习者都能找到学习伙伴，能为自己深切关注并相信组织能处理的问题而分担领导职能，使组织学习和学习领导能站得住脚。另一方面，校长可以运用学习导图让学习者去发现知识脉络、学习的进阶，运用激励手段让学习者去努力探索，运用赋能手段让教师去自我调节，运用影响手段激发学习者的领导潜能，运用思维导图让学习者建构自己的学习意义和领导的新概念，使个体和组织学习永远在路上。

必须注意的是，校长领导学习是领导重心的一次变革，预计在推进的过程中会有一些困难和问题：新管理主义理念的缺失，为校长、他人、机构而领导的学习氛围不浓，改革实施的活动成本过大等。领导改进中，能否搭建平台，做好相应的制度建设、评价激励机制是关系到领导改进、学习领导能否顺利推进的现实问题。

2.5 学习领导的主要理论

从学校领导角度来看，学习是学校领导的主要价值取向，对学习的领导是为了达到提升学校个体和组织学习成就的目的，必须学习科学的原理、尊重人的发展规律，为学习者服务，从而生成注重学习的领导文化。根据领导的过程，可以从领导权责的转化与分布、师生的自主参与、新领导意义的建构等多种领导方式实施领导，以保证学习领导的成功运作。校长在学习领导中是重要角色，承担主要责任。

2.5.1 转化式领导理论

转化式领导具有丰富的内涵，可以作为一个领导群来理解，它包括魅力领导、愿景领导、文化领导及赋权领导等概念，其共同特点是强调组织成员全身心投入到组织目标和愿景中，充分激发组织成员的潜能，把它们视为提高组织功能的关键[1]。转化式领导是政治领袖生平研究者伯恩斯在《领导》一书中提出的一种领导取向。在该书中，他挑战了权变理论有关领导方式和领导效果受领导情景制约的理论假设，以一些政治领袖的实例说明，领导者对既定的领导情景并非无能为力，只要“领导者和下属相互提携，达到更高的动机和道德层面”[2]，就完全可以使领导情景发生转化。它是指“通过改变人们的认识和价值观，提高需要层次和道德水平，来改进组织文化，提高组织效能，有效推进组织变革与发展的过程。转化式领导者一般都是改革者，是组织变革与创新的倡导者与推进者。成功的转化式领导常常成为人们心目中的英雄。”[3]然而，转化式领导研究还带有较严重的书斋式缺陷，那就是，研究的设计和程序虽近乎完美，但却犹如脱离真实世界的沙盘兵演那样难以付诸实践，更不能适应西方国家办学绩效问责逐年走强的新态势[4]。

在学习领导中，我们必须运用转化式领导的四个维度来分散领导责任，提高领导效能。一是魅力影响，指领导者凭借其自身令人钦佩的行为受到下属的高度认同，领导者能够令下属心悦诚服，即他们从情感上追随领导者；二是动机激励，指领导者简述令人神往的远景，以高标准挑战、

---

［1］ 蔡怡．教育领导理论新进展［J］．比较教育研究，2007（1）：24.

［2］ Burns，J. M. leadership［M］. New York：Harper and Row，1978：20.

［3］ 温恒福．教育领导学［M］．北京：中国人民大学出版社，2010：50.

［4］ 冯大鸣．西方教学领导研究的再度兴盛及逻辑转向［J］．教育研究，2012（3）：136.

激励下属，给他们传递达至未来宏伟目标的信心，并赋予他们从事的任务以重要意义；三是智慧激发，指领导者对习以为常的假设提出质疑，勇于探索和冒险，并引发下属的思想和观点，激发他们的创造性；四是个人关怀，指领导者注意倾听下属的想法，满足他们的需求，并给予他们指导和帮助，建立互相关心、理解的关系。转化式领导能够提高下属的动机和满意度，能够带来更高的工作绩效，能够提高领导的有效性。[1]也就是说，校长把对学校学习的目标转化为学科组建设、教师专业成长和学生学习提升的目标上，让学科组、教师分担对学习的领导权责。

2.5.2　参与式领导理论

1973年维克多·弗罗姆（Victor Vroom）和菲利普·耶顿（Phillip Yetton）提出的领导——参与模式（Leader-participation model）指出："'领导在进行决策时，会有各种选择的可能性，有效的领导应根据不同的情境，让成员不同程度地参与决策'。把问题交给集体讨论，让大家一起研究决策方案，获得基本一致的意见进行团体决策，则属于参与式领导方式，这正是我们应选择的、比较适合的领导方式。"[2]参与式领导概念群包括了团体（group）领导、分享（shared）领导及教师（teacher）领导等概念。与传统领导强调监督与执行不同，这一层面的领导观特别强调团体作决定的过程。一方面，参与领导有民主价值理念的支撑，这也是道德领导的诉求；另一方面，参与领导强调全面参与，认为学校任何一位成员都有可能通过他们的专业知识、民主选择权等获得权威影响力。采取参与式领

[1]　Judge，T.A.，& Oiccolo，R.F. Transformational and transactional leadership：A meat analytics test of their relative validity. Journal of Applied Psychology，2004，89（5）：755-768.

[2]　王菲．不同领导方式的比较选择［J］．理工高教研究，2004（8），55.

导行为的领导者在学校内部具有“领导”与“导师”的双重角色。他们通常在领导与管理学校的同时，也十分重视对员工自身思考能力的一种教学和引导，经常鼓励师生积极地参与学校学习的相关决策，“这些决策可以使得下属在参与决策这一过程中提升其自身的工作满意度”。[1]新的教育思潮、领导理念、学习方式，需要每一个学校成员认真学习和领会，在学习的互动中形成学习共同体，学习优秀者可以引领共同体成员的学习，学校领导可以将优秀学习者表现出来的精神特质作为其他成员学习的榜样，把他们提出改善学习质量的意见或建议作为改善领导绩效的目标，因而学习优秀者就自然而然地参与到学习领导的团队中，成为学习领导团队的一员。

2.5.3 建构式领导理论

建构式领导（constructivist leadership）[2]是20世纪后期主要兴起于美国的一种新的教育领导理论。它是由琳达·兰伯特（Linda Lambert）和渥克等人提出的，琳达·兰伯特在《教育领导——建构论的观点》一书中认为，建构式领导使得教育团体内的参与者能够建构意义，并因而导向学校教育之共同目的之交互影响过程。[3]兰伯特认为，学习理论影响着学校领导发展的理论，学习理论与领导理论存在着并行发展的现象，如传统的学

[1] Sosik J J, Godshalk V M, Yammarino F J. Transformational leadership, learning goal orientation, and expectations for career success inmentor–protégé relationships: A multiple levels of analysis perspective [J] .The Leadership Quarterly, 2004, 15（2）: 241–261.

[2] [美] 琳达·兰伯特，等. 教育领导——建构论的观点 [M]. 崔云，译. 兰州：甘肃文化出版社，2005.

[3] [美] 琳达·兰伯特，渥克，等. 教育领导——建构论的观点 [M]. 台北：桂冠图书股份有限公司，2000：7.

习理论与传统的领导、行为学配的学习与交易式领导、分组/分轨的学习与权变/情境的领导、学习/学校效能观与教学领导/领导特质理论、学习者社群与领导者社群、建构主义学习与建构主义领导的并行发展[1]。该理论对学校领导的性质与角色作了新的诠释，强调领导是一个使人产生能力的交互影响历程。这个历程使教师成为处于教育团体之中并从事意义建构的参与者，通过这种参与，领导和教师一起走向学校教育的共同目的——学生的学习。该理论认为学校领导的过程，是一个领导者与被领导者交互作用和互惠的过程，教师是这一过程的参与者，而不是被迫的执行者。另外，这种领导理论还强调学校个体和组织的建构性学习。领导能力在学习中得到发展、提高和建构，整个学校就是一个学习型组织，领导就是一个学习与发展的过程。[2]第一，建构式领导是使人产生能力的交互影响过程，是理解人、帮助人、影响人、激励人的活动，而且这种影响是相互的。第二，在建构式领导中，每个人都是处于教育团体中并从事意义建构的参与者。领导者最重要的不是发号施令，而是通过“会谈”使职员在理解和实践经验的反思中“真正地追求实事”，加深理解、提出想法、互相促进。职员不应是简单的命令接受者和执行者，而是愿景、目标、方针策略、措施方法等文化要素的意义建构者。建构式领导理论认为，建构式领导人的主要角色是会谈引导，会谈是建构式领导中引导学习者学习的重心。第三，建构式领导能够更加有效地实现学校教育的目的。建构式领导认为意义是根本的人类活动，绝不可少。意义的本质是发展性的，它推动并引发我们演进，它是动态的、有效的。[3]

---

［1］ 王利．学校课程领导研究［M］．北京：中央民族大学出版社，2012：26.

［2］ 范蔚，李宝庆．校本课程论——发展与创新［M］．北京：人民教育出版社，2011：250.

［3］ 温恒福．教育领导学［M］．北京：中国人民大学出版社，2011：60-61.

建构式领导期望将人的关系营造成相互联系的关系模式，而不是孤立隔离状态。教师、行政人员、学生、家长，每个人都在学校组织的网状结构中占有一席之地，彼此息息相关，相互合作，共同参与。通过人与人的交互影响，促使参与者为周围的一切重新建构意义。在这种行动过程中，参与者通过反省，将新的经验与旧有的价值、信念加以整合，建构出共同的目的，同时个人得以成长，组织成员得以共同发展。建构式领导强调使用语言来塑造学校文化，传达共同的经验以及共同观察。共同研究是重要的活动，在共同研究的活动中发现问题并解决问题，分享结果。领导因此成为一种引领转变的行动，学校因而能够成为不断更新自身的学习组织。

建构式领导在促使团体成员形成良好的关系网络以及引导成员建构学校教育的共同目的上，需要高度的技巧。①会谈。会谈是形成交互影响的重心。在会谈中有四个要素有助于形成交互影响的关系，即支持的环境、收集资料或讯息、寻找模式和增强个人思考的能力。会谈可以分为对话式会谈、探询式会谈、合伙式会谈、持续性会谈等。②领导语言。通过使用语言的步骤及对语言的不同选择，领导者能够创造出不断形成意义的循环历程。如运用语言的改述、反省性的暂停以及逻辑层次和心理状态的架构来促进沟通。③故事和对话。通过故事和对话提供一个思考、想象和作出道德选择的结构，引出默会的知识；同时，分享故事也有助于建立信任、了解、一系列共同的价值和关于组织的共同的理想境界。

此外，纳普（Knapp）等认为[1]，在教育实践中以学习为指向的领导者，主要关注五个领域的行动：聚焦于学习，建造一个以学习为价值导向的专业社群，采取战略性行动，分享领导权力，营造组织的凝聚力，考虑

---

[1] 王世伟，黄崴．试论聚焦于组织学习的学校领导［C］．中国教育学会教育管理分会教育管理学学科学术委员会第 10 次学术年会，2009：232.

外部环境中与学习相关的因素。吉恩·卡特认为[1]，影响学生学习的每一个要素——个体先天素质和学习灵活性、学习环境、所有学生的公平享有学习资源和时空——是领导能力的核心，也是建构教育领导能力的重要内容。

2.6 本章小结

本章结合前面的文献分析，从学习化时代的学校讨论校长、教师和学生和学校组织需要学习的基础上，阐述了学习领导实施的必要性；解释了学习的领导环境、学校领导领导学习的能力、学习者的意愿和学习的可持续性等实施学习领导的条件；重点阐述了学习领导的内涵、特征，与相关概念的关系辨析，学习领导的领导方式、希翼的结果和学习领导的主要理论，以说明学习领导对学校发展的提升、教师专业发展的引领、学生学习成就提升、学习与领导互惠、领导绩效改善和培育学校核心竞争力等方面的积极意义。这些内容充分说明了学习领导的基本理论是构建学习领导模式的前提和深化，又是学习领导实践的行动指南。

[1] [美]吉恩·卡特.在全球社会促进学校学习的领导能力[C].2006中美教育研讨会论文集暨首届教育领导国际研讨会论文集，2006：27.

3 学习领导模式构建的依据

任何一种领导模式的构建都需要一定的理论和现实需要作为基础。学习领导模式的构建，一方面来源于学习科学、领导科学、组织行为学和管理学等理论，另一方面来源于学习化、信息化、全球化的社会大背景和我国新课程改革带来的学校领导变革、校长角色变化、提升学校学习成就等现实需求。

3.1 理论依据

以学习为中心的领导模式，正如1991年联合国科教文组织在北京召开的“面向21世纪教育国际研讨会”上形成的圆桌会议报告指出的“学习应当是一个以学习者积极主动为基础的相互作用的过程。这个过程要求学习者应当是积极的，包括组织知识，把这些知识与已掌握的知识结合起来，运用这些知识去解决实际问题。总之，学习应当以学习者能够做什么，而不是知道什么为重点。学习应当是一个不断取得能力的过程，并导致积极的行动，创造一个所期望的未来。”[1] 这段文字阐述了21世纪的教育

[1] 国家教委国家教育发展研究中心．中国科教文组织全委会秘书处．未来教育面临的困惑与挑战［M］．北京：人民教育出版社，1991：24.

应该具有的学习观念，对我们建立以学习为中心的领导模式有许多启示。它清晰地告诉我们，未来的教育中每个人都是学习者、受教育者，都应该积极主动地学习和推动组织学习，自觉地确定学习目标和组织发展目标。在学校组织中，优秀学习者既是他人学习的对象又是学习的促进者、推动者，学习者的学习过程是与学习内容、领导能力相互作用的过程。在“学习—领导”相互作用过程中，因学习需要而改变领导主体和客体的关系，也应能更好地促进学习而变革原来的领导模式，我们根据系统论的观点，综合“学习—领导”的优势，建立有利于“学习—领导”的模式组合。因此，在中小学，以学习为中心的领导模式应该具备如下共同特点。

3.1.1 促进学习者自我领导

虽然学习者本身具有一定的学习能力，但是随着现代科技的飞速发展，信息量骤增，知识更新加快，现有的学习方式方法很难跟上时代的发展。而且“终身学习”“终身教育”的观念已深入每一个年龄段人们的心中，习得新的学习方式、获取新的学习能力是人们提高工作成效、拥有美好生活的根本。学校应由重传授知识向重培养学习者的学习能力转变，重视学习如何获取知识，如何收集和处理知识信息，如何学以致用，这是为学习者今后进入社会，走向自我领导学习必须具备的基本素养。为此，如何促进学习者更好地学习和如何提高学习的成效，是学校领导必须思考的重点课题。从学习领导的基本理论中我们可以看到，学习领导需要校长、教师采取教育激励的领导方式，围绕“合作学习、共同领导”的共同愿景，运用宣传、对话、启发、商讨等说服教育的方法和各种激励手段，激发自我、同伴和学生学习的内在动力，使每一个学习者心说诚服地领会和接受领导的意图，自觉地为实现学习的“自我领导”价值而努力。学校突出对学习的领导，便于创造一切有利的条件，让学习者在学习领导情境中自觉地开展学习互动，在学习方法上相互影响、相互促进，在学习手段上相互学习、相互借鉴，共同为“善于学习”“便于学习”加强交流合作，提高每一个成员学习的自我领导能力。

3.1.2 发挥成员的领导作用

学习领导的具体实施，需要改善原有的行政领导模式，建立以学习为中心的领导模式，以减少领导层级，拉近领导者与被领导者之间的距离，增进相互之间的互动机会，提升对学习的领导密度和成效。根据建构主义理论，应创建一个“学习—领导”互动、互惠的学习、领导情境，使“学习—领导”的成效呈螺旋式上升的动态过程，这并不意味着淡化校长的领导作用，而是通过学习来扩大团队领导的能力，提升领导学习的领导效能。

领导的成功与否，关键看领导者所具备的领导力，领导力的重要内涵是学习能力。学习能力就是知识与经验的获取与实践能力，对于学生个体来说，这些知识来自于教师和权威，学习被化约为教学或学生成就，学习能力即为信息加工快慢的能力。但是在整个学校的学习群体中，“新的学习范式不再仅仅着眼于个体学习，而是将个体学习置于实践社群这一社会情境之中；学习也不再仅仅是简单的知识传递，而是社群中的意义交往与建构”。[1]学习力就是“在工作过程中积极地获取与工作有关的信息和知识，并对获取的信息进行加工和理解，从而不断地更新自己的知识结构、

[1] 曾艳，黎万红，卢乃桂.学习的领导：理解教育领导的新范式[J].全球教育展望，2014(4)：29.

提高自己的工作技能。”[1]学习能力强的人，往往对事物具有较强的好奇心，能够把握学习机遇，比较深入地了解新鲜事物，快速习得知识和技能，在群体中表现领先的地位，对其他的学习成员带来榜样示范作用，影响、引领、转化、推动相对后进的学习者的学习，这也就无形中承担了学习领导者的角色。同时学习者在相互之间的交往中，能够传递高效学习的信息，相对后进的学习者能够利用一切可能的机会获取对改善学习、对工作有帮助的信息。

诚然，学习力强的人并不一定具有领导力。只有当学习者的学习同时聚焦于个体发展和组织建设，指向更加美好的未来时，学习力强的人在学习上的影响力才具有持续性和持久性，他的学习远见才能在学习群体中得到开发，在与同伴的学习互动中学习素养得以持续提升，从而营造良好的学习文化，形成“成人”又“成事”的学习价值观，学习力强的人自然就成为群体学习中的领航者，发挥了领导的功能。

对领导者本身来说，领导者只有通过学习，其领导力才能得以展现并得到发展，领导地位才能得到保证。只有通过领导学习，才能更加了解学习者的学习需要，知道学习的针对性，提供相应的学习服务，营造良好的学习环境，同时，自身学习的潜能才能挖掘得更深，学习力才能更高。

3.1.3 对学习的人性化领导

领导方式是一个体系。对学习的领导，必须以人为本，从“心”开始，针对学习者的不同层次、不同学习阶段及不同的学习内容，选用不同的领导方法，做到领导主客体的心灵能自由沟通。领导方式的选择在于激

[1] 丁栋虹．领导力［M］．北京：清华大学出版社，2012：96.

励学习者的自控力、想象力及创造性的思维习惯。在领导学习的过程中，应该根据学习者的不同学习性质，采取以下领导方式：① 教育引导与深度会谈。就是引导学习者在学习过程中树立“问题意识”，弄清楚为何学、如何学，在学习中能较好地发挥自身的主观能动性。② 培养学习者的自我领导能力。通过学习价值的体验，调动学习者学习的兴趣和主动性，在时间进度上能自我控制和整体掌握，能在学习领导者（教师）的精心指导和及时评价下，更好地促进学习、提升学习的效果。③ 有领导的学习，其学习内容、学习要求符合学习者的内心需要及其接受能力，尊重学习者的隐私，相信学习者能够达成学习目标。同时，及时提醒学习者应注意的问题，肯定或赞扬学习者在学习或领导学习中的表现。④ 充分利用现代教育技术促进学习者的学习，为学习者建立电子学习档案，运用现代教育技术整合各种学习资源，扩大学习者的信息源和信息量，满足学习者的学习需要和提高学习领导服务的水平。⑤ 在领导过程中，在对学习者的学习态度、学习方法、学习的各个阶段进行激励性评价的同时，对学习领导者的领导态度、领导方式、领导成效进行激励性评价，以调动每一个成员参与学习领导的积极性，促进学习与领导的共同发展、双向提升。

3.1.4 尊重人学习的自主权

领导的原则告诉我们，领导与被领导者之间的相互尊重是取得良好领导成效的重要前提。学习领导践行的是学习伙伴理念，每一个学校成员既是学习者又是学习领导者，在学习过程中，一方面以“和而不同”的团队协作理念开展对学习的领导，学习者互相尊重各自的学习兴趣、爱好以及学习隐私，学习者可以自主选择学习内容、学习对象和学习方式，选择学习标杆，使自己在学习上心情愉悦，主动学习；另一方面，学校学习有

"班级授课制"的集中、系统学习，也有个体、小组课外的零散学习，这些都是学习的主要形式。因此，通过学习引导和教育，既能保证学习者的系统性学习，又可以结合现代学习的特点，为学习者创造更多的独立、"碎片式"的学习时空，学习者亦可以在各自的时空中充分把握学习先机，使学习达到最佳的效果。由于每一个成员都是学习者，都有学习的紧迫性，教师必须调整自己的教学策略，尽量减少教师在课堂上讲授的时间，尽可能多地给学生自学、小组学习、合作探究的时间，尊重各自的学习选择和利用权。

3.2 现实需要

在学习化时代，学校中的每一个成员都是学习者，通过学习改善已有的知识结构、技能和经验，掌握现代生活必备的知识、技能来促进自身向着更高的目标发展，不断实现自我意识和自我超越；学校是一个有生命的组织，在成长过程中必须整体学习，也是一个学习者，组织学习的目的在于促进组织知识的分享与交流，组织成员能够从实现自身价值目标的个人愿望和追求，变为学校组织向自身和每一个成员的必然要求，也因此而改善组织的知识结构，提高组织的智能。

3.2.1 个体发展的需要

学校是学习的主要场所和主渠道，每个成员、每个小组或团队都有权利通过学习来发展自己、完善自己，这是对学习者和学习团队生命价值的人文关怀。当学生、教师、校长作为个体学习的主体时，学习可以由学习者本身知识的多少取决于学习内容的多寡，知识掌握的难易程度取决于学习者本身的学习能力，这是别人无法替代的事情，所以学习最后产生效果的好坏，一方面取决于学习者自身的素质，另一方面取决于他人的引导与环境的影响。在小组学习、团队学习中，学习的主体是小组、团队，学习的内容即由学习的具体任务来决定，知识掌握的难易程度靠学习者之间相互影响、相互促进，在榜样示范和相互启发中达到学习预想的有效结果。在组织学习中，学习的主体是组织本身，学习的内容由组织变革发展的需要来决定，知识掌握的难易程度靠学习领导有效地组织知识的分享、学习信息的交流。

1. 促进学生个体发展

学生是学校学习的主体，学习是他们在学校生活中的第一要务。学习可以成就美好的人生，也可以带来不幸。在正确的指引下，学生可以通过学习获得生活的知识和技能，养成良好的品格，提升生命质量。

（1）转变学习方式。自我国新课程改革以来，学生的学习方式发生了巨大的变化，教师从关注人的发展以及遵循学生学习规律的角度，大力推行自主、合作、探究的学习方式，以引导学生适应信息化、学习化社会带来的变革，提高学生终身学习的能力。为促进学生的可持续学习，寻找更加有利于学生获取知识的方式，在多元智能理论的指导下，学生学习的方式变得更加多元、开放。

一是获取知识的学习方式。有致力于培养学生良好的学习品质、学习习惯、学习兴趣的接受式学习，如文本学习、讲授学习等；致力于培养学生学习兴趣及探究能力，获得理智和情感体验，建构知识，掌握解决问题的探究式学习，学习领导可以更好地减少学生在“听中学”，增加在“做中学”“尝试中学”“体验中学”“玩中学”的时空，提高学生自主学习和选择适合自己学习方式的能力。

二是培养思维能力学习方式。有致力于发挥学生学习主动性的为学生积极主动地参与式，如由单一的书本学习转向网络学习，师生之间与同伴之间的互动学习、合作学习；有提高学生分析问题、解决问题能力的反思性学习、任务驱动学习，如学生将同类的信息结合自身的经验，对知识重新组织、综合，创造出新的适合自身学习的方式。学习领导能通过整合各种资源为学生提供多样的思维锻炼方式，为如何深入学习奠定基础。

（2）学习的内容丰富。在学校情境中，学生学习主要内容一般来说是学习具有常识性、工具性和人文性的学科内容，学生通过学科学习和师生、生生之间的交流，习得将来生活所需的基本知识和技能。因为任何学科都具有自身的特点和独特的价值，对人的全面、均衡发展起着重要的作用，所以学生对学科学习应该懂得“为什么”——价值、“是什么”——知识、“怎么做”——方法和三者融为一体的意义学习、文化建构。

在社会生活中，学生学习内容包罗万象，但都是围绕生存能力、生活常识、工作技能和创造幸福生活来选择适合自己的东西。由于在知识经济时代，电化教育的广泛发展，学生不但可以向周边的同伴、家长和亲戚学习到生活的知识和技能，还可通过远距离教学、虚拟学校、网络教育随时、随地学习到自己想要学习的内容。信息化学习，不但有海量的学习资源，还大大减少了学习的时间成本和费用。

（3）学习渠道的多元。在信息化、学习化时代，学生既可以向文本、大自然学习，也可以通过社交或互联网向一切可以学习的人和事学习。向文本学习，就是学习前人的经验，需要学生对学习的材料进行分析、整理、强化理解和记忆，并做出自己的推论，使之与已有的知识、经验联系起来，以促进知识的记忆能力和提取能力。向大自然学习，是把“自我”延伸到大自然当中，探索自身与大自然的相互关系，唤醒“自我”亲近大自然的本能，培养自己对大自然的认同感和归属感，树立保护生物圈的意识。网络学习，就是学习如何与人沟通、分享知识、引发讨论、互增见解，使自己不断地从一个“自然人”转变为一个“社会人”。诚然，最需要学习、值得学习的对象是学生身边的人，包括教师、同伴和家人，学生可以从这些人身上真实地、亲切地感受到如何适应和改善现有的学习和生活。

2. 提升教师和校长智能

教师和校长是学校教学质量提升的具体责任人，作为成人的校长和教师，学不学习影响到知识的更新、技术的革新和观念的转变；学习的内容、方式、对象是否科学，影响自身的专业发展、教学质量和学校管理。教师学习的正确领导，可以“学会教学、学会反思、学会研究、学会为师”[1]，促进教师专业发展和提升教育质量；校长的学习应该学会新知、学会创新、学会经营，在自我领导和师生的影响中不断改善学校的教育教学环境和提升办学水平。

（1）保证常规学习。作为成人的教师和校长，因职业性质和教育的对象不同，学习的方式有一些异同。不同之处是教师一般“从观课中学习教学、从日记中学习反思、从行动中学习教研、从学校中学习为师、从交流中学习成长”[2]，校长一般从领导实践中学习改善办学条件、从工作总结中学习提升领导力、从师生行为表现中学习做榜样、从教育前沿理论中学习经营学校。相同之处如下：

[1] 李志厚．教师校本学习论［M］．广州：广东高等教育出版社，2006：118-127.

[2] 李志厚．教师校本学习论［M］．广州：广东高等教育出版社，2006：131-168.

文本阅读。阅读是一种面向过去、面向现在和面向未来的学习。阅读，是每一个人都适合的学习方式，是教师和校长教育智慧的源泉，是教师和校长的学识修养、心性修养、精神修养的基础，也是对下属最好的行为示范。一方面，校长的读书习惯会影响学校、影响师生，如果校长不爱读书，就很难培养师生成为热爱读书的人。另一方面，教师和校长必须静下心来系统地阅读一些教育理论的经典著作和人文科学书籍，在与大师的心灵对话中，接受大师们教育理念的熏陶，收获一种博大的教育情怀，汲取书中的精神能量，教师和校长阅读能加深对教育真、善、美含义的理解。“真”是什么？是真理、规律、逻辑；“善”是善法、有效的理论、知识、方法、工具、技术等；“美”是美德，是人们在公共社会中的公德，平等、民主、自由，以及信仰、求知和爱人的精神。通过阅读，反思自己的教育与教学、领导与管理的行为，全面、系统地思考问题，用更加广阔的视野看世界、看教育、看学校，增强社会责任感和教育使命感，关注人性的价值与生命的意义，使自己不至于迷失自我。

网络学习。就是充分运用网络化的学习资源，突破了传统学习的时空限制，自主学习和协作学习相结合的一种混合式学习方式。在信息化社会，教师和校长不能仅依靠传统的学习方式和学习途径而有效地实现自我发展的目的，必须打破教育的时空界限、紧跟时代的发展步伐，调整自己的观念与行动来使自己引领学习时代的潮流。教师和校长要充分利用多媒体等现代信息技术，开展数字化学习和经验反思，在网络学习过程中，不断丰富自己的元认知、元学习以及提升学习的调节、控制能力，并形成具有独特个性的学习策略。网络学习包括移动学习和虚拟学习两大类型。第一，移动学习。它有三种模式：碎片式学习、情境感知学习和翻转学习。碎片式学习，就是让学习者利用零散时间，在任何时间任何地点进行学习，比如在坐车途中通过微信、微博掌握信息，在外出活动中看电子书等。情境感知学习，根据你的地理位置给你推送学习资源，比如利用学校和周边的大型图书馆、书店、博物馆、展览馆等，挑选自己想要学习的项目，特别是在看展览时，可以运用扫描二维码即时了解相关的信息。翻转学习，是利用空余时间对具体的项目开展线上线下相结合的学习方式，教师和校长可以通过项目教学视频为主的教学材料进行自主学习，在项目学习的现场指导课上，经指导教师的指导完成作业、提问，或开展项目实践、应用实验、协作学习和深度研讨等活动。第二，虚拟学习。就是在近似真实的虚拟环境中进行学习的一种混合式学习方式。一方面，教师和校长可以作为一个学习者的角色开展学习，针对学校领导和管理方面的工作进行场景模拟，从现有的各种信息中进行梳理、分析、综合与选择，通过想象去构思和勾画未来的各种可能性，进而培养自己的问题解决能力、创造力等高阶能力，形成良好的领导情感态度价值观，创造更美好的未来。另一方面，从一个学习领导者的角度，学习如何对网络学习进行领导和管理，从学习者的电子文档、学习日志、学习历史记录、个人收藏夹，参考评价量表、自我测试问卷（测试学习动机、学习能力、性格、学习风格）主动地进行反思。还可以尝试进一步去促进虚拟学习社区的知识交流和经验共享，不断提高每一个学习者的认知能力、智能水平和整个学习社区的集体智慧。此外，教师和校长还可以充分地利用网络资源，参加网络论坛，在海量的学习资源中寻找适合自身的学习科目，使自己在不脱离工作岗位的情况下，随时通过网络学习，降低学习成本。

在职进修。在职进修是指校长通过一段时间的专业学习，取得正式学历证书的系统进修。这是教师和校长通过知识的积累与掌握提高获取系统知识的一种途径。学历进修有三大裨益：一是读书。通过学历进修补充领导与管理知识、教学技术和教学手段，更新教育教学理念和方法外，还应在日常工作中善于反思和发现问题，养成“读书——思考——实践——改进”的学习习惯，在持续学习和实践中完善自身专业素质结构，实现自身的专业发展。二是读人。即读自己和读优秀教育工作者。以“我是谁”、“我要到哪里去”、“我怎样才能到那里去”等问题来剖析自己、研读自己，厘清自己人生的价值追求；在学历进修中重新做一回学生，学习优秀的教育工作者是怎样坚持教育的理想信念的，如何克服各种困难去实现美好的教育人生，并提醒自己系统地学习相关的理论知识，争取做最好的自己，努力去做一名好教师，办好一所学校，鼓励自己成为一名具有博大教育情怀和工作孜孜不倦的教育者。三是读事。通过教授们给出的一个个鲜活案例，以旁观者的视角深度分析和思考，读懂案例背后蕴含的哲理、学习价值和指导意义，反思自己学校的过去、现在和未来，反思自身领导工作的出发点、实施过程和最终成败，从中懂得一些事理，激励自己努力做一名好教师、好学生，在实际工作中做一名好校长、好教师。

（2）更新学习策略。在学校情境中，学会教育教学是教师和校长的基本责任，教师和校长都必须学习党和国家的有关方针、政策、法规，教育的发展和改革的理论，以及与教育教学管理相关的基本知识、技术和手段等，以成全学校个体的生命价值和学校应有的意义。

新的教育理论。身在全民学习社会，教师和校长需要满足学生更高的学习期望，肩负更大的教育责任和应对更复杂的社会环境，知识和技术更新的速度远比学习的速度快，学校教育必须把握正确的方向，以强化教育者的学习来保证向更优质的教育质量迈向。教师作为学生学习的直接领导者，必须把握好前沿的教育科学发展的方向，学习新的教育教学理论，加强实践和探索，以高效地完成教与学的任务。校长的角色已经远远超越了一名行政管理者的角色，校长作为学校学习最高统帅必须站在学习的最前沿，以主动学习来引领学校学习潮流和学校发展，把自己作为一所学校的学习标杆、一个引领师生向学习型学校前进的舵手。

新的学习方式。学习方式的更新，学习者的学习素养、学习情感、心智模式，学校现有的教育教学质量，学习者的家庭环境、社交关系等影响学习的各种元素，是教师和校长构建学习愿景、设计组织学习目标、选择领导策略、推动学习创新以及设立反馈机制的重要参考。学习与领导既是互惠关系，同时也是相互制约的关系，教师和校长的教育和引导水平，影响学生的学习兴趣和学习成就；教师和校长本身的学习方式和学习能力，影响自身学习成就和领导力的发展。因此，教师和校长唯有加强学习新的学习方式和了解影响学习的各种因素，才能提高领导水平；并结合自身的学习实践和感悟，对学校学习的过程做到精心策划与设计，以保证学习领导的目的明确、方向正确、设计合理、措施得当、成效明显等。

特别是近年来，很多校长都提出学校之间不应该激烈竞争，应该加强校际合作，教师双向交流、推进资源共享，学校之间成为学校发展的共同体。因此，学校不应该闭门造车，应该以开放的心态主动寻找优秀学校、有思想的校长、名优教师，向他们学习并与之建立友好学校关系，推动教师和校长间的合作学习、协作学习。相互之间可以尝试运用主题式研修、论坛交流、案例分析等新的学习方式或参加相关的活动，在教师和校长之间的交流、讨论和启发中，使自己直接地、间接地、不断地发现存在的问题，找到相应的解决方案，多角度、多层次联想、探索解决策略，尽可能避免僵化的思维模式禁锢自身的创新灵感，并借鉴优秀学校的成功经验，生成解决学校自身问题的方案。

新的学习技术。身处大数据时代，人类的学习方式相应地产生了根本性的变化，学校领导理念、领导的重心、学习者学习时空等都在此变化中受到深刻的影响，教师和校长必须借助大数据来重构学习概念、学校领导概念，学习新的领导技术为提升学习成就提供有益的帮助。教师和校长可以提高对教育教学、教育领导现状和存在问题的认识，更新领导观念、变革领导方式；能够更有针对性地调整教育决策，运用新技术来合理布置人力和财力；为网络学习与课堂学习、个性化学习与组织学习有机地融合提供有力的领导环境，运用新的领导手段构建无处不在的学习空间，促进学习者时时学习、处处学习。

新的治教、治校技能。教师和校长是与学校学生和家长沟通的主要成员，在教学和领导过程中如何将个人和组织学习的目的、意义、方法、策略清楚地向师生和家长表达，关系到教育合力的形成、教育质量的提升和学校领导的成效。教师和校长必须向教师、兄弟学校的校长学习如何处理危机、提高信息收集、学习资源整合和传输，特别是如何表达和沟通，才能增进学习者之间的相互理解，让师生看到学习的希望。

新的解困方法。学习多元化时代的学校，沿用原有的讲授式教学、科层式行政领导已经难于满足学校学习和管理，教师和校长必须注重组织的学习，校长与师生共同学习，一起协商和解决个体和组织学习中存在的问题和遇到的困难，并针对问题和困难应用新的学习技术、领导技术为师生提供学习服务。根据师生个体和组织学习的状况做出正确的判断，采取激励措施激发师生学习的潜能，满足师生学习的需求和创造的欲望，教育、引导师生主动分享知识、交换信息、合作探究，共同解决阻碍学习的领导制度和人力问题，构建个体和组织学习的团队学习力和领导力。

（3）拓展学习对象。教师学习的对象。教师在班级和课堂教学中是一名管理者和领导者，在自身学习和学生学习中是一名学习的探索者和研究者，在小组和团队学习中开展合作学习、协作学习是一名合作伙伴，在学校领导中是领导群体中的一员。

一是向教学内容学习。包括向教材及与教学内容相关的知识、技术学习。教材既是教师教学的中介又是师生共同学习的主要内容，教师通过学习教材内容，理解教材编著者的意图、教学的目标和教学方法，按照学生的生活经验、认知水平、年龄特征进行转化，消化和转化知识，完善自己的知识结构和思维结构。

二是向学生学习。学生既是教师的教育对象，又是教师的学习对象。从学生的学习中，学习如何把高深的理论转化为易于学生理解的生活语言，让学生听得进、听得懂，并能转化为实际行为；教师在和学生一起学习、一起探讨、一起成长的活动中，发现学生的闪光点，认识自己的不足，从而及时地转变自己的思想，思考如何将教材内容与学生的信息、知识、经验联系起来，给学生提供一个足够的学习时空，激励学生大胆去探究和创造；还可以从学生的学习状况中，总结出一套适应于不同类型学习的知识理解导图和教育教学方法，教会学生终身学习。

三是向名优教师学习。向名优教师学习如何做教育，观察他们的日常工作和生活，从他们的细小行为中去发现、感悟名优教师因什么而名优；向名优教师学习如何授课，关注教材处理的艺术、教学手段的运用、学生在课堂上的变化、师生在课堂教学中的动态生成，从中学习他们的教学风格，考虑在自己已有的经验中理解教学的本质，提高自己的反思能力、批判能力和借鉴能力。

四是向学习共同体学习。教师在共同体学习、交流中，一方面学习转变角色，从一个知识传授者转变为一个知识交换者、接受者，学习他人是如何针对具体的教育对象把必须掌握的知识内容表达清楚，激发学习者学习热情的；另一方面通过自己或其他教师对这一节课的感受、体验、收获、不足和期待的表达，引发自己或其他教师就这节课而言如何处理教材、如何进行教学设计、如何引导学生进行思考，从而帮助自己建构独特的教与学的风格，促进学生和教师发展的最大化。

五是向领导学习。教师是学生学习的领导者和组织者，应该向优秀的领导者学习如何组织策划教育教学工作，为学生提供丰富的学习资源，创设与学习内容相适应的学习环境，为学生更好地掌握知识和技能提供便利。学习如何尊重学生的个性特点、独立人格和创造精神，启发学生用已知去获取未知，激励学生变被动为主动，引领学生学会学习、自主学习。

校长的学习对象。作为学校学习的主要负责人的校长，学习新的领导知识和技能，保证学校学习质量的提升是首要的任务，也是作为一名校长必须承担的责任。虽然校长经常聆听专家教授的先进办学理论，到过各种成功学校进行现场考察与体验，也具有改进自身工作和推进学校发展的意愿和信心，但是校长在面对不同的环境、不同的师生群体时，无法复制其他学校经验中的好经验，优秀的教育思想和理念不能转化、内化为自己的办学理念，仍缺乏学校发展的整体思维，所接受的理论与跟随的实践策略有较大的脱节。

一是向教师学习。虽然校长在自己所从事的学科教学有一定的研究或独到之处，但对其他学科的教学不一定比从事该学科的教师熟悉、熟练，也不是对每个教师都很熟悉。校长向教师学习的目的是促进校长教育教学知识的优化和发展，基本把握所在学段教育教学的要求，宏观调控教育教学的各项工作，更好地培养、发现优秀师生和学科品牌。向教师学习主要有三个方面：学科教学、教学艺术、高尚师德。①向教师学习学科教学，由于不同的教师具有不同的教学风格，取得的业绩不尽相同，校长也只是一门学科中的佼佼者，并不一定精通所有学科的教学，很难对距离自身专业太远的学科进行领导。校长的教学领导，只能是教学思想、教学理念上的领导，现实中如何提高学科教学效率，还得与教师一同研讨。但是校长可以在不同学科教师的课堂教学中，学习到教师如何把学科内容、学生认知、课程目标、评价知识、一般教学法知识等方面教学知识进行判断、选择、重组；学习到教师如何把自己对教材内容理解的真知灼见、最有价值的知识和学科方法高效地传授给学生，让学生明白学科价值和学习的价值，激发学生求知的欲望、学习的兴趣的方式方法等。②向教师学习教学艺术，是指校长进入课堂听课，学习教师如何把学科知识、方法、价值和有效教学策略有机地融合在一起，清楚地表达教学思想和学科思想，在师生、生生相互作用中高效地学习，使不同能力、不同兴趣和不同背景的学生都能较好地掌握学科内容和学习方法，教师如何建立新型的师生的关系，并生成良好的课堂文化。还可以与教师一起探讨教学中存在的问题及原因，通过一起讨论、分析，积累优秀的教学经验，提升校长自身的教育教学智慧。③学习教师的高尚师德，是指校长学习教师对教育事业的热情和对学生成长的关爱。优秀教师身上表现出来的：在人品上，心态平和、治学严谨、为人师表，维护师生形象和学校声誉；在工作上，不挑三拣四，工作兢兢业业，精益求精；在教学上，传授科学和真理，关心学生学习能力的提升、好品格的培养，注重学生身心的全面、协调发展，保护学生的人身安全；在生活上，遵纪守法、注重社会公德、淡泊名利，热爱自然、激扬生命。这些都是校长作为一个学校的领头雁所要学习的。此外，向教师学习可以发现教师的特点，明确教师发展的方向，找到从单个优秀教师向整体优秀推进的策略。

二是向名校长学习。校长的成长需要有经验的导师、名优校长的提携、帮带。因为名校都有一道成功的治校方略，名校长都有自己独特的办学思想和办学理念。名校之所以成为名校，其业绩背后是团队，团队背后是文化，文化背后是心态，心态背后是领导者对员工心态的投资。向名校长学习的可取办法是参加跟岗学习，这种学习方式属于实践性取向的学习，是通过实地考察提高校长破解教育难题的能力学习。它的优势在于：①可以站在旁观者的角度看学校、看校长，重点关注被考察学校的办学思想、课程理念、校长的课改思路、校长的课程管理、校长的教育追求、个人品格、特长、弱点等，以及学校的日常运转、师生的精神面貌，思考其特色是什么、为什么有这样的成果。② 可以从实践者的角度思考自己、思考学校，自己的教育思想、办学理念是否符合教育现代化发展的要求，规划学校发展是否精炼得体，学校领导和管理是否精细，校园文化是否精致等，以此寻找改进的方法和提升的对策，找到未来几年学校发展、自身发展的目标和路径。此外，还可以借助参加研修、培训的机会，在专家的指导下，“带着问题，在真实的学校情景中学习，让校长在体验式、互动式、研究式学习中实现专业发展”。[1] 通过相关理论学习、实地观察、了解，进行学习、反思和比较，重新认识自己、认识自己的学校，找到自身的不足，找到领导和管理的薄弱环节。

3.2.2　组织成长的需要

学校作为一个以学习为中心的组织，用“成长”来描述一个组织的行为实际上是一种类比。组织在学习过程中所形成的沟通、合作、分享、激励、承担责任等学习精神转换成组织文化，良好的组织学习文化有利于促

[1]　龚孝华，于慧．提升专业能力的中小学校长培训模式探索——基于实践性取向的理念与行为［J］．课程·教材·教法，2011（12）：82.

进教师团队学习和专业发展，促进学生学习成就提升，也可以提高学校效能，保证学校的持续生存能力。

（1）促进组织内部知识的交流。学校在发展过程中，学校领导、教学管理、教师发展、学生学习等可能积累了很多优秀的经验，也可能存在着一些不合时宜的知识、经验和制度等。组织学习能够更好地发现组织存在的问题，在校长的领导下共同学习、细致分析、深度研讨，在此过程中促进学校成员之间的沟通，为组织发展目标的实现而主动阐述自己的意见、分享自己的知识经验，把个体的知识经验转变为组织内共享的知识经验，使组织知识产生深层的、内在的改变，从而提升组织的智能。通过领导组织的学习，引导师生充分认识到学习化社会知识更新、技术换代远比人和组织的学习快得多，不学习或被动学习始终会出现知识短缺、本领恐慌的职业倦怠、生存危机。无论是个人还是组织，唯有通过永续学习新的知识和信息技术，才能不断地发现自身曾经犯过的错误，实现知识重组、技术革新、素质提升，形成不断创新的系统。

（2）构建新型的学习文化。组织学习可以促进组织成员之间的沟通，改善成员之间的关系，激励师生自我超越，分享知识，承担学习责任和获取新知。沟通可以使组织成员减少分歧、产生共识，提高个体学习的合作意识和团队精神；可以激发组织中每一个成员的学习潜能，培养一种自我超越意识；可以加强师生知识和经验的分享，获得、运用以及储存有价值的知识，承担组织学习的责任。同时，从学校成员的交流与互动中可以发掘新颖独特的想法，获得新经验、新观点、新思想，促进学校领导、教育教学思路和方法的调整，构建新型的组织学习文化。通过领导学习，使学校知识、组织结构、人际关系、应变能力等发生正向变化，即学校的教育思想更加开放、组织结构更加扁平、领导方式更加灵活、学习关系更加密切、学习资源更加丰富、学习方式更加广泛、学习手段更加先进、学习结果更加丰富。有效的领导既能坚守教育的本真又能创造多元的世界，既能改进过去又能奔向未来，从而塑造一种崇尚学习与发展、共同承担学习领导责任、勇于变革创造的新型学校文化。

（3）提高组织的应变与创新能力。组织学习所属的价值、政策、体制及结构等均可以支持组织成员进行学习，不断提高其知识和能力水平，改善人际关系，分担领导权责，激励每一个成员主动学习。成员之间在学习上互相影响、互相促进，既能反思自己教与学中存在的问题，又能不断追求改进，形成强大的组织凝聚力。组织学习能引导成员认识学校自身的优缺点，改正学校发展中存在的问题，敢于尝试新的思想、方法和工作理念，以最大限度地提高组织的绩效，促进学校组织内部文化氛围的改善，便于校长通过提出改善学习成就的可行性行动方案，激励师生寻找新的或者更好的方法完成任务，分享知识和学习信息，激发师生学习的意愿和创造的潜能，提高整个组织运行的效能，提升学校组织的应变能力，使学校紧跟时代发展的潮流，立于不败之地。

3.2.3 学校改进的需要

学习化、信息化、全球化的社会大背景下，人的时空意识、生存方式以及语言与思维方式发生了巨大的变化，特别是社会知识量的迅速增长、学习时空的改变，对学校领导产生了巨大的影响，推动着学校领导变革和学校的整体改进。学校领导变革是指学校教育的整体形态、内在基质和日常的教育实践，要完成由近代型向现代型的转变。[1]学校领导的转型变革，

[1] 叶澜．“新基础教育”发展研究报告集［M］．北京：中国轻工业出版社，2004：15.

需要根据学习化社会人对优质教育、高学习质量的持续需求而调整学校领导策略，促进学校走向可持续发展的道路。

（1）领导重心需要调整。提升学习成就是学校领导研究的一个重点，学校领导为了学校的发展，通过构建学习型学校来促进学校的可持续发展。哈格里夫斯和芬克在阐述可持续学校领导的七项原则的基础上指出："可持续领导以学习为重，具有扩散性和承续性。它是一种共享的责任。它不会过度地耗用人力或财力资源。它关心并避免对教育和共同体环境的破坏。它积极地与影响自身的各种力量交往，并努力构建一种能够促进不同学习与发展共同体交流优良思想与成功实践的组织多样化的教育环境"。[1] 对于一个组织来说，学习可以持续不断地提高学校的基本智力，使一个组织变得精力充沛，学校领导如能营造一种使全体成员沉浸其中的学习氛围，使学校成为一个以创新为指向的组织，使工作成为学习的实验场，是当代学校领导变革的首选方式。而且指向学习的本身就需要调整领导重心，因而学校领导变革彰显新型学校的基本特质，那就是：人本根基的自我价值的提升，"共同参与全面发展"的权益重心下移，交流共享的组织开放结构，多极互动的教学过程，从而最终实现通过自主创新驱动内化的可持续发展的最高境界。[2]

（2）校长必须引领学习。近年来，全民终身学习的思潮引起了世界各国的高度重视，为培养人的终身学习能力，必须对学校领导重新概念化，应改变过去强调的个人、英雄式领导，转向学习与领导连结，领导为学习服务、学习提升领导能力。对学校而言，学习社会引发了学校领导的

---

[1] Andy Hargreaves，Dean Fink. The Seven Principles of Sustainable leadership.http：//www2.bc.edu/-hargrean/does/seven-principles.pdf.

[2] 刘春，杨小微.臻至中国"第三极"学校领导研究的思考[J].黑龙江高教研究，2012(4)：3.

任务、角色和观念的变化，校长必须为创造组织学习的机会、促进个体和学校组织的学习。① 明确领导取向。组织绩效的提升很大程度上依赖于领导行为的指向，故应确保“学习”是改善学校领导绩效的核心目标。为此，美国学校目前的主要任务有：“确保所有学生满足政府学习标准；弥补不同背景的学生成绩间的差距；在满足前两者的过程中学校实现明显进步；校长被要求成为‘学习领导者’”[1]。澳大利亚的鲍勃·林嘉德等人在他们的《领导学习》一书中明确指出学校领导层最为重要的任务，是要通过创造和维持能使学术和社会学习最大化的条件来领导学习。[2] ② 重新定位自身角色。面对社会变迁的挑战，学习成了学校领导的核心任务，校长的领导者角色随“学习”而发生改变，校长首先是一个领导者——领导组织的发展，其次是一个学习者——学习领导技能，再次是组织学习的激励者——创造组织学习的机会，激励组织成员学习。③ 领导学校学习。随着学校领导角色和任务的转变，学校领导的观念也发生了改变。校长作为学习的组织者、激励者，必须从行政体制的学校内部政策制定者转向组织合作的团队服务者；“从按部就班的简单管理者转向变革创新的愿景领导者；从以技术为核心的效率追求者转向强调价值引领的道德权威者；从社会变化的被动适应者转向积极的社会重建者”[3]。校长应积极为组织成员学习、知识的交流与共享创造良好的环境，并带头学习和分享知识，激励每一个成员全程学习、积极参与团体学习，促进成员终身学习，重视组织学习和交流，全力推动知识共享和知识创新。

---

[1] Janice Jackson. Leadership for Urban Public School [J] .The Educational Forum，2005，Winter（69）：192–202.

[2] [澳大利亚]鲍勃·林嘉德等 . 领导学习——达成教育者的愿景 [M]. 张健，译 . 长沙：湖南教育出版社，2008：2.

[3] 王海英，伍州 . 学校改进的路径分析：学校领导的视角 [J]. 教育科学，2009(2)：8–12.

（3）领导模式亟需变革。近年来，我国教育理论与实践工作者借鉴西方校本理论形成了一种重视学校自身力量、倡导学校自主发展的教育理念和办学实践。也尝试着运用道德领导、课程领导、教学领导等理论和方式来促进学校转型变革、推动学校的发展。通过开发校本课程、校本资源建设、校本培训、校本教研、校本管理、校本评价、校本领导，提高学校教育质量，特别是学校学习的改善，实现学校改进的目的。这些领导方式给了学校领导者很好的借鉴作用，有的取得了一定的成果，有的则是“有名无实”，责权不明，效果欠佳，没有真实意义上的改变，对于套用和断章取义的领导理论，不能满足学习社会化的发展需求，最终无法达成引导学习者自主学习、终身学习、提升学校变革能力的美好愿景。

我国教育机构中的领导模式秉承了传统领导模式的精神，运用了科层制模式对学校实施领导。校长被要求完成升学任务，教师被要求完成教学任务，学生被要求完成学习任务，这其中的“任务”就是权力运作方式，是将上一级领导者的意愿以纪律、任务、职责等方式，通过文件、文字加以表述，并要求被领导者执行，单向度、等级性、不违反原则便是这一领导模式的最大特点。这种模式过于强调权威、等级和竞争，压抑了创新的灵活思维，阻碍了横向的合作与交流，使师生僵化地机械地执行教学大纲和完成学习任务，最终结果是，命令式的行政模式在教与学的管理中，不能激活师生参与领导和管理、自主学习的积极性，难于自主学习、学会学习、终身学习，这种现象不能满足不同地区和学校发展的需求，不能满足学习者对学校领导学习的真正期望，也不足以改善学习效果，使学校提升到一个更加优质的层次。因此，在多元学习社会的科层制领导模式，无论采取何种领导理念，都难于发挥其最大功效，领导模式亟需变革。

现实中，校长对教与学的具体领导，因自身所掌握的学科专业知识往往比一般教师少，技能不一定高于教师，由校长来执行这种积极参与的、指导性的领导任务，会影响到教与学领导职能的有效发挥。如何达成学校对学习的有效领导，提升学校的学习力、领导力和变革力，是世界各地学校领导研究的重点。为此，发达国家和地区在教学领导的基础上，把学校领导的焦点放在提升学生学习成就的研究上来，探索运用新的领导模式来提升学生学习的成就。

由于人的学习具有主动性、创造性与社会互动性，那么校长对学习的领导，其领导权力应该延展到学校各个层次，从旧式的控制式领导转向参与式领导、从多层级控制转向少层级多互动、从单向领导转向多向互动为标志的新型领导模式。特别是互联网的高速发展，带来了很多新的技术、新的知识、新的资源，知识从学科的相互独立、界限分明，变成一个互相合作的网络，其中的参与者、学习者来自不同的领域，以一种分散式的方式共享知识，学习者不但可以通过书本学习、课堂学习，还可以利用各种网络技术、新兴媒体找到自己需要的学习内容，通过现代信息技术进行自主、自助学习。因此，在学习资源的开放性、学习手段的多样性、学习时间的不定性、学习结果优秀者的随机性等情况下，需要向下的分散领导、平行的随机领导、向上的学识追随领导等多种领导方式，才能满足学习和领导发展的双重需求，相应地，传统的校长与教师都转变成为学习的引导者和实施者，共同承担学习的领导责任。

3.3　本章小结

本章根据学习社会化、现代化和终身化的时代发展要求，阐述了每一个人都必须树立终身学习的观念，接受终身教育，以提高终身学习能力。从学校学习应该促进学习者的自我学习的领导能力，发挥每一个学校成员在学习中的领导作用，领导者应尊重他人的学习需要和自主权，领导方式应体现人性化的方面分析了学习领导模式构建的理论依据。从学校个体（学生、教师和校长）的学习方式、学习内容和学习对象等方面说明了学习领导在现实工作中的需要，加强组织学习的领导有促进知识交流、构建新型学习文化、提高组织应变能力等功效，特别在学习化、信息化、全球化的社会大背景下，学校领导应聚焦于学习，校长应引领学校学习，学校领导模式应是多元、互动、互惠的，建构一个新型的学习领导模式是学校快速发展的现实需要。

4 学习领导模式的构建

根据教育发展现实需求，本文试图构建一个新的学习领导模式，这种模式以学习为学校领导的价值取向，将领导力聚焦于促进学校各层级的学习。在模式构建过程中重点要解决有碍于学习的领导方式，能够为“学习—领导”创造好的空间，为各层级学习成就的提升、领导绩效的改善，创设人性化的评价和保障机制，使个体和组织学习的目标、学校发展目标得到有力的保障。

4.1 组织基本运行图

学习领导的组织模式有别于现有的科层制组织模式，科层制是现代政府治理社会所普遍采用的管理中介，科层组织是层层下放层层负责的权力和职责体系，它的权力是法制权力，是制度赋予的[1]。学习领导模式是将学校原有的科层制组织转化为一个扁平化结构的组织，即变为“一室四中心”（在校长室下设立教师发展、学生成长、课程教学、资源服务四个中心）的结构，它关照了人——作为学校主体的师生、突出了具体的事——

［1］ 刘建强．学校组织变革之“功能—要素”取向［J］．教育研究与实验，2012（6）：70.

学习、明晰了理——学习领导模式的理论框架。这种模式通过校长（学校领导）授予下属以领导的权力，把领导责权分散在教师和优秀学生中，且不是简单的任务委托，而是责任共担。其特征是：效率与合理化、分工与专门化、法规条例、权威的层级节制、非个人取向、终身事业取向等。[1]这种模式是以学习为领导的核心内容、融多种领导方式于一体的领导方式，学习与领导紧密相连，互动互惠、相辅相成。

学习取向的学校领导模式把学校当作一个完整的学习组织，学校成员在不同情境下的学习中，经由价值转移、赋权分责和人际影响，而重新定位领导者、被领导者角色和功能，“学习—领导”的活动过程，是学习领导模式的建构与完善过程（见图 4-1）。

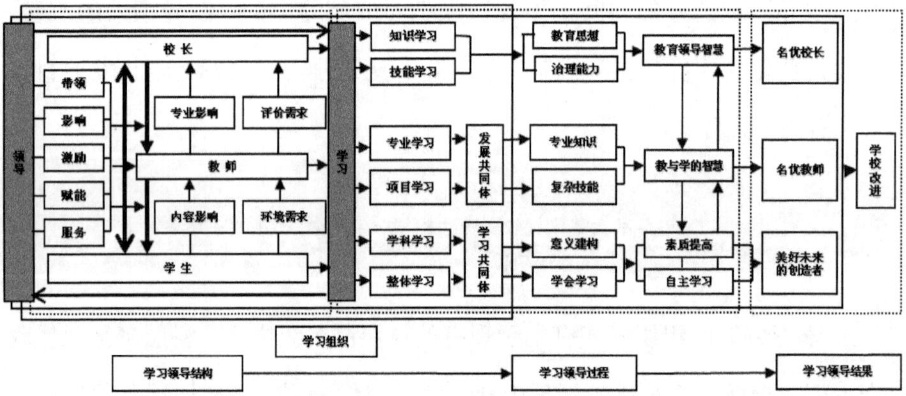

图 4-1 学习领导模式

这个模式设计主要包括：① 确定学习领导的要素、结构、过程、结果，主要是解决学习领导实施的可能性问题；② 明确学习与领导、领导者与被领导者之间的关系，便于多元领导方式的运用及其功效的发挥；③ 明

[1] 张新平 . 对学校科层制的批判与反思［J］. 教育探索，2003（8）：29.

确个体和组织学习的具体指向和预期结果，便于向所有成员陈述，增强领导的密度；④ 明确学习者个体与组织是一种相互影响、相互促进的建构关系。

4.2 明确领导取向

学习领导是众多领导方式中的一个具体取向。所谓领导取向，是指领导主体在实施领导时所直接依凭的价值尺度和价值动力，是领导主体在主观意志上为领导过程所界定的标准和最终向往，是领导价值在领导主体对人对事的领导过程中具体表现出来的倾斜方向。简言之，领导取向就是领导主体的价值取向，也即领导的方向。[1] 教育是以学习为中心的事业，学校是教师和学生学习的场所，卓越的学校领导者，必然会为学校组织的存在赋予意义，与组织成员共同勾勒愿景。如何构建一个积极、和谐、健康向上的工作和学习环境，为实施学校发展规划营造良好的组织氛围，就必须对学校中长期存在的关于领导领、教师教和学生学的政策重新进行审视，采取积极、有效的措施达成既定的领导目标、整体提升目标。学校不但要传授知识，更重要的是教会学习者学习，使学习者能够愿意学习、自主学习、自觉学习、终身学习，并在不断地学习中获得生存的技能和善好生活的智慧，成全生命的价值。因而，学习是学校领导的核心任务之一，学习成就的提升也就自然成了学校领导模式研究和实践的重点领域、核心目标。

[1] 梁素贞. 领导科学 [M]. 北京：中国社会出版社，2004：42.

4.3 优化领导机制

（1）实行校长负责制。学习领导所追求的是整个学校的学习氛围，校长是这个整体学习氛围的建构者，提升学习质量的负责人。校长全面负责学习的战略规划、组织实施、制度建设和优化、监督检查和优秀经验推广工作。校长必须通过提出、表达、执行、保持整个学校团队共享和支持的学习愿景，促使所有师生深度学习、持续学习，能充分体验学习的成功。校长时刻为广大教师的积极工作和不断学习提供各种便利，创造各种条件，把握学习的针对性、方向性和实效性。

（2）提高干部执行力。各部门主管领导不仅要组织该部门的学习，同时自己也要带头进行学习。干部定期召集部门成员开展工作性学习的研究，执行学校的学习制度，身体力行地做好学习的表率，在整个部门中形成一种鼓励学习、鼓励创新的学习文化，营造出一种“在学习中工作，在工作中学习”的氛围，有力地保证和促进学习的有效发生和持续开展。同时，建立部门学习评价机制，部门学习的效益由部门成员评价，部门领导对学习的服务能力、服务质量由部门成员评价。

（3）建立学习激励机制。为了学校全体师生将工作与学习结合起来，提高业务水平，设立专门的资金，保障学习的顺利进行。党团支部开展学习项目、学习过程、学习质量的宣传与指导，营造良好的舆论氛围，增加学习的评比、评优项目，树立学以致用的先进或典型，鼓励师生员工开展学习研究和教育创新实践，成为热爱学习、学会学习和终身学习的楷模。

（4）建立新型的关系。学校是一个以学习为中心的合作团队，每一个成员都自然而然地成为一个学习者、学习的促进者。学习，使学习者之间进行广泛的沟通，发挥个体积极性和群体智力，进而制订达到目标的手段，共同构建引导性和启发性的学习模式和学习策略，使学校学习的方向正确，问题得到解决。由此建立起来的关系，能不断促进“校本知识”的生成与积累，更会使每个成员，特别是教师将感受到自己对学生、教学和学校的责任，激励全体成员使他们感到自己有足够的力量来努力达到这些目标，真正实现学校变革对“共同学习，共同领导”理想的追求。

（5）开展领导岗位培训。根据学校发展、智能建设的需要，我们邀请校内外领导与管理、课程教学、德育方面的专家、学者对全体教师进行业务培训和学习培训，从理论和实务两方面提高成员的业务素质，增强整个队伍的学习能力；同时根据部门工作的实际需要，定期召开各种专题工作、学习研讨会，对工作中出现的问题、盲点开展研究。另外，选派干部、骨干教师参加大学院校、教育主管部门等上级部门和省市内的名校组织举办的业务培训和学术交流活动，开阔他们的视野，更新工作观念，提高业务水平。

（6）进行行动反思。学习的目的在于运用和解决工作中的问题，我们要求部门干部和一线教师对学生日常工作，尤其是一些突发事件的处理及时进行反思和总结，提炼出工作经验或成果，并将其文字化保留在组织知识库中，通过知识的转移和共享达到学习、反思、改进的效果。通过行动反思学习，我们将每一个项目的工作细节作为自己学习的载体，将工作精细化与深度学习结合起来，既提高部门干部处理教学事件、学生重大和突发事件的能力和水平，又达到了在工作实践中学习的目的。

（7）开展纠错学习。为提高学习的有效性和针对性，对干部和教师在工作中出现的一些共性问题和不足及时进行纠正，同时将纠错看作一次学习的机会，通过分析错误产生的原因、条件以及处理解决的方法，作为向全体教师提供学习的案例，避免类似的问题在以后再发生，提高课程教学和管理工作的水平和效率。如教学语言、学生评价用语、团体辅导、问题学生的处理、对外的通知和方案等，都在学习中不断地改进，逐步走向规范、精准。

（8）开展研究性学习。学校领导针对日常工作中的疑难问题和热点问题，鼓励和支持干部和教师开展研究性学习，指导条件成熟的干部和教师将问题上升为科研课题进行研究。一方面有利于他们开展深度学习，提高教师解决实际问题的能力和开展工作研究的水平；另一方面可以及时总结日常教育教学和管理工作中的最新成果，将好的经验和做法向全校教师推介，达到组织学习的目标，同时也促进了教师个体的专业成长。

4.4 厘清领导责任

（1）学校领导是学习的楷模。学校是一个学习的组织，组织学习行为的有效发生，需要学校领导者的示范作用。一方面，校长要始终把学习看作是发展自我智慧、提升专业素养、增强合作共享、促进师生和学校成长的一项有益的活动。只有这样，才能形成以师生为主体的，以学习为中心的合作团队，才能引领师生从学习中获取智慧和力量，并全身心地投入到学习中去。另一方面，在新课程改革中，如何学习新理念、新技能，并在实践中加以运用，需要学校领导带头，否则学校整体对新课程理念、理论、技能的学习行为很难发生。作为一个学习组织，领导者本身的行为就是组织价值观与行为理念的最好示范，学习能否深入、持续，学校领导光说不练，那就等于没说。

（2）学校领导是学习的设计师。学校领导对如何有效学习的设计工作是一个对组织要素进行整合的过程，他不只是设计组织的结构和组织政策、策略，更重要的是设计组织发展的基本理念。这种设计能在复杂的挑战和变革的环境中指明方向，塑造能引向愿景的文化，激发学校成员走向学习，以及为一个值得奋斗的未来发挥他们的才能、特性和精力。这种设计能对学习资源的整合、学习制度优化、学习者之间的互动、学习绩效的提升起到促进作用，能激发学校成员学习的自主性和自觉性，学校成员之间建立起互动、互惠的学习关系，提升学校的整体智能。学校成员通过各种正式和非正式的学习过程，如利用交谈、教研活动以及校本在职进修日等相互学习，营造出积极的教学气氛，增强学校效能。

（3）学校领导是学习的公仆。学习的目的在于弥补自身认知的缺陷或不足，领导学校成员在坚持通过领导学校成员学习以改善学校管理、课程教学等工作绩效的信念驱使下，应有为此而实现愿景的使命感，应自愿、自觉地接受愿景的召唤，并带领学校成员向着愿景迈进，为提升学习成效发挥自身的一切能动性。领导必须根据学习需要或提高学习的成效，主动帮助学校成员解决学习中遇到的问题，为学习提供优质的服务。特别是校长，尽可能地避免因自己参与的缺失而导致校长对教师学习特性与问题的不了解，出现了许多违背教师学习规律、伤害教师学习热情的做法。

（4）学校领导是学习者的教师。学校领导首先重视学习的价值、关注学习的需要、创造学习的环境、鼓励学习的发生、支持学习的行动。其次在领导学校成员学习之前，应向教师一样对学情进行分析，准确地把握各类学习者的知识基础、学习心理、时间调度等情况，在掌握真实情况的基础上，安排好学习时间，找准引导或教学方法，运用恰当的教学策略和先进的教学技术促进每个人的学习。再次是通过建立具有发展性的激励与评价制度，提供各种支持性的资源和条件，在学校营造开放信任的团队学习气氛，培育学校里的学习文化精神，创设人人基于学习变革实践的发展机制，为每个教师提供共享信息和广泛交流的机会，促进教师通过阅读、反思、对话和行动，为了学生的学习和学校的共同目标而一起学习，真正使学校充满学习的活力，使学校成为名副其实的“专业学习共同体”。最后是关注个体和团队学习的能力，及时为学习者铲除学习和发展道路上的障碍，不断突破学习组织成长的极限，从而保持学校整体持续发展的态势。

4.5 作用方式聚焦

领导焦点指的是领导者的管理思想和领导观念的紧密结合。学校领导的焦点集中于学校成员和学校组织本身，对于学校来说，这两者所要达成的最迫切愿望就是提升学习成就。因此，学校领导焦点聚集在学校成员和学校组织的学习上，领导的运行机制决定领导的成效。如何加强对学习的领导就是学校领导的焦点，即学习领导。学习领导包含转化式领导、参与式领导、教学式领导、建构式领导等多种领导风格和领导方式，属于一种团体决策、运行的过程，是领导在解决不同情境下的学习问题时，所采用的不同的行为方式。其中建构式领导能为领导者和学习者带来合理的领导核心效益。

具体来说，学习成就的提升实质上是看校长的领导理念、具体目标、发展战略、可挖掘的潜力、问题解决的最小因素、责权的分配、人力和财力等资源的调配、领导的方式方法等。学校领导对学习的领导是将多风格、多方式领导的焦点聚集于学校成员和组织的学习上，通过激励、引导、教育、赋权、服务等领导手段凝聚学习愿景，形成学习目标，共同改善学习环境，使师生在互动互惠中达成学习成就提升的目标。其过程包括：① 探讨学习问题的根源，校长与班子成员、教师一起讨论，学生学习成就目前的状况、存在什么问题、问题的根源是什么，和他们一起摆出相关的各类问题，哪些是直接的、哪些是间接的，问题之间存在什么关系，通过这样的行动，能找出影响学习成就问题的真正原因，便于研究和解决这些问题。② 预测领导学习的结果，与学校上级、班子成员共同预测，如果领导对提升学生学习成就的具体问题置之不理，结果将会如何？如果结果是乐观的会如何，如果结果是悲观的又会如何？通过学习成就的具体预测，就会了解这些领导问题对提升学习成就、促进学校发展的意义。③ 明确领导应有的状态，与班子成员和教师一起讨论，为提升学习成就领导本来应该是怎样的？共同愿景是什么？具体目标和相关措施是什么？学校假设它的理想状态，并使之条文化。通过这样做能使大家了解标准和实际状况的差异，实现问题的共有化。④ 将影响学生学习成就的领导问题进行分类、排序，逐个解决问题。

4.6 基本运作过程

4.6.1 促进多元学习

随着时代的发展，学习是交往、学习是活动、学习是社会协商、学习是思维技能、学习是知识建构、学习是概念转变、学习是知识创造、学习是境脉的变化等隐喻，使学习变得多元化，学习多元化催生领导多元化。多元化的领导方式，又能促进人们主动学习、自主学习、学会学习和终身学习，并通过对学习的持续领导而成全人的生命价值，促进学校的发展与创新。

1. 营造良好的学习心理环境

领导者首先明确组织成员学习的目的学习的意义、领导的焦点和领导的目标，师生员工都能理解学习对自身和学校发展的作用，使学习者之间形成支持性的互动、互惠及持续向好的伙伴关系。在具体的领导行动中，必须尊重学习者个体之间存在差异，积极与学习者交换想法，互相询问问题，对每个人的分析提出合理性意见，肯定每个人在合作、互动中所做的表现，特别是在学习信息、学习资源、学习精神、学习结果上为团队所作的贡献。同时，鼓励学习者使用自己最喜欢的学习方式开展学习，运用激励机制，鼓励师生努力探索，让师生在学习过程和结果上一样能得到支持，特别是在学习精神上给予大力的鼓舞，让师生热爱学习、自主学习。

2. 挖掘多元学习的渠道

为提高学习领导的领导绩效，必须从校内的课堂学习、校内课外的活动学习、社会实践和家庭生活的提高等方面来挖掘学习渠道。一是满足学科的系统学习，对学科知识、方法、价值的学习进行整体性引导，即导学——教师如何学习“导”、“导”什么、如何“导”，学生如何“学”、如何“导”同伴“学”。改变原来过于注重知识学习的引导，变为通过有效的导学最终使学生完整地掌握学科结构，培养学科学习的整体思维，提高学科学习的成绩——考试成绩，这是开展多元学习的基础，也是检验教学质量的重要途径。二是倡导无边界学习，提倡校长、教师和学生之间、年级之间、学科之间广泛地相互学习，不断地学习，开发新的学习资源和学习时空，汲取新思想、新观点，将善的知识和技能运用到改善学习中来，以逐步实现学校组织变革和发展。三是推动扁平式学习[1]：学习是一种合作、互惠的过程，在学校学习中，获得知识不是独自一个人的行动，而是

---

[1] ［美］杰里米·里夫金．第三次工业革命：新经济模式如何改变世界［M］．张体伟，孙豫宁，译．北京：中信出版社，2012：259.

一个团体的事；学习社会的学习是从学科相互独立、界限分明，变成了一个互相合作的网络，其中的参与者来自不同的领域，以一种分散的方式共享知识，同时学习者必须对自己的学习负责，以开放、包容的心态对待不同学习者的看法和观点，能够接受他人善意的批评，乐于帮助学习困难者并愿意为整个学习团体负责。四是提供提高学习成就的工具和技术，特别是数字化的学习工具和现代信息技术，使学习者参与到更个性、更完善、更开放的学习之中。让学习者认识到学习不仅是学校里做的那些事情，而且还是一项需要终身努力的事情。通过信息技术，学习者可以学到世界的知识，甚至还可以与全世界人一起学习。

4.6.2 建立学习社群

学习社群在我国通常是指的学习共同体，它是指“学习者基于相同的目标所形成的群体，并在学习者的主动参与下为其提供各种学习机会”。[1]建立学习社群的意义在于分布领导权责、实施多元领导、增强领导密度、培育领导共同体。这是因为，在学校组织中，它是一种能让教师、学生凝聚在一起学习的方式，一群教师或学生就教育教学、个人学习或研究中的某个话题进行沟通和讨论，分享彼此的观点，并对衍生出的新话题和新想法进行商讨、鉴别，形成新的共识。

由于学校组织的特殊性，校内的学习社群成员每天都在一起学习、工作，抛出的话题有很多雷同之处，但由于每个成员所带的班级或学科不同、面对的服务对象（学生和家长）不同而经常产生不同的观点和生成成功的经验，发现彼此之间有相互学习和相互作用的价值。本研究主要讨论

[1] 易晓佩.互惠式教师学习社群：内涵、意义及建构策略[J].教育与教学研究，2011(9)：13.

的是教师学习社群，教师学习社群可以分为三大类：实践性的学习社群、理论性的学习社群和两者兼有的学习社群。

（1）实践性的学习社群。可以通过邀请、召集兄弟学校的校长，每学期定期举行一定次数的校长沙龙、中层干部工作交流、教师学科研讨会等活动，学习、参考兄弟学校的成功经验，反思和改进各项工作、事件中存在的问题。每个成员都围绕着提高教育教学质量的共同价值取向，以共同提高为目的，交流思想、联络感情，以平等的地位、学习者的身份，在各种正式或非正式的场合中分享彼此的教学心得和教育理想。这种社群是一种个性化的学习、群体性领导共同体，参与者根据自己遇到的问题而抛出话题，各自分析、互相启发，讨论各自的情境、追求与需要，帮助解决问题；这种社群成员之间彼此欣赏，对彼此的见解心领神会，能让人产生“听君一席话，胜读十年书”的豁然开朗的喜悦，心理上得到满足——认识一些具有相同质感的学习群体所带来的心理愉悦。这种实践性学习社群成员包括领导、教师、学生和家长，大家同力合作，构成一个学习的组织生态，依靠一个个独特的大脑相互连接，可以产生超棒的创意，引发领导的创新性变革。教师与家长共同构建的家庭教育群就是一种实践性的学习社群，大家能够在交流中学习，在学习中实践。

（2）理论性的学习社群。理论性社群的建设，可以根据教师学习的意愿，鼓励符合条件的教师参加在职攻读学历、学位，参加报考的每个成员围绕专业进行再学习，对教育学科知识、专业理论开展追踪探源，反思和改进自己的教育认识，系统地补充教育理论知识，并从中了解到自己未知的实践、做法，以获得启示、拓展思维，发现更多的可能性。这种社群是一种正式的学习共同体，成员都有丰富的教育教学经验，但是每一个参与者的基础不同、年龄不同，在学习过程中，会产生学习速度、学习质量上的差异，学习优异者在这个群体中，能发挥学习的引领、服务等领导功能。学习者可以从同伴的身上学习到一些他们已经掌握而你还不知道的东西，他们也能在你这儿学到对他们来说是新的东西，在互相学习反思和日常交流中，可以融合他人所学到的知识，对自己已有的教育教学知识进行解构和重构，认识和掌握知识的新概念、理论的新进展，新兴学科的知识、方法和价值，提升自己的专业技能，有机会用一些全新的方法去解决那些长期困扰自己的挑战，对未来产生新的希望。

（3）理论与实践相结合的学习社群。成员可以来自于不同区域和不同层次的学校、中小学与大学或者是科研机构。可取的办法就是借助本省或本市的师范大学或教师进修学校的力量，邀请一批专家到校进行短期跟踪或田野式调研。可以就同一个班学科教师的备课、课堂教学、课程辅导和班级管理工作，把专家、班级任课教师结成一个理论与实践相结合的社群。在这种社群中，一方面可以聆听专家的专题分享，接受专业知识的领导，学习到成熟的经验；另一方面在社群中即使自己不是某一方面的专家，也可以贡献自己的经验和专长，影响或激励他人。同时，运用行动学习、移动学习、游戏化学习、非正式学习等新的学习方式和技术，打破原有的学习模式和思维模式，学习者可以学习他人的优秀经验又可以探索未来，向未来学习。这种社群在互联网时代将成为一个学习时空不断拓展、生生不息的循环，一个人学习的越多，可分享的也就越多，对他人的启发越大，自己也可以获得更多的信息，激发更大的好奇心，促使自己学习得更多。

总之，教师学习社群的建构对扩大学习领导的范围、精选专业学习的领导、促进教师的发展和培养教师的领导力大有裨益。学习社群的构建力图从学校文化方面实现重构，将学习作为核心特质；强调教师自我探究和合作探究，在实践中发现问题、解决问题，建构新知识。

4.6.3 拓宽领导来源

由于学习是一个不断发展和变化的过程，学习者素质的提升与学习者本身的生理和心理有关，学习的结果有快也有慢，学习优胜者则在学习中享有话语权——领导权，故学习领导的来源比较广泛，既有校长、教师和学生，也可能来自于家长和校外的教育领导。

（1）校长领导。中小学校长是集专业知识素养、能力水平、个性品质和个人价值观为统一体的学校领导代表，肩负着首席领导者、首席学习者、首席学习领导者等角色，其高效的领导力必须聚焦于学生学习和提升学习成就。在学校情境中，校长主要是领导的组织学习，因此必须要根据学校的群体学习现状、学校发展目标，了解组织学习和创新的需要，重视学习对学校个体和组织发展的作用和价值，创造良好的学校学习的环境，鼓励学习的发生，支持个体和组织的持续学习。校长还必须与学习者共同构筑学校发展愿景、制定学习目标，通过建立“学习—领导”的发展性评价机制，提供各种优质的学习资源和领导环境，在学校中营造开放、信任、合作的团队学习气氛，培育崇尚学习的学校文化精神，改进学习者的领导行为绩效。同时，校长必须创设人人基于学习变革实践的发展机制，确保校长在学习领导实践中积极地应用标准来指引教师专业学习，为每个教师提供共享信息和广泛交流的机会，促进教师通过阅读、反思进行对话和行动。只有校长领导组织和教师学习，他们才能享有强大的支持动力。不仅如此，校长主动参与组织学习，能促进校长对组织学习有深刻的理解，从而唤醒、引领和激励师生学习，使学校充满活力，成为名副其实的学习圣地。

（2）教师领导。在学习领导过程中，美国教育管理学家菲利普·海林杰（Philip Hallinger）认为，校长领导力对学生学业成就的影响效应是间接的，这种效应是通过他人尤其是教师来实现的。也就是说，校长并非直接影响学生的学习成就，而是通过影响教师间接地影响学生的学习成就。在学习领导中，教师主要是运用课堂教学和课后辅导中能与学生直接、经常接触的优势，采取合适的领导方式对学生的学习进行领导，对学生的学习承担直接的领导责任。“学习和领导是不可分离的同一件事，负有责任的教师更趋向努力学习”[1]。教师在领导学生学习的过程中，可以促使教师发展成为“更关注学校和教学发展的积极决策者，为了发展而努力的学习者，为了领导而努力的反思者”。[2]

在英格兰和威尔士，教师领导学习的重要性被公开载入了新获得职业资格的教师的就职文件中。它列出了四个主要方面，其中三个方面直接关系到领导者和管理者的核心职责：知识和见解；教学规划及班级管理；监督、评估、记录和问责制；其他专业性要求。[3]教师领导的作用方式，是指教师以个别或集体的方式，影响校长及学校成员，努力改善教和学，以提升学生学习及成就的历程。[4]教师领导，其实就是校长鼓励、发动教师自我领导和领导学生，让教师在教和学的过程中发挥领导作用，提升教和学的绩效，以推进整个学校全面、可持续发展，共同完成教育教学任务，实现学校领导目标的过程。

---

［1］ Barth R S. Teacher Leader［M］. Phi Delta Kappan，2001：445.

［2］ 胡中锋 . 校本评价：方法与案例［M］. 广州：广东高等教育出版社，2011：137.

［3］ ［英］布什，［英］贝尔主编 . 好校长是这样炼成的［M］. 林丽玲，译 . 福州：福建教育出版社，2011：293.

［4］ Youk-Barr J，Duke K. What do We Know about teacher leadership? Findings from Two Decades of Scholarship［J］.Review of Educational Research，2004，74，（3）：255.

教师作为学习的领导者，教师领导者应通过交流发挥自己的影响，包括良好的倾听技能；能够解决冲突，协调、协商问题等。[1]教师领导首当其冲影响着教师领导者本人。他们的领导行为和决策过程为他们本人带来了最好的学习机会。[2]一方面，教师领导不仅为教师自身的学提供机会、条件，也营造出一种开放、平等、合作的学习氛围，以便教师之间、师生之间建立起一种对话、互信的学习关系，激励师生共同分享新的教学理论观点和信息，共同探讨解决教学问题的策略，相互鼓励，相互支持，扬长避短，实现教与学行为和绩效的改善。另一方面，在教师学习中，教师作为一个教师领导者，他应该是以成就学习作为导向，并有意愿去承担风险和责任。但这种定位可能使他们和其他同事之间产生直接的冲突，导致他们关系的分化。[3]当教师领导者在进行领导活动时，他们感觉到自己的组织能力、教学能力、评价能力和决策能力都得到了发展。[4]因此，教师在同事之间的话语权，即领导权的实现，可以通过“坚持给学生上课并不断地提高个人的教学技能及其熟练程度；组织和领导同事之间进行课堂教学的观摩和互评；为教师们提供有关课程资源开发的知识；让教师们参与校级水平的决策制定过程中；创造一些在职培训和促进教师专业化发展的活动；让教师们共同合作，一起做行动计划、自我反思和科研活动”[5]等方式来体现。此外，教师领导学习，还应注重在教师中培育优秀的学习领导者，如名教师、专家教师、能手教师、员工开发者、项目领导者等，这

---

［1］ 陈永明 . 教育领导学［M］. 北京：北京大学出版社，2010：315.

［2］ Barth R S. Teacher Leader［M］. Phi Delta Kappan，2001，82：443.

［3］ 胡中锋 . 校本评价：方法与案例［M］. 广州：广东高等教育出版社，2011：140.

［4］ Ryan S. Principals and Teachers Leading Together［J］. Paper Presented at the Annual Meeting of the American Educational Research Association. Montreal Quebec Canada，1994：15.

［5］ ［英］Alma harris，Daniel Muijs. 教师领导力与学校发展［M］. 许联，吴合文，译 . 北京：北京师范大学出版社，2007，75–76.

样能有效克服以往的学校科层制、英雄式管理模式的弊端，扩大领导的范围，增强领导的力度，为学习提供更多的优秀领导来源。

（3）学生领导。学习使人变得智慧，能深刻认识事物的本质，准确地把握未来。学生在学校的时间主要活动就是学习，学生是学习的受用者和消费者，更是创造者、建构者和领导者。学生领导，是学生在学习过程中因学习优秀而产生的义务性、协作性、服务性领导，这种领导主要体现在小组学习、团队学习的过程中。学生领导，正如熊川武和江铃在《论义务教育内涵式均衡发展的三大战略》中总结的那样，学生领导可以：领导自己的学习、领导同伴、家长和兄弟姐妹的学习、领导教师和管理者的学习。[1]

学生对学习的领导不是天生的，而是在学习交往和教师引导下慢慢成长起来的。一是通过教师的引导，学生认识到了学习价值，懂得学习对未来生活的影响，清楚在校学习的内容，体验到学习的乐趣，产生对学习的强烈愿望和自觉行为，从而愿意学习、自主学习、学会学习、终身学习，因此学会自我领导学习。二是学生参加小组和学习共同体活动过程中，教师明确地告知学生，每一个成员都是一个学习者，又是我们学习的榜样，学习优秀的同学有义务在别人困难、需要帮助时，像老师帮助别人一样调整自己的步调、阐明同伴的问题并向同伴提出新问题，且尽量用教师上课时没有用到的方式来提供帮助；教师引导每个学生都必须向小组和自己的团队贡献力量，必须融合每一个成员的知识并整体性呈现到共同体中，互相进行选择、运用。其实，在学生群体中“有知”与“无知”、“师”与“生”是没有截然的分界线的，只要面对学习同伴解释问题时所用的语言简单易懂而且中听，就能成为其领导，这是学生成为学习领导的主要渠道

[1] ［英］BARBARA MACGILCHRIST，［英］MARGARET BUTTRESS. 教与学的变革［M］. 北京：中国轻工业出版社，2006：113.

和具体体现。三是学生通过自己学习的经验，用自己的学习精神、学习发现、学习感悟、学习结果来影响家长和兄弟姐妹，改变家长和兄弟姐妹对学习的看法，转变学习观念，实现对家长和同伴学习的领导。同时，通过对适合自身学习的学习方式、学习内容、学习资源、学习环境和教师教的方式等方面的正确需求，引导教师学习新的教育教学方法、教育技术，学校领导者构建更加合适的学习机制，提供促进高效学习的资源和环境，实现对学校领导和教师的学习领导。因此，学生不仅学会了领导他人的学习，也非常虚心地接受他人对自己学习的领导。可以说，让学生成为“领导”的过程，其实就是锻炼学生的自我管理能力，培养合作意识，把学习的自主权利还给学生，让每一个学生在学习中发挥自己的才华，让每一个“学生有权根据自己的知识基础和能力水平决定自己的学习方法和学习步骤，让每一个学生有权利通过学习获得智慧”[1]。

4.6.4　实施多元领导

学习领导是学习与领导互惠的一个可持续过程，是一种可持续的领导着力点。哈格里夫斯（Hargreaves，2008）等学者在研究中认为，“可持续领导是切实发挥作用的，它创造并保护可持续的学习；可持续领导是延续性的；可持续领导是维护他人的多层面领导；可持续领导体现社会公平；可持续领导是创造丰富资源的；可持续领导形成环境的多样性和包容性；可持续领导积极融入其周围的环境；可持续领导是有警觉性的，它随时监控环境；可持续领导尊重过去并在过去的基础上创造更好的未来；可持续

[1]　熊川武，江铃 . 论义务教育内涵式均衡发展的三大战略 [J]. 教育研究，2010（8）：20–24.

领导要等待满意的而不是暂时的结果”。[1]学习，就是保证学校领导和学校发展能力的可持续性，学习领导则把“学校变成一个领导者共同体，意味着学校的事不再是校长一个人的事，教师、学生都应该进入责任分担的过程，同时，也应该成为领导权力的分享者，即校长一方面要为教师、学生‘赋权’，另一方面，教师与学生也要为能够胜任领导共同体成员而不断‘增能’”。[2]校长、教导主任、骨干教师都应该成为学校学习的领导者，在不同的情境中，领导者与追随者角色是可以互换的。在课堂层面，教师通常是领导者，学生是追随者；在年级或学校层面，通常校长、骨干教师或教导主任是教学的领导者，其他人成为追随者。而在学校学习共同体中，每一个学习者通过学习都可能或可以成为学习的领导者，领导者就有责任和义务去承担相应的责任。

（1）向下领导。领导是创建和维持一个处在期望和相互影响中的结构，通过带领与影响，包括指挥、激励、沟通等多种手段，带领被领导者为实现具体的目标而付出努力的过程。向下领导是一种最简单的领导方式，依靠的是行政权威，领导者只要发号施令即可，下属必须服从。这是一种“硬”领导、“显性”的领导，带有强迫性。在学习领导中，校长是组织学习的首席领导者、灵魂人物，承担主要责任，应该在学习的愿景指引下，通过领导分享、责权分布，将学习的领导权分散给学习优秀的师生，形成领导共同体。同时，校长个人的人性特质将会影响组织文化及风格，在追求的学习目标和领导绩效时，表现出永不动摇的决心、坚毅和果敢，及时地行动，持久地忍耐，一直坚持到最后的胜利。同时平易地对待

[1]　[加拿大]哈格里夫斯. 可持续变革[G]. 丁钢，黄锦樟. 聆听外面的界——多元社会中的教育领导[M]. 上海：华东师范大学出版社，2008：3-15.

[2]　[美]托马斯·J·萨乔万尼. 校长学：一种反思性实践观[M]. 张虹，译. 上海：上海教育出版社，2004：188.

师生、爱护和激发师生的积极性，不厚此薄彼，不摆谱子，不拿架子，为师生的学习和师生领导学习提供资源和服务。

学习领导是一种公平、民主型的分享领导，领导者在学习上的领导权威是由他在学习和领导中的绩效自然形成的，被领导者受到影响和得到激励后会自我领导，并富有创造力。校长在参加学习方面的决策时，对师生的学习任务分配尽量考虑师生的能力、兴趣和爱好，内容也不应很具体，让师生有一定的学习自由及较多的选择与灵活性。同时，校长自己积极参加组织学习活动，拉近与师生心理上的距离，对待师生主要应用个人学识、精神感化、威信，而不是靠职位权力和命令服从。

（2）平行领导。平行领导关系是指在组织内部的领导活动中，同一层次、同一级别领导者之间存在的一种横向人际关系，因具体事务的需要而改变原来的平级关系，转变为具体事务的领导主客体关系。在学习领导中，领导主体和领导客体因学习而导致领导角色转变，也因学习导致领导的组织结构和领导形式上发生变化，形成互相引领、互相促进的关系，学习绩效是领导力的重要标志，也是平行关系中发挥自己话语权的基本条件。这是一种“软”领导、“半显半隐”的领导，没有强迫性，但有互惠性。[1] 平行领导能促进教师领导和行政领导的关系，使学校的知识生产更活跃，学习氛围更浓。

在学习的不同时间节点上，领导地位会在团队成员之间循环，具备最多影响组织技能的优秀学习者将会得到领导地位，这称为共享式领导或分布式领导。当层级组织中同一层级的人合作解决一个共同的问题时，比如在综合性学习、课题研究、专题大型研讨活动中，因为这些来自于各个部

[1] 雷玲. 谁来办好每一所学校：9位名校长的办学智慧［M］. 上海：华东师范大学出版社，2011：83.

门的人并不一定是靠他们原有的职务权力影响项目中所有的人，而是根据活动项目的专业需要由平级或专业优秀的教师来担任临时领导，这是实现平行领导的具体体现和必要手段，因此而产生了平行领导。所以，“不管组织层级的职位是什么，现在各种组织的员工都必须学会领导技能，并能够在完成工作的过程中影响他人”[1]。平行领导作用的发挥，需要“领导者”有较好的人际协调能力和非权力影响力，注重协调同级关系，尊重平级，多看长处，少揭短处，不排斥，少责怪，牢记“静坐当思己过，闲谈莫论人非”的古训，严以律己，宽以待人。

（3）向上领导。向上领导指的是和职位比自己高的人一起工作，帮助他们和自己把事情干得更加出色的沟通方式和行动过程。中国台湾知名教育行政学者谢文全认为，“所谓‘向上领导’，是‘指组织成员为达成组织或自己的目的，善用其能力与优势来影响领导者与组织的行为’，也可以说是‘成员对上司（直属上司或更高层主管）产生影响的过程，以促其作出有利于组织或自己的决定’”[2]。由于学校学习来自于不同的学科，每一个学科都有自身的特点和价值，学校学习成就的不断提升，需要更多全方位的来自下面相应专业的高水平指导，学校领导者据此产生更具战略性的思考、更具说服力的沟通和更具决断力的行动。即需要下级对上级提供专业思想、专业技能和实践策略等方面的合理化意见，为学校领导的决策提供参考，改变既有的看法，变更已有的制度和措施，实现下级对上级的领导。在学习领导中，可以通过激励和营造宽松的领导环境，鼓励师生向上表达自己对“学习—领导”的观点、意愿，或劝阻学校领导在不会太晚之

---

［1］［美］乔伊斯·奥斯兰，［美］大卫·库伯，［美］欧文·鲁宾，等著.组织行为学（第8版）［M］.北京：中国人民大学出版社，2011：258.

［2］谢文全. 教育行政学（第2版）［M］. 台北：高等教育文化事业有限公司，2009.

前改变已有的思维观念和行为模式。教师可以向校长表明学习的内在需求、学习的评价标准、学习的预期结果，来推动和领导校长的学习；学生在学科学习、整体发展的过程中，可以把自身和同伴的学习需求和结果向上领导教师、领导校长。下属可以通过善意的沟通和积极的协调，既做到增进双方和解，淡化疑虑，消除误解，又能把校长或主管领导引向更加积极的方向，最终改变领导的决策，使事态发生转机。

被领导者在向上领导的过程中，需要有足够的学识、巨大的勇气、坚强的决心以及坚忍不拔的意志，因为这个过程可能会受到领导者的排斥，也可能会带来失败，轻则受到冷落、排挤，重则被降职。从组织管理学的角度分析，高深专业的知识一般掌握在专业技术人员（优秀教师）手里，在专业知识和技能被学校领导和其他教师认识的最初阶段，需要有一个被人们认识和接受的过程，特别是作为学校领导者的校长的认识、肯定过程。这些高深的专业知识和技能才能在校长决策中起到关键性作用。在学习方面，我们应清晰地认识到，“学习”和“专业学识”方面没有哪个是永恒不变的权威，应该用制度的形式鼓励师生员工勇敢提出建议并挑战失误；鼓励师生员工说出他们坦率的想法并称赞他们的做法。这样，在师生员工提建议及指出学校领导不足之处时，才会在态度上有一个显著的改变。

（4）互动领导。领导的实质是一种积极的影响过程，这种影响可能来自于被领导者或潜在的领导者，这种影响的结果是对组织产生积极的作用。

校长可以发挥领导作用，教师、学生也可发挥领导作用，只是在不同的领域所发挥的作用不同而已，每一个人的领导才能因为知识、技能的差异，可能不是被领导者或追随者所独自占有，谁先习得知识或技能，谁就拥有这一方面的话语权——领导权。正如斯内尔和斯旺森曾指出的："由于一些教师具有高水平的专业能力、合作、反映和授权感，因此他们变成了领导者，更确切的是被其他同事允许其领导"[1]。在现实中，教学水平高的教师容易有特殊的感召力和影响力。很多教师的权威来自于该教师的专业水平和道德素养，它能依赖专业知能为核心的多方面的品质发挥出专业领导的作用。教师领导者要有突出的专业水平，在领导别人教学和研讨中体现优越的专业能力，并使教师产生信服感。学生是学习的实践者，有自己的学习规律和学习需要，有自主学习的话语权，学生完全可以对自己和同伴的学习向教师，甚至是学校领导（包括校长），提出符合自己或组织学习规律的改进意见和建议，从而影响、改变校长或教师对学习领导的决策。学习领导的过程中，为培养每一个学习者的领导能力，校长、教师必须通过自身的言传身教，引导、感化每一个拟成为领导者的优秀学习者，在面对一些错误的时候，做到不回避责任，更不应该将责任转嫁到被领导者的头上，而是应该主动地去承担，方便时还应向全体学习者做公开的自我检讨。所以，作为一个领导者，应该把自己看作组织学习中的普通成员，应该认识到，学习方面没有权威，每个人只要努力就可能达到；一个被领导者，也不要自卑，完全可以通过学习提高自己的素养，以自己的真知灼见发挥真正的领导作用；无论是领导者还是被领导者，都可以在学习中互动互惠，给对方带来积极的影响，提升组织学习的绩效。

任何学校可实现的改善学习的变革，很大程度上都受到机构所在的社会政治环境的影响。因而，教育主管部门领导、家长等都承担了学习领导的隐性角色，他们的文化素养、学习价值观及对学习的关注和支持，对学

---

[1] Snell J & Swanson J. The Essential Knowledge and Skills of Teacher Leaders：A Search for a Conceptual Framework，2002.

习产生一定的影响。加强与学校外部的相关人员的互动，汲取他们有利于学习和学习领导的意见和建议，对学校领导者在学习方面的决策有重要的意义。

4.6.5 增强领导密度

领导密度是指领导角色由多少人分担，领导职责涉及的范围有多广泛。[1]因此，在一所表现出色的学校里，可从教师、发挥支持作用的职员、家长以及为学校工作的其他人、学生中找到不少的领导者，通过价值转移、赋权分责和人际影响，形成一个领导者共同体，增强领导密度。

现实中，校长对学生的学习领导不容易直接产生影响，还需通过教师这个中间环节来具体实施，这就需要校长与教师加强学习领导的工作交流，建立更加密切的关系，把学习的领导权充分与教师分享，共同承担学习的领导责任。同时，为了提高教师领导学习的绩效，校长还必须领导教师学习，促进教师专业成长。此外，学生的学习与家长对学生的学习引导有密切关系，通过家长对学生学习的正向引导，也是保证学生提高学习成就的重要因素。

（1）学校是教育的机构、学习的场所，通过教与学和人际交往来培育人和养育人，使一个自然人成为适应社会发展的社会人，使人能够体悟生命，在生命的历程中寻找到增加的幸福，拥有自身生存幸福的幸福感。学校领导的使命就是促进每一个成员的学习和发展，Lambert 等认为，学习与领导是一个互惠过程，通过这个过程，学校共同体成员能建构意义，并使这种意义的建构导向一个共同目的。这种领导理念通过人员之间的密切

[1] CRAWFORD M，KYDD L，RICHES C．教育管理：领导与团队［M］．黄婉仪，等译．香港：香港公开大学，2001：53.

沟通、情感的联结，促进学校共同体中成员信奉共享的价值，实现自我领导，然后再去领导他人。

（2）在学习价值理念的牵引下，领导者与被领导者以“学习”而类聚，通过情绪联结，领导者鼓励每一个被领导者都来参与领导，开掘他们的情感，激活他们的价值，赋予他们领导角色和鼓励他们将他们的某些权力授予他人，构建一个领导权力共享的团体。每一个成员“共同分担领导的道义和责任，努力促进学校的工作，而且要共同分担关心的道义和责任”[1]。这样，原来是个别人居于高位的单个领导，现在转化为群体成员共同承担责任和义务，也共同分享领导和决策，扩大了领导范围。

（3）构建扁平式领导结构（flat leadership structure），缩短基层与上层组织之间的距离，密切上下级之间的关系，积极探索集体领导与分工负责相统一的有效实现形式，让下级人员拥有更多的自主权，调动其积极性，使其有较强的责任感、成就感，在组织内部才能形成互相理解、互相学习、整体互动，共同思考、协调合作的群体，从而提高领导效能，使组织产生巨大的、持久的创造力。

（4）培养每一个学习者的探险意识，不仅是学习中的探险，而且在平行领导和向上领导中探险。罗斯特（Rost，1991）认为，这种探险以共享的理念作为权威的源泉，因而每个人首先是追随者，而当任何人主动实行领导的时候，追随者身份便重新定义为领导者身份。在探险中，领导者和追随者互相把对方视为可靠的人，谁的基础好、理解力强，谁就有领先的话语权，每个人都能分享、引导、鼓励复习慢的教师或领导，为了整体提高，将来拥有更多的学习伙伴、志同道合的人，因此谁都乐于接受领导，

[1] ［美］托马斯·J. 萨乔万尼 . 校长学：一种反思性实践观［M］. 张虹，译. 上海：上海教育出版社，2004：190.

而且不管这些领导学习的行为出自哪一方。萨乔万尼在1994年的《建设学校共同体》中称，学校的所有成员在共同体中寻求目的和意义。学习者能够因为对学习价值的认可，为团队学习提供智能而成长为团队学习的领导者。

4.7 学习领导的维度

4.7.1 校长自我领导学习

自我领导，就是自己领导自己，这是领导、组织他人的前提。在学校情境中，校长既是学习者又是学习的领导者，“领导者主要任务和职责就是采用各种方式方法把被领导者培养和造就成为领导者，使他们具有高度的责任感和自我控制能力，自觉努力地工作，使被领导者由过去的‘要我做’变为‘我要做’”。[1]所以，作为学习者的校长，最重要的学习就是学习自我领导，最重要的领导能力就是自我领导能力。自我激励，自我动员，自我规范，自我促进，大胆变革，持续发展，这是作为一校之长必须具备的基本素质。特别是校长肩负着的并不是他自己个人的成功，而是孩子的未来、家庭的重托、民族的希望和人类文明的延续。聚焦于学习的领导方式，必须让“学习成为生活需要”，使“读书成为生活方式”，用扎实的学习行动，带领全体师生员工通过学习阐释学习本身的意义和生命的价值。

（1）明确学习目的。校长学习不但是成就自己，更是成就师生、成就学校。校长应该认识到学习的重要性和必要性，唯有通过学习，才能不

[1] 汪来杰.中西方视域下的领导理论［M］.开封：河南大学出版社，2010：33.

断地获得新的知识、新的观点、新的能力，以致促进校长专业成长和学校发展。① 确定学习方向。校长的学习活动是校长专业成长的重要内容之一，校长的学习应该与校长的教育理念、办学思想和办学目标紧密联系在一起，并在积极追求新的办学目标的过程中不断加以调整、完善，从而提升学习效益，提高理论、领导水平。学习目标的设定可以以实用性、发展性和创造性为出发点，通过学习解决具体的问题，通过学习并带领教职工实现办学目标，通过学习实现教育理想、走向幸福人生等作为学习的价值追求。② 解决实际问题。一般来说，校长任职都有一个任期目标，在校长的任期目标内，自身和师生的发展、学校的办学水平需要达到什么程度，需要校长认真学习学校的办学历史、了解地方的风土人情、思考学校发展的方向，才能结合校长自身的经验和教育现代化发展的要求，在原有的基础上进一步提升学校的办学品质，否则劳民伤财，耽误师生有限的发展时机，有悖于“校长”这个称谓。对于学校出现这样那样的新问题，其实就是校长学习的起点，就可以以解决这些新问题作为学习的目标。

（2）精选学习内容。一是知识性学习。知识是人的素质的基础，只有具备了一定的知识、能力及其他各方面的素质才有提升的可能。“校长的个人知识、教育学科知识和学科背景知识是整个校长知识结构的基础，是校长获得权力和权威的基础，在这个基础上校长进一步掌握与管理有关的经济、法律和政策知识，形成校长的管理学知识群。在管理学知识群的基础上校长应掌握政治理论、国情和组织环境、管理心理学、学校组织气候等知识，形成校长的领导学知识群。当两组知识群形成以后，校长对其进行整合、提炼成校长对教育发展方向和趋势的判断和把握以及校长的管理伦理和管理哲学，最后形成有个性的校长知识结构。”[1] 二是反思性学习。

[1] 朱伟．中小学校长的知识结构与学习的改善［J］．教育学术月刊，2010（1）：67.

反思是一种自省式的学习。校长作为知识的实践者，在学习过程中积极反思并对所有知识进行批判性思维，可以更好地构建有特色的个人知识系统。这样，校长不只是消化新知识而是去建构新知识，由知识的消费者变成了知识的创造者和生产者。校长作为领导的实践者，在领导过程中积极反思并对所有领导行为进行批判性思维，通过自我反省、与他人的交流、与理论对照、课题研究等建构成熟的领导体系。这样，校长不会被已有的思维禁锢，不断创造新的学校领导范式。三是研究性学习。在学校发展过程中，必定会遇到这样那样的问题，校长要找准解决问题的切入点，时刻把握问题的动向，校长可以以课题立项研究的形式，学习前人的经验，探寻解决问题的方法。四是研修性学习。在专业理论学习、工作反思和课题研究的同时，积极参加省、市级的校长高级研修、专题研修，从同行那里学习优秀的办学经验，检讨自身工作中的得失。校长在深度学习和实践探索中提炼自己的教育思想，深化、细化办学理念，形成自己对教育和办学的独立思考和判断，并加强问题性学习、研究性学习、批判性学习，做到学有所悟、学有所成。

校长也许是某一领域或学科的专家、权威，但是相邻的领域和学科不一定比其他干部或老师熟悉。特别是“知识经济时代的到来使得知识总量空前膨胀，知识半衰期不断缩短，知识细化趋势日趋明显，传统的领导者角色已不能很好的适应新经济时代的领导工作”。[1] 因此，新时期下的校长必须学习新的教育和领导的知识和理论，新的知识和理论与校长所秉持的理念一起共同作用于校长的领导行为和管理实践。建构主义领导观认为，领导是通过意义和知识的建构、参与和反思过程来学习的，领导的功

---

[1] 魏磊，陈大超．论校长的学习领导者角色[J]．牡丹江师范学院学报（哲学社会科学版），2006（1）：79.

能就是让人们参与到开创学习条件的过程之中，以形成领导与管理的共同基础。[1] 作为校长，必须加强学习专业之外学科的基本知识，熟悉本学段中教与学的基本要求，结合本学科专业知识或跨学科的专业知识来引领师生，这样才能造就一个能领导学校学习的学习领导者，为学习提供相应的服务。

（3）合理安排学习时空。对于校长来说，学习时间是最宝贵的，如果学习时间得不到保证，学习目标就不可能实现。在思想上，校长要把学习当作工作、生活中的重要组成部分，把完善、享受教育人生的终极追求，充分认识到学习是为了生存和发展，变被动的学习为主动的、自觉的、积极的学习。在时间比例上，以一周为单位，校长工作时间比例应该是：抓教育教学为主，处理行政事务其次，抽出一定的时间参加会议及处理社会关系。在下班后和节假日的时间安排上，每天坚持抽出 2 小时的学习时间，每年暑假用于读书、研究、写作的时间不少于 20 天，寒假不少于 10 天。在事情处理上，对既重要又紧急的事情优先安排，紧急但不是特别重要的事情其次，重要但不紧急的事情安排再次，对不重要且不紧急但一定要做的事情安排在最后。在技术处理上，编写每周或每月工作行事日历，详细安排好学校和自己的工作、生活和学习时间，也可以借助谷歌日历的“日历共享”“短信提醒”的功能，管理各种事项和活动。让自己和教师都知道各项工作的时间安排。在具体行动上，每周对学校工作和自己的工作做一个整体规划，知道先做什么后做什么，做事有明确的框架或线索，在安排新工作之前结束现在的工作，不能拖延和占用已经安排好的工作时间。

---

［1］　程晋宽．建构主义学校教育领导观述评［J］．外国教育研究，2006（4）：49.

4.7.2 领导组织学习

校长作为学校的主要领导者，除了要加强自身学习之外，一项重要的职责就是领导、推动学校个体和组织的学习。郝德伯格（Hedberg）[1]认为：组织学习通过个体学习而产生，但组织学习不是个体成员学习的累加，组织没有头脑，但他们有认知系统和记忆，当个体发展他们的个性、个人习惯和信仰时，组织发展它们的观点思想，组织不只是被动地受个体学习过程影响，而且可以主动地影响其成员的学习。组织学习是发现问题和解决问题且不断创新的系统过程。因此，对组织学习的领导，一般采取以下措施：

（1）协商学习目标。学习目标是组织学习的基本导向，也是实现学习目的的必经途径。一方面，可以通过校长及领导成员与教师、学生开展会谈，理解个体和组织学习的愿景，分析目前的基础和通过努力能达到的程度，哪些方面的学习对于组织战略目标的实现影响巨大，哪些方面的学习对于组织未来的发展影响巨大，应该如何增强哪些与品牌学校相比最弱的知识或技能，为实现组织的战略目标，应该安排哪些学习内容，怎样安排组织的学习进度等。另一方面，坚持以人为本，做到个性与共性相融合，将组织学习可能达到的目标与个人可以达到的学习目标融为一体，明白师生该学习什么，解决哪些学习问题，如何促进组织学习，最终达到学习目标——既成就个体又成就组织的和谐统一。

（2）确立学习计划。凡事预则立，不预则废。学习计划是实现学习目标的路线图，无论是个人还是组织，为达成发展的愿景，都必须先制订学

[1] Hedberg，B. How Organizations Learn and Unlearn [M].Handbook of Organizational Design. Oxford：Oxford University Press，1981：3.

习计划，让计划指导行动。首先，校长应有制订计划的动力，在制订计划时能考虑到学校成员的知识差异、能力差异和时间差异，以便整体推进计划，同时还要给计划预留调整和补充的空间，以便在执行计划过程中能根据实际发生的情况做出及时的判断和处理。其次，校长及领导成员都必须以学习者的身份参与到计划的学习中来，分析计划的每一个细节，落实每一个细节的具体任务和采取的手段，为临时发生的变化或新技术使用预留时间和空间，以保证计划执行的主动性和灵活性。最后，个人学习计划可以适当超出组织学习计划，以通过个人学习目标的实现使组织学习的目标更加符合学校整体的需要。

（3）落实具体行动。行动以计划为纲，以实践探索为本。根据学校选择的综合性学习项目要求，以领导个体学习来推动组织学习。一是校长带头按照学习计划开展学习，以自身的行动示范、带领、激励师生学习，同时按照学习的需要在经费、时间上能给予充分保证。二是领导教师学习，主动为教师的学习排忧解难，并引导教师反思和改善自身教与学的行为，养成自我约束、自我完善、高度负责的职业习惯。三是领导学生学习，鼓励学生在学习上尽量的表达出自己的思想和感情，分享有价值的学习信息，乐于去帮助学习有困难的同伴，积极开展合作学习，实现共同进步。校长在自己的学习和领导师生学习中，激发创造性的思维，增强师生对校长和其他学校领导的信任感，还可以从师生中获取改善领导行为的信息，使校长有效地领导组织学习。

（4）提供学习支持。由于现代人的学习、生活和工作越来越依赖于计算机和互联网，完善学校网络学习的软硬件建设是领导师生高效学习的关键。校长应以高度的责任感担当起学习服务者和学习促进者的角色。一是尽可能开放图书馆，降低借书的难度，做到既能满足师生个人借阅又能满足班集体、学科组同读一本书的需要。二是建立学习资源库，把互联网的海量资源与学校的成果资源、教师开发的资源结合在一起，包括了文本、图片、音频、视频、动画等各种类型的教与学材料，同时开展网络技术的学习培训，以实现资源的共享和交流，提高学习者的学习和管理效率。三是尊重学习者的学习感受和需求：支持教师专业学习，为使教师有时间和机会分享彼此教与学的经验，校长尽可能安排教师都能腾出来的时间和空间，增强教师学习凝聚力和向心力；支持学生开展主题阅读、专题探究、校外实践等，校长和教师以参与者的角色，为学生提供学习服务，激发学生主动学习的热情，并满足学生评价、奖励的需要。四是帮助师生建立学习小组，推选学习小组领导人，指导小组领导人带领小组成员确立每次学习的主题，引导师生积极参与、热烈讨论，交流和分享学习成果，尊重、保护学习者个人的学习隐私。

（5）塑造领导文化。学习领导成功的表现在于是否形成了良好的领导文化，学校成员拥有共同的愿景和价值观，相信通过学习能达成个体和组织发展的愿景，相信通过领导能提升学习的成就。在学校情境中，每一个成员能真正运用反思、倾听、对话、分享等方式来支持合作学习、共同领导，营造良好的学习领导氛围，塑造良好的领导文化。

关于积极反思。为保证学习的质量，学习者通过一段时间的学习之后，都需要回顾自己的学习过程、检查学习策略、检验学习结果，如学习方法是否恰当，学习手段是否正确，学习思路是否清晰，学习目标是否实现等。教师通过学习反思，加强与同事、专家或领导之间的横向交流和纵向引领的互动，学会对学习活动过程中所涉及的事物、材料、信息、思维、结果等方面客观的、理性的认识、判断、评价。教师通过学习反思，能对自己的教育观念进行有效地调节，改善自己的教学行为，并结合自己的教学经验，优化教学设计，促进学习的真正发生，增强教育研究和教育评价的能力，强化信息技术与课程的整合和设计能力，更新教学观念，最终形成教师个人化的、独特的、带有新质特征的教育核心竞争力。学生通过学习反思，总结经验、提炼方法、优化探索、深化延拓等，对存在的问题进行认真地分析，找出问题的根源，以批判的眼光反观自身，培养自己的反思意识、反思习惯和反思能力，增强自我认识、自我评价、自我对待以及自我改造和发展的能力。学生通过学习反思，明白自己的学习需要，创造学习条件，从而调整自己的认知结构，提高元认知能力，使之学会学习。

关于主动倾听。倾听是领导者或教师对学习者的尊重。领导者主动倾听，能让学习者敞开心扉诉说，了解学习者的心声，学习领导者也能在倾听别人的诉说中倾听自我。无论是领导还是教师，在学习领导中，应以人度己的方式主动倾听，从学习者微妙的表情变化中、喃喃的低声细语中、细微的肢体动作中，去感知学习者学习的困惑，学习领导者可以针对学习者当前的现实的困惑，把握教师在专业发展及学生在课程学习中的思考路径和特点，与学习者一起体验思考的痛苦与惊喜。为提高学习领导的效果，倾听者在倾听中应尽量将倾诉者的意思进行复述，以真实了解倾诉者所要表达的思想，将获得的信息进行思考和评估，为作出正确的决策提供重要参考。同时，倾听者在倾听中注意发展自己的思维能力、判断能力，学会倾听，学会表达。然后与倾诉者一起多层次多角度地分析人与事，让倾诉者感觉到特别的关注，拉近彼此之间的距离，实现共同思考、共同学习、共同成长。

关于加强对话。对话既是一种学习方式，又是一种领导方式。这是领导与师生间心灵的交流、思维的碰撞、知识的构建与分享、解决对学习的偏见带来的负面影响的有效途径。对话，能充分了解学习者学习、发展的方向与可能，以便给学习者提供可选择的建议，不强制学习者的发展。通过对话，帮助领导者了解学习者的内在需要或兴趣，以便纠正学习者心中存在的很有可能是不健康的，也有可能不适应社会发展的需要、想法和行动。一是领导者通过主动与学习者开展对话，了解学习者的思想动态，对在沟通和交谈中学习者所展示的零散语句、松散思想进行概括，分析学习者的学习需要和企盼，提炼出为大家所接受的领导观点，从而更新领导理念，转变领导方式：由英雄式的领导方式向平民化的领导方式转变，由指挥控制向平等尊重转变，由被领导者的追随服从向发挥自主性和创造性转变，从而保证学习者的学习热情和达成学习目标。二是围绕学习的“问题”，创设民主与平等的话语空间，通过群体互动和个体深度会谈，充分挖掘学习者的内在潜能，使双方都能从中获取有益的学习信息，积极改善学习关系和人际关系，从而培育师生的学习参与意识，唤起共同学习的热情，能在对知识的批判和创建中去创造性学习。

在学校组织中，学习与领导是合作学习、共同承担责任、一起构建学校知识和新的领导意义的实践过程。在学习领导过程中，对话能架起学习者与领导者、学习者之间及学习者与他人之间的沟通桥梁。加强对话，为学校成员理解学习、理解领导提供了一个难得的视角，学校成员能在对话中理解他人的世界、善待他人、重塑自我。

关于支持分享。分享是指个体将自己的学习心得体会与他人共同享受，给大家带来的欢乐、幸福、价值等，也是实现学习领导角色分配、权责分担的重要途径。在学习上，一方面，可以引导教师将外出参加培训和学习中的学习心得体会，做成精美的 PPT，把个人的学习成果进行广泛推广，这既锻炼了教师的文字组织、语言表达和信息技术能力，又提高了教师学习的成就感。同时，学习先行者和学习后来者，可以根据不同学习任务进行角色轮流互换，保证组内异质成员自然地分享领导，共同承担责任。另一方面，鼓励学生与他人分享，分享学习是一种有效的快乐学习方式，比如与同伴分享一本好书、自己的习作、好的学习经验等，能使学生体验到“赠人玫瑰，手有余香”的美好感觉，更加积极地投入学习，并在老师的有效指导下更加深入地学习，变得聪敏，提高学习的有效性。

（6）鼓励参与领导。参与是强调学校成员对“学习—领导”的相关事情整个过程的介入，学习领导必须唤起学校成员的参与意识，使学校每一个成员都明白参与是其权利且能为他们带来益处。首先，组织学习是每个成员整体配合与实现共同目标优化过程和提升组织能力的过程，参与对组织学习的领导，能使学习者达成组织学习的共识，理解组织学习的意义，提高个体对组织学习目标和价值的认知，这是组织发展的核心动力之源。也只有使领导和师生对组织学习过程的组织和学习目标的实现产生强烈的责任感，愿为学校发展目标的实现而积极学习、努力学习，才能增强组织学习的凝聚力、应变力和创新能力。其次，“学习—领导”的作用过程，必须强化全员参与意识，落实学习者的主体地位。领导者必须充分考虑不同学习者的学习心理及其认知的内在规律，在具体操作中才能运用相应的领导方式，将学习者由活动的客体变成了主体，学习者由学习过程的被动接受者变成了主动参与者、知识的探求者，从而增强学习领导的操作性和可行性。学习者能够在参与中自觉学习、主动研究，在参与中学会学习、学会创新，并经由学习者之间交流的互动作用和情境探索的学习，提高学习的积极性和自主性。再次，在学校学习社群中提倡“做中学”，营造学习者互相交流、互相启迪、互相补充、互相修正的学习氛围，让学习者在学习中积极主动与同伴开展双向交流，并指导学习者在倾听、对话、分享和反思中认识自己、认识他人，使学习和思维活动得以全面展开，提高学习者学习的自主性、能动性，形成人人学习、自觉学习、共同学习、终身学习的群体效应。最后，创造有助于学习者的互动条件和情景，发挥学习者自身经验的价值，激发学习者领导学习的内在动机，通过学习者之间的对话协商，不断解决组织学习的领导问题，推动组织变革和创新，提高个人、组织心性，形成核心竞争力。

4.7.3 领导教师学习

领导教师学习的目的是为了促进教师的专业发展，理解教育发展的内涵，使教师更聪敏地工作。教师在校长的引领下走向自主学习，终身学习，能自觉分担学习领导的权责，共同构建学习领导文化，推动学校的健康发展。

（1）领导精神感召。校长带头每天坚持读书、学习，珍惜一切可以学习的机会，谦虚地向可以学习的人学习，竭尽全力整合一切可以学习的资源，虔诚地为全校学习服务，这种学习精神和学习服务对组织和成员的示范性和号召性是最强的。古语说："其身正，不令则从；其身不正，虽令不从。"校长乐于学习、愿意接受一切新的东西，不断地自我更新、自我完善，能够做到工作学习化、学习工作化，并愿意帮助每一个教师学习，协助教师建立学习社群和小组，解决教师学习上的各种困难，使教师的学习得到精神上的鼓励。校长鼓励教师在学习中加强深层次对话与讨论，引导教师逐渐转变其原有的学习思维模式，培养团队学习和自主式领导学习精神，并促进学校领导干部学习的氛围，使教师们在得到领导与同事们的互相鼓励中，体会到学习和领导的意义。

（2）共筑学习愿景。学习是扩展自我创造的能力和开发自我思维的有效途径。在学习社会中，“我们正在做什么”、“我们要走向哪里”和“我们需要什么条件才能做得更好”等问题，关系到师生和学校发展。一方面，校长可以将教师的上述问题归集起来，找到问题的突破点或切入口，通过宣讲“合作学习、共同领导”的学习领导愿景，激励教师，相信“如果每一个教师坚持做到深度学习，我们就能解决自己的困惑，并能得到整体提升”，并让他们清楚“一个人可以走得很快，一群人可以走得很远”、“我们可以通过网络向一切可以学习的人学习”，领导他人学习能使自己更加深入地学习且能提升自己的学习领导能力。另一方面，指导教师运用态势分析法（SWOT 分析）剖析自己的优势、劣势和机遇、挑战，结合学校发展的愿景自主制订个人发展计划，描绘自己美好的未来。并在恰当的时机开展全校性的个人计划交流，增强教师对学习可以重新塑造自我、实现学校发展愿景的信心。

（3）明确学习价值。对教师来说，学习是教师生存的基本方式，是解决本领恐慌的推动器，更是实现人的现代化和美好教育人生的根本途径。校长可以通过与学科组或部门成员的会谈，帮助教师分析学习专业知识、技能的作用与意义，让教师加深对教育的理解，更聪敏地工作。一是终身学习社会决定了教师为生存而学习。学习能够掌握新的知识、技能和本领，自我完善、自我发展和自我提高；学习能使教师的日常生活在精神上变得更加充实，夯实文化底蕴和增添生活情趣，又能丰富人的社会知识和阅历，增强社会适应能力，对未来具有远见和敏锐的洞察力，还能提高应对人生问题的技巧，从而适应未来社会的发展。二是教师的专业身份决定了教师为教学而学习。通过日常学习，既能提高知识与智力水平，使人变得聪明睿智，又能提升人的道德境界，完善人格形象，减少狭隘与偏见；通过深度学习，既能转变教育教学观念，重新认识终身学习社会学生是学习的主体，又能习得现代化教育手段和教学方法，提高自己的教育教学能力，给同事带来积极的影响；通过学习的“以身示范”，既能塑造新时代教师的新形象，用更完善的人格魅力去熏陶与感染下一代，又能培养热爱学习、主动学习、终身学习且能引领同伴学习的学生。三是教师为做更好的家长而学习。通过学习能充分认识到作为一个教师与作为一个家长的异同，在家庭生活中，教师必须多向自己的孩子学习，学习从教师的角色转变为父母的角色，学会如何培育孩子做人的自信心及做事的同理心，学会欣赏孩子，学会激励孩子，学会呵护孩子，学会等待孩子的慢慢成长。在此过程中，能更加清晰地认识到，作为家长教给孩子的更多的是生活经验和学校教育之外的实践技能，而不是考试知识。

（4）搭建“学习场”。其目的是搭建合作学习、思想交流、行为互动的平台。我认为，校长策划教师之间的合作学习，重点在于精心策划“学习场”：一是研讨型学习场。主要活动地点在教室，是教师们对教育教学实际经历理解和系统化的过程，也是教师们向他人和实践学习的主要阵地。二是沙龙型学习场。主要活动地点在校内的名师或名校长工作室，教师们在宽松的环境中对教育教学问题展开讨论，往往会闪现出更多的智慧火花。三是展示型学习场。主要活动地点在学校提供的教学展示平台。校长作为教师学习的规范者，就要为教师提供各种年级组会议、教研组研讨、课题研究、学生教育专题经验交流会等，通过教师现场的提问、质疑、对话与交流，教师隐性知识才能逐步显性化，从而逐步被教师群体共同理解和运用，让教师意识到从更大背景中反思自身的教学行为与价值观。四是网络型学习场。主要是建立了不同的学习社群，有德育干部群、班主任群、学科教学群、硕博交流群、名师成长群等，便于校内外的新信息、新经验、新成果的分享，人人都可以在群里发表自己的看法，教师在广阔的平台上尽情述说、尽情交流、尽情分享，已经把“群”当作群成员的智力“角斗场”。

（5）开通多元领导渠道。主要包括：

一是建立与大学合作的学习社群。邀请专家、研究员、名师等对教师专业知识方面的学习进行纵向引导，形成一个立体的学习社群。建立这种社群的“根本目的是通过领导学习，让学习者在大学和学校各自专长的领域中为专业学习开展出多种新的可能性”[1]。校长在这样的社群中是一个助学者和学习服务者的角色，并尽相关的领导和培养专业人员成为学习领导者的责任。这样的社群能“接天连地”，专业人员都能拓展学习的范围，都有机会引领他人学习，帮助他人深刻地认识和正确地解读学习的内容。同时，专业人员能根据具体的教育教学实践存在的问题作出正确的判断，帮助教师找到最高效的办法解决实际问题，为教师的学习和研究指明方向。这样的社群充分体现了每个教师都是学习者，也都可能成为学习领导者的社群特征。

二是建立项目学习小组。这种小组是以课题、专题为运作方式，对教师专业技能方面的学习进行横向引导。它通过教师之间共同协商签订学习协议，明确教师各自的学习权利、义务和目标，达到学习目标的措施、方法，学习活动进行的时间等内容，并以此对学习活动进行组织、实施、监测和评价，这是一种无“领导”的组织学习方式。一方面，学校为项目学习提供场所和各种资料，校长以旁观者或团队学习参与者的身份，具体参与到项目的课堂或学科研究小组中，不以行政手段干涉学习的任何事务；另一方面，由项目学习小组推荐出教师代表或轮流做专题，让教师在此过

[1] COLLINSONA V. Leading by learning，learning by leading [J]. Professional Development in Education，2012， 38（2）：247-266.

程中自然地承担学习领导者的角色，更贴近实际地引导教师互相学习、共同探讨、共同进步，引领教师发展专业。

三是开展校际联盟。意在通过学校行为，以举办校际活动的形式，整合性质相同、实力相当、志趣相投兄弟学校的学习资源，给教师提供一个更大的学习、交流的平台。① 校长在联盟活动中，尽力做一个称职的助学者，鼓励教师积极参与，为教师提供联盟活动的相关服务。② 开展诸如“同课异构”式的交流活动，培养教师在不同情境下的组织能力、协调能力和专业引领能力，让教师在此过程中更加关注人与人之间的思想融合，并以此丰富教师的教学生活，促进教师专业成长和专业领导能力的提高。③ 开展网络协作，联盟学校共同利用互联网技术，建立联盟平台（项目资源库）、电话、QQ 群、微信群，通过“虚拟”通道关注在不同学校间教研活动的差异性，相互利用这一差异开展教育教学联合互动。通过对不同学科微课程教学资源的开发、利用和交流，实现优秀教育资源共享、观念和改革措施的更新、教育教学的优势互补，促进各校教学目标和学习目标的完成。更重要的是籍此促进教师从单纯的教授者，变为主动学习者、合作者、联盟学科的学习领导者，以推动教师专业知识的自我更新和继续拓展。④ 通过联盟学校把相同岗位的干部集中起来，就分管部门或岗位工作相互交流、互相学习，为中层干部丰富工作实践经验创造一个沟通、学习平台，提升干部的综合素质、岗位能力和服务学习的质量，实现学习领导和管理的高位提升。

四是开展综合性项目学习。综合性项目学习是指适合不同学科、不同年级教师，在有限的学校时空范围内，通过个体、团队学习能够实现共同价值的一系列任务。它以明确的目标为导向，在特定时间和限定资源内依据规范完成项目任务，是集“学研训”一体，知识、技能获取最好的学习方式，也是最适宜培养学习领导者的一种学习形式。“学研训”共同体是指院校协作中双方人员形成的学习、培训与研究的专业发展场域或共存世界[1]。综合性项目学习是在学校的主导和专家的帮助下，给学习者创造一个成为学习领导者的空间，校长和专家可以运用领导技术让基础好、悟性高、学习快的师生去帮助底子薄、反应慢、学习有一定困难的师生，让他们在解决师生学习、研究、实践等问题的过程中，培育起担当意识、责任意识，从而提高学习的领导能力，逐渐成为学习领导者。同时，鼓励师生自觉地开展合作学习，在合作学习中创设共同领导的情境，以提高综合性项目学习的效益，丰富学习领导的内涵，形成良好的学习领导文化，推动学校的整体发展。

五是帮助教师在职进修。在职的学历学位进修，对教师来说需要很大的勇气和克服很多的困难，为了使教师的专业发展更快、工作得更聪明、培养更多自主学习和终身学习的学生，激励教师在职进修是培养学习领导的长远战略。一方面教师通过在职进修能重新回顾教育教学的基本理论，结合工作实际反思自身教与学的得失，加深对教育内涵的理解，主动为适应教育发展的未来去完善自己的知识结构，提高教育技术。另一方面，在教师进修期间，引导教师学以致用，鼓励教师结合学科教育教学中存在或发现的问题开展实践性研究，学校提供学术资源下载的渠道和技术，让这部分教师带动其他教师开展专业学习，共同创建先进教研组。

4.7.4 领导学生学习

学生今天的学习，是为了明天的生存和发展。学校的责任在于为学生

[1] 杨甲睿.互惠性教师专业“学训研”共同体创建的行动研究[D].华南师范大学，2013：24.

的将来发展提供必备的储备。[1]学生学习，主要是来自他人的影响和引导，校长将学习领导理念转化为教师的具体行动，让教师在引导每个学生在重要领域都具备基本学习能力的基础上，建立学生学习共同体，指导学生全力以赴，积极主动地去发展自己的潜能，获取提高智能的学习方法，提升学习成就。

1. 建立学习共同体

"学习共同体"是一种学习环境、一种教学组织模式，是在对传统学习理论进行反思和批评的基础上，人们对什么是"学习"的"隐喻"发生变化的认识。继"学习是反应的强化""学习是知识的获得""学习是知识的建构"之后，以维果茨基为代表的心理学理论提出了"学习是知识的社会协商"，莱夫和温格又进一步提出"学习是参与实践的共同体"等一系列著名的论断[2]，促使我们对现有学校学习和教学制度的反思。黄甫全教授认为，"在新的学习隐喻下，学习不再是对知识的被动的加工，知识也不再是真理的表现；所有学习都是学习主体在与具体情境的复杂互动中主动进行知识习得及其意义建构的过程"[3]。我们认为，学习共同体是在教学过程中，是为完成真实任务 / 问题，师生之间形成的一种民主、平等、合作的关系，通过师生相互依赖、探究、交流和协作而形成的一种学习方式。对于学生而言，学习共同体即以小组为单位的学习团体。但是，在学习领导模式下，学习共同体是师生在民主、平等、合作的基础上，通过师生互动、生生互动形成的一种学习团体。

平常的学习共同体学习，有以下几种方式：① 在学习共同体中，学

[1] 董君武，等. 学校变革与教育领导 [M]. 北京：北京大学出版社，2010：113.
[2] 高文等编著. 学习科学的关键词 [M]. 上海：华东师范大学出版社，2009：7-8.
[3] 黄甫全主编. 小学教育学 [M]. 北京：高等教育出版社，2007：21.

生们成为“学徒式的学习者”，他们学习怎样思考和推理，怎样在别人的帮助下达到个人或小组目标。[1]因此，教师应为学生的学创造条件，弱化学生的自我中心意识，让每一个学生享有校内教育公平，即享有教育时间、教育资源和参与各项教育活动的均等机会，从中学会相互关心、取长补短，共同提高学习成就；② 教师帮助学生确立清晰而富有挑战性的学习目标，引导学生把大部分精力聚焦于自己所定下的目标，教师在课堂教学中运用各种方法在课堂内外创造机会，并引导学生掌握最适合自己的学习方式、方法，学会自主学习，为学生的持续学习奠定基础；③ 构建一种团队化、合作化、自主化的教育模式，即把学生组织起来，以团队或小组的形式共同学习，指导、帮助学生在掌握基础知识的前提下共同开发，在开发过程中深入学习，并包容和接纳多元文化，发展社会技能；④ 开展体验学习，把学生置于现实的环境中，让每一个学生从充分了解自己开始，正确认识自我，正确面对成绩与挫折，充分挖掘自己的潜能，让不同性格特质的学生学会正确规划自己的未来，快乐学习、快乐生活。

学习领导模式下的学生学习共同体建设，关注的重点是学生的有效学习，要求作为学习领导者的教师必须承担起观察学生、了解学生、研究学生、辅佐学生的新角色，并要以适当的方式将这些角色落实到课堂教学过程中。了解和研究学生是实施学习领导的前提，只有在真正的交往中才能更好地发现学生、了解学生，调整领导学习的方式，促进学生掌握知识，并“内化”知识。教师在课堂教学中能否让有效学习持续发生，应该充分考虑到学生由于基础不同、个性不同等情况带来的差异，关心每一个学生的学习状况，为学生解决学习困难，才能使有效学习发生。教育是一

---

[1] ［美］Priscilla Norton and Karin M.Wiburg. 信息技术与教学创新［M］. 吴洪健，等译. 北京：中国轻工业出版社，2002：227.

个慢功夫，学生在课堂上学习到的知识，需要一个内化过程，对于基础差的学生来说，教师需从这些学生的外部和内部两方面因素进行了解和研究学生、体谅学生，善待学困生。有效学习发生，一方面要注重引导学生对学习内容进行主动的认知加工，将学习内容与已有的知识联系起来，另一方面教师必须帮助学生对学习内容进行分解、重组，帮助学生弄清知识的脉络与学习内容的联系，以更好地掌握学习内容。学生已有的知识储备、经验背景以及对知识学习方法的运用等，也需要教师在学生学习新内容的过程中加以引导，学生能在教师的引导下对学习内容主动地进行加工、整理，并帮助同伴理解新的内容。

2. 实施有效教学

有效教学包括教的有效性、学的有效性和教与学之间交互的有效性。教的有效性是指采取方向性、发展性的教学策略，激发和调动学生的学习自觉性、主动性和积极性，使学生领悟学习、学会学习；学的有效性是指学生激励自己勤于思考、自主探究、合作交流，发展自己的创新思维，懂得自主学习；教与学交互的有效性是指在单位时间内（一般是 40 分钟）教学相长，教师能准确地把握教学重难点，同时学生能获得愉悦的学习体验。有效教学不但教师要改变传统的教学观念和方法，加强专业理论、技能的学习，发展自己的教学个性，还应激发学生的学习兴趣，选择学生熟悉的生活事件、知识情境来调动学生的学习主动性和积极性，让学生切实地在有效的教学时间内学到有利于自己发展的知识、技能，并学会学习、主动学习，提升自己的学习技能。有效教学基本的方法之一就是对学生的学习领导，即通过教师细致的规划、设计及积极的引导，学生能高效学习。我们可以从学科知识、方法、价值的和整体掌握的角度领导学习，大胆推进微课、慕课等现代方式教学，运用翻转学习的理念推动教与学的变革，促进和实现知识与技能，过程与方法和情感、态度、价值观“三维目标”的全面、协调发展，使学生由被动学习向主动学习、单独学习向合作学习、正规学习向全方位学习转变。

在有效教学的探索实践中，学校领导可以借助网络、测量技术和计算技术，向学生、教师提供学习诊断，从心理、生理、学习环境、人际关系等方面分析学习者的知识掌握过程和表征，将此结果恰当地向学科教师、学生本人和家长提出有针对性的改进或补救建议，以尊重学生之间的个别差异，尊重学生的个性，并为改善学习提供必要的心理支持和相关的工作协调。同时，我们主张教师在教学中引导开展探究性合作的学习，发展学生的整体思维、批判性能力，使学习成为一个探索和发现的过程，一个批判性思维能力提升的过程，而不是向学生灌输一些特定知识及让学生复制知识的过程。

此外，为了培养更优秀的学生学习领导者，也可以运用“颠倒教学”方法来激发学生的好奇心和求知欲，挖掘学生的学习潜能，培养学生的主观能动性，提升学习的喜悦感和成就感。这种方法就是鼓励学生先学会一些课外知识或技能，请这些学生做“教师”，让“教师”给班里的教师和学生“上课”，同时给这些上课的“教师”提供教学器材等方面的服务，给予相应的精神鼓励，如可以减少作业量、增加综合素质分，可以选择自己喜欢的内容作为自己的作业（包括“玩耍”）等。这种方法培养了学生的学习自我判断能力、自控能力、认知能力等个性，是一条激发学生自主学习、创造性学习的有效途径。

4.8 评价系统

学习领导的方向聚焦于学习成效的提升，又把领导行为的改善作为重点，因而学习领导的评价系统既要评价学习成效又要评价领导成效，还要评价学习领导这种学校领导方式，这样才能保证学习领导模式的运作更加稳健、高效。

在学习评价方面，英国教育研究协会领衔下组成一个“评价改革研究小组”（Assessment Reform Group），在研究的基础上于 2002 年提出新的学习评价理念，即“为学习的评价”（assessment for learning），评价目的在于改进和提升学习者的学习和引领课堂教学实践革新，提出了“为学习的评价”应该遵守的十条原则：（1）应该是有效教和学计划的一个组成部分；（2）应该聚焦学习如何学习；（3）应该是确认课堂实践活动的核心内容；（4）应该是教师需要掌握的关键专业技能；（5）应该是敏感性的和建设性的，因为任何的评估都会产生情感的影响；（6）应该考虑学习者学习动机的重要性；（7）应该促进对学习目标的理解，对评价标准达成共识；（8）应该为学习者提供怎么去改善学习的建设性指导；（9）应该培养学习者自我评价的能力，以便学习者能够自我省思和自治；（10）应该是全方位的认可学习者的成就。[1]

在领导及方式评价方面，设立客观、全面的领导评价方案，适当考虑奖惩。（1）评价校长在领导中的榜样、示范作用是否对师生成为领导者产生积极的影响，是否促进教师、学生和教师群体和学生群体的学习交流，是否引导教师、家长和优秀学生分享对学习的领导责权；（2）评价教师在

[1] Assessment Reform Group. Assessment for Learning：10 Principles［M］.Cambridge：University of Cambridge，2002：2–3.

学习中是否主动学习、主动探究、问题求解、合作交流、改善学习环境、深刻反思等，其学习是否指向改善自己的教学技能和提升学生的学习成就，是否共同承担学生学习成就的领导责任。（3）领导制度和管理体系是否指向真实的教与学，领导资源是否开放、支持双向沟通，是否尊重、信任下属并接受下属在学习与领导方面的意见和建议，是否有效地激发学校成员自觉承担学习领导的热情，勇于承担领导方式带来的风险，是否能持续改善学校领导行为，提高学校学习领导的整体效益。

4.9 保障机制

4.9.1 明确领导责权

学习领导面对的是全面深刻的利益格局调整，可能遭遇已有领导文化的抵触，这正是学校领导改革的最大难点。因此，校长必须统领教师专业学习、学生学习、学校组织学习和系统学习，负责领导责权的转化、分布和绩效评估，明确校长在学习领导评价中处于平等的地位，即使是发生冲突也只能充当裁判者的角色，不能以行政权威代替学习领导行为。学习领导责权的转化是在建立不同的学习社群中，将学习的领导权、管理权分布给不同的群体，避免领导方式带来的窘境与威胁，防止造成公开冲突。在处理学习领导问题上，积极创造有利于学习和领导的环境，引导大家学会以新的、更有效的方式反思各自的领导行为，鼓励大家为改进学习、提高领导效能做出贡献，让每一个学习优胜者都能享受学习、享受领导。在学习领导的权力运作和实现学校学习目标过程中，能够使用最少的投入得到最多的产出，帮助学校学习和学习领导不断地实现利益最大化，并能够得到成员的真心信任和拥护，在赢得与其他学校的竞争和适应外界变化的基础上成为优秀、卓越的学校。

4.9.2 提升领导素养

为了学习领导模式的成功实施，学校必须对学习和领导做好组织和规划，把学习和活动中的诸要素进行融合、提炼，做合理的安排，精心地设计流程，指明学习的方向，明确学习的目标，让学习者根据自身的实际按时完成学习的全部内容。因此，学习领导素养的提高必须注意观念更新、行为转折和探测未来三个方面。

（1）学习领导者必须检视自己的知识、技能是否满足当前的领导需要，了解教师群体、学生群体的学习意愿、学习能力和学习目的是否明确，以此发现过去领导学习的盲点和成功的经验，与颓废决裂，携成功向前。领导者才能够觉醒并认识到领导成就的提高不能沿着老路一直走下去，必须革新思想、转变观念、学习新的事物。向过去学习，就是为了扫清认识上、技能上、目的上的障碍，激发领导者的学习动机，通过学习唤起领导的信心，增强领导的勇气，承担学习的领导责任。

（2）校长必须经常咨询相关专家，帮助自身（或学校领导者）认清当下领导问题的本质，认清以往的领导经验在我们思维和行动中会带来一定的障碍，要与师生一道构筑个人和组织学习的愿景，系统思考当下和即将遇到的各种问题，创设良好的“学习—领导”情境，共同习得解决当下问题的新知识、新方法、新技能。同时，在学校领导过程中，应关注学习与人的发展联结、学习与组织联结、学习与领导联结、学习与未来联结，使领导者领导学习的行为发生转折，能在学生学习成就提升、教师专业发展和学校组织竞争力提高中发挥真实效用。

（3）校长（学校领导者）应彻底开放领导思维、领导心智，开展深度会谈和学习交流，鼓励学习者树立学习的信仰，感知未来社会的变革和对人的素质的要求，培养坚忍不拔的学习毅力和合作学习、探究的能力。通过学习有效的领导技术，引导领导者将学习与真正的自我深度联结，解放领导思维，根据内在需求进行创造性地学习，使领导者最终学会领导，构建个性化的领导风格。并不断推动领导意识和自我的进化，持续不断地向正在生成的未来学习，向正在生成的领导理论学习。

4.9.3　提供领导支持

领导支持是学习领导及模式有效运行的重要保证。其中，行政支持是解决学习硬件、资源整合和具体的学习管理等问题的基本条件。

（1）学校为学习提供人力、物力、财力上的支持与帮助，保障学习的人际网络和信息技术的畅通，降低等级森严的科层制行政领导门槛，使领导学习的环境与领导学习的制度满足领导创新的需求，同时及时清理人际交往中的负面信息和网络学习中留下的网络垃圾。并鼓励每一位领导者对管辖的部门切实担负起团队学习的领导责任，加强部门之间的领导合作，确保学习领导的全面实施和达成最佳的领导效果。

（2）加强学校成员之间的领导行为互动，在互动中不断地强化学习的领导愿景，学校领导从行政角度为领导者协调好学习、工作、生活中的各种矛盾，拓宽领导分享的渠道，让每一个学习领导者都能知晓学习者的状况，而且让别的学习者、领导者都知道自己的目的和即时状态，激发学习者参与领导学习的兴趣和志向。

（3）鼓励师生参与团队领导，引导干部从具体学习任务的导向中发现学习领导的盲点，引导团队成员一起讨论、制订解决领导学习的问题对策，鼓励、奖励领导创新，为组织学习、未来学习、领导的发展提供可能性探索。

4.9.4 评价领导绩效

无论是行政领导、教学领导还是学习领导，都需要对领导过程和领导结果进行双重评价，它包含目标成就、内部协调性、外部适应性三个要素。目标成就指的是通过强化对学习的领导，满足各层级学习者的内在需求，解决教育教学基本理论、基本技能的问题，对提高教育教学质量起到促进作用，特别是个别能力、水平相对比较低的师生，其学习态度、学习自觉性、学习兴趣是否向好的方向发展。内部协调性指的是解决知识性障碍，平层学习者之间能够很好地沟通，彼此说的话皆能听懂，行动能基本统一、协调、互补，效率不断提高，人与人之间重视、珍惜单纯的学习关系，优秀的学习者能够得到大众的尊敬和仰慕，并对他们的支持程度越来越高。外部适应性首先指的是学习领导是一个团队，有核心价值观和行为准则，给外界的印象是能克服来自内部的困难、化解内部的矛盾、解决外来的问题；其次是能自发学习新的知识、新的技术，转变思想观念，快速地适应时代的发展、外部环境的改变；最后是能不断反思、自我改进，做到工作精致化、经验理论化、成果精品化。

领导绩效的评价，最重要的还是对校长及现有行政干部的评价。首先是校长领导学习的愿景、价值观和使命的评价：看校长在工作过程中，是否将之拓展至全体师生，个人的领导行为是否反映出对组织价值观的承诺，是否有促进学习领导绩效改进的措施，是否增强了自身的领导技能，是否注重培养未来的领导者等。其次是现有的行政干部如何做好有关“学习”事务的上下沟通、提升组织绩效的评价：看行政干部如何组织部门或项目小组的学习并激励他们，干部与群众如何进行坦诚的、双向的沟通，如何确立并完成组织学习的目标，改进绩效，如何激励比自己学习优秀的群众，并为其更加优秀提供力所能及的服务，如何为成员创造学习的价值等。

4.10 本章小结

任何领导方式都有一个不断完善的过程。本章运用扁平式组织结构的基本理念，构建了学习领导的基本模式，阐述了学习是学校领导的价值取向和领导力的作用焦点。为了使学习领导模式能顺利实施，学习领导必须根据学习社会化的时代发展需求，促进多元学习、关注学习社群的构建、拓宽领导来源、实施多元领导、增强领导密度，使学校领导模式能够顺利运作。特别是对校长如何自我领导学习，校长在领导组织学习、教师学习、学生学习的同时如何培养学习领导者，做了详细的分析。为了提高学习领导的绩效，配置了必要的评价、保障机制，使学习领导结构趋于完善，效果更加明显，为学习领导行动的具体实践提供理论指引和一个完整的操作框架。

5 学习领导模式的实施过程

第 4 章我们在理论上创建了一个学习领导模式，为了证明这个模式的可行性，检验其实际效果，我们需要在学校领导和管理实践中加以推行。因此本研究主要是一个行动研究，上述有关行动研究的理念体现在学习领导模式创建的过程当中。

5.1 案例的背景

通过前面的理论分析和模式构建，现以 W 小学为例，反思性地叙述学习领导模式的实践行动过程。

广东省东莞市 W 小学创建于 2002 年，它坐落在市中心的一个房地产小区内，是一所县区级公办学校。学校占地面积 12000 平方米，建筑面积 22252 平方米，30 个班的设计规模，学校设计精致、环境优美。学校开办的第一学年，共有教师 27 人，学生 572 人，开设了 12 个班。这 27 名教师中，8 名是有经验的公办教师（包括从另一所学校的副校长选拔上来的校长，从市内其他镇调上来的教导主任，从其他兄弟学校临时抽调过来的 6 名公办教师）、10 名是刚毕业的大学生、9 名是临时代课教师，教师的平均年龄 28 岁。572 名学生中，有一半是从兄弟学校分流过来的本地生，另一半是从全国各地过来的企事业单位职工子女及市内其他镇进城购房的房地产业主子女。

从这些资料上看，这是一所新学校，新校长、新队伍、新课程、新学生，学校还处在一种磨合、探索期，教育教学质量不可能在短时间内有很大的突破，笔者作为校长，必须尽快找到一条适应新学校尽快走向成功的途径。于是，校长从 2005 年备考到 2006 年开始在职攻读硕士学位，一直思考：如何将一所新学校办得优质、精致？需要什么条件？从何处突破？基于笔者当时的办学经验和综合素质，对学校发展问题的认识是比较迷茫的，思想是比较杂乱的，但是经过教育基本理论的再学习与反思及请教大学教授、教育专家、教育行政部门领导之后，能与班子成员一起运用“PEST 分析工具”（政治、经济、社会、技术）对学校进行宏观环境分析，运用 SWOT 分析法（态势分析法）对学校内部的优势、弱势及所处环境中的机会和挑战进行分析，从而确定“创建精品学校”作为发展的主题，并让学校全体人员对外部环境和内部影响有清晰的认识和了解。

1. 劣势与威胁

（1）学校问题。2002 年，正是我国全面推进新课程改革的第一年，新课程改革要求落实国家、地方、学校三级课程，新课程理念带来教材教法、课程教学管理、学生的学习方式的巨大变化。学校基础薄弱，既没有政策上的特殊关照，周边也没有可以挖掘的历史文化和社区资源，严重缺乏文化底蕴；学校领导和教师对新课程的实施、校本课程的开发与实施存在极大的困难。因此，办学前三年学校的教育质量一直不高，看不出有明显的特色，内容不够精致，在区域范围内没有竞争力。

（2）校长问题。校长年轻且初任校长，办学经验不足，工作只能从行政角度“上传下达”；在课程教学领导方面，校长也只是对自己任教的学科有领导的发言权，特别是新课程改革的情况下，对距离甚远的学科根本没办法进行现场指导。也就是说，校长对课程、教学无法进行实质性的领导。

（3）教师问题。教师队伍虽然年轻有活力，但是引进的优秀教师因地区差别大、教学习惯不同及这里的学生结构复杂，遭遇到教学理念和教学绩效的“水土不服”，本地毕业生实际的工作能力长时间适应不了新课程改革的节奏和现代教育的变革，教育教学绩效总是上不去。

（4）学生问题。来自五湖四海的学生因教材版本不同、生活习惯差别大及家长素质参差不齐，导致学生的学习能力和考试成绩出现严重的两极分化，很多学生离开了教师就不会自己学习，所以学科考试的总体成绩不突出。

2. 优势与机遇

（1）办学条件在各种评等级学校过程中，学校的环境、教育教学设施设备得到了很大的改善，实现了外在的教育现代化。

（2）校长年轻、学习力强，能够接受新思想、新观念，可以很快习得新技术，完全可以在短期内带领全体师生走向快速发展的道路。

（3）教师队伍整体年轻，外面引进的教师有一定的教学经验，可以通过再学习来理解、落实新课程理念，新毕业的教师可以通过在职进修的方式重新学习教育基本理论，加深对新课程理念的理解。

（4）学生家长对优质教育的需求迫切，对新学校的关系支持热情高涨，可以为学校的发展注入力量。

3. 实施的重点

（1）根据W小学存在的校长领导乏力问题，探讨在外援的帮助下如何实施对组织学习的领导，以综合性项目为切入口，研究校长在学习领导中的重要作用。

（2）针对W小学教师年轻及有学习的能力和学习的意愿这些优势，实行高效课堂建设、个人学习的指导、指导课题研究、鼓励学历进修等措施，实现学习与领导互惠、多元领导、领导责权分布、多元学习等新的领导方式。

（3）针对W小学学生学习成绩存在两级分化、离开教师就不会学习的现象，实行校长赋权，让教师通过领导知识学习、方法学习、价值学习来整体掌握学科内容并学会整体学习的过程，从而实现教师的学习领导。

5.2 学习领导模式的实施

5.2.1 实施的基本步骤

（1）根据学习领导基本模式，在H大学W教授专家团队的辅助下开展第一轮的行动实践，在实证的同时进行反思经验、分析总结，并对实施结果进行讨论分析实施过程中存在的不足，提出新一轮实施的具体方案。

（2）开展新一轮的模式实践，叙述校长在学习领导中的榜样示范对师生的积极影响，优化学习领导环境，为培养更多学习优秀者成为学习领导者而变革学校领导组织结构等方面的行动和心理历程，从而完善学习领导模式。

（3）通过访谈的方式，了解、分析学习领导的效度和模式的可行性，针对访谈结果修正、完善学习领导模式。

（4）对学习领导模式做出研究结论和反思。其中第（2）、第（3）两个步骤按照行动研究的规范单独作为一章论述，第（4）也作为单独一章来论述。

5.2.2 实施的主要方法

1. 选拔、培养学习领导

建立学习领导选拔制度。通过对学习领导进行职责定位，结合领导者心理特点，构建出学习领导选拔及培养制度。学习领导以品格影响和实践引领为原则，目的是在学习者的学习态度、技能提升、心理素质等方面提供全方位的帮助和指导。选拔学习领导的标准是“善于沟通，人际交往能力强，责任心强，专业基础扎实，实践能力强”，尤其是那些曾经参加各种专业技能竞赛或专门接受专业技能培训的现任领导干部。选拔出了学习领导，还需要校长的有效培养，因此必须建立相应的学习领导工作制度。第一，明确学习领导的能力特点，培养学习领导者的方法，学习领导者评价制度，等等；第二，明确学习领导者的使用范围、实施方法等；第三，建立校长、学习领导者工作的保障制度，明确校长评价、部门或组织评价、学习成员评价、服务水平及服务效益等制度。

2. 制订学习领导工作计划

学习领导者是从现有领导干部、知识水平较高的老师中挑选出来的优秀者，他们的主要工作是自我领导学习，做学习领导是他们学习工作的延伸，只有那些学习能力强、技能领悟快、思想觉悟高的干部或教师才会被校长吸收为学习领导者，被校长选拔为学习领导的干部、知识水平高的教师互相交流引领、指导、激励其他师生员工学习的经验，形成领导学习的共识，在学校发展的共同愿景下制订相应的工作计划，指导部门或小组开展工作，在实践工作中允许创造性地完成学习领导工作。

3. 优化学习领导的考评机制

我们坚决废除单纯的行政领导、事务性领导的做法，把干部对学习的领导意识、态度、实际成果与工作绩效、评先评优、职务聘任、职称评审、年度考核和奖金发放等挂钩，通过部门或小组的学习与考核全方位“捆绑”，保障学习领导过程与结果的效益；出台奖励政策，鼓励学习领导新人，激励学习领导者保持恒定的学习领导动力。

4. 分阶段培养学习领导

将现有干部、水平较高的老师培养成为学习领导者，对他们明确各个时期的学习目标。校长要根据学习领导成才规律，在不同阶段设定培养目标，进行有针对性的训练，循序渐进地培养干部和水平较高教师的综合能力，将培养目标融入日常工作和常规的教育教学中，校长在学习现场中教学或指导，干部和水平较高的教师在学习中实践。

一是让干部和水平较高的老师参与学习领导。在校长指导下，干部和水平较高的老师开始分担学习领导的部分工作，了解学习领导的流程、方法和目标。然后进行分小组或分项目实训，在真实的实训教学环境下，准领导很快就能熟悉实训领导流程、技能及小组学习的领导与管理，胜任学习领导人助手的工作，完成学习领导项目。

二是促进干部和水平较高教师的领导能力。① 让干部、水平较高教师表达在学习领导工作中的经验、感悟、恐惧和期待；② 积极地建立交流、协作的氛围，使人们能在这种氛围里彼此信任，进行学习——领导的相互作用；③ 当新任“学习领导”在探索十分个人化的问题或尝试新行为时，提供鼓励和支持；④ 通过邀请有时甚至是挑战促使成员参与，在团体互动中和尽可能多的成员联结；⑤ 帮助成员克服障碍，坦率地沟通，发奋地学习，更加努力地改善自身的领导技能。

三是引发新任学习领导的干部、教师的提问。校长必须创设探讨问题、交流经验的平台，引导这些新任领导将实践中遇到的、发现的问题大胆地表述出来，大家一起进行思想交流、思维碰撞，分析这些问题的根源，是自身的问题还是被领导者的问题，是制度的问题还是资源的问题，最后达成解决问题的共识，并提醒每一个新领导注意新问题，鼓励他们接纳好建议、好观念。

四是不定期地开展领导工作纠错。学习领导是一种新的领导范式，很少有成功的经验可以借鉴，在实践过程中难免会出现意想不到的错误，或者是领导缺失、制度不全、执行不力、评价不准等问题。我们根据学习领导的提倡工作或相关项目的进展情况，组织大学院校的专家及兄弟学校的名校长来进行诊断，将诊断出来的问题进行梳理，分析问题是人为的、制度的、资源的还是无法把控的，并由校长亲自对如何解决问题及时作出抉择和部署。

五是建构学习领导案例库。学习领导模式的实施是一个探索过程，学习绩效的改变影响领导绩效，一荣皆荣、一损皆损。建立案例库的目的就是使旧知识经验与新知识经验互相作用，形成新的知识经验。同时，运用海量的网络资源，将领导与管理教材、网上资源、现实名校调查中得来的经验或相关资料与实践中析出的案例存入库。案例库为干部和知识水平较高的老师提供必要的资源和帮助，鼓励他们交流、合作，系统地考虑问题，使学习领导者提出的各类问题能得到及时的反馈，从而促进学习领导者的学习、领导能力。

5.2.3　实施的主要过程

任何理论在具体的实践中，都不可能在短时间内就能见到预想的成效，它必须经过试验、检验、反思、调整、再试验的往复过程。特别是教育领导理论的实施，它需要更长的时间、更多的试验者共同参与。特别是校长本身作为研究者，新教育领导理论的实施过程首先是自身的一种内心体验过程、思想变化过程，然后是一个漫长的心理过程、行为过程、调整过程，最后是一个成熟、完善、结硕果的过程。因此，学习领导理论的实施过程，不可能将个体和组织的内心体验、思想变化的细节完整地记录下来，只能“在做中学”、“在经验中反思”，按照理论解读、实践检视、反思总结的过程客观地进行叙述和分析，以参与者的真实感受来验证其主要成效，并按照教育行动研究、质化研究的基本原则尽量反映事实的全貌。

1. 依托综合性项目，领导组织学习

（1）实施前的准备。笔者在备考期间和攻读硕士学位的初期，感觉到师生的学习与学校的发展不能等待，新课程改革带来各种变化不能被动接受或总在观望。作为校长，必须带领全体师生一起学习新的知识、新的技能，以改变自身和学校的现状，推动新课程改革，并在学习中产生个人成长和学校发展的共识，形成凝聚力和学校的竞争力。但是，如何让学习成为学校的统一行动，让学习成为每一个学校成员的责任，这就需要借助一种载体，这种载体必须且能够对学校知识的更新、整体面貌的改观起到积

极的推动作用，而且能提升人和学校的涵养。笔者在学“国学”热潮中，也试图通过国学经典来推动全校师生的共同学习，在最初的实践探索过程中发现：一是国学经典范围太广，难于找到很合适的教材，只能简单、粗糙地开展学习；二是国学经典只有语文学科在实践，难于与各个学科相结合；三是教师缺乏专门研究，也没有办法得到相关专家的指导，教学工作总是停留在表面。所以，学校急需找到一种更好的学习载体，以推动全校性的学习。

2006年初笔者了解到，H师范大学教育科学院为解决培养小学教育硕士“课程与教学开发”“现代教育技术应用与开发”“管理与领导方法”“教师的班级课堂管理”“校本教育研究”“教师专业伦理素养”的专业知识与技能等专业教育目标问题，需要寻找规模适宜且注重教师队伍建设的学校，作为培养小学教育硕士生的协作基地。

经过笔者与H大学教育科学学院小学教育专业负责人W教授多次沟通，在互相了解、协商的情况下，确定了院校双方可以开展合作。2006年8月26日下午，W教授带领H大学教育科学学院小学教育专业的专家与W小学校长及班子成员在W小学的会议室通过友好协商，建立了全面院校伙伴关系，参与H大学小学教育专业“小学三段六步螺旋型校本学习研究方式”总课题的研究，W小学成为H师范大学的“学研训”协作基地。并签署了相关建设协议。在签署协议之前，与会代表充分表达了对“学研训”协作共同体的认识和期盼如下。

笔者认为，W小学存在缺乏文化底蕴、成员之间认识不深、课程开发乏力的现象，必须加强师资队伍的建设，促进全体教师的专业发展，希望能通过与H大学的协作找到一种具体的学习内容，以改善学校的知识结构，提高学校的办学绩效。

H大学教育科学院的Z教授认为，开展教师专业发展“学研训”共同体的全面协作，必然更好地推进我国的新课程的改革与创新，促进教师的专业化成长，提高学生的学习成就，也可以更好地服务于学校的教育综合改革。

H大学教育科学院小学教育专业负责人W教授认为，学校如需要具体的学习内容，我们可以提供已经在国内开展了五六年的一个综合性项目，这个项目可以带动各个层次、各个阶段的学习，W小学如果认为合适，我们可以进行合作和具体指导，我们也会让我们小学教育专业的学生参与到项目的学习、研究、实践中来。

W小学教导处的C主任认为，建立“学研训”共同体协作活动，可以在各位教授和专家辅助下，把我们的工作做得更好，特别是解决我校教师专业发展的问题会有很大的帮助，签署共同体协议是一个非常迫切和有意义的事情。学、研、训三位一体是一个很好的跨越，这个活动是一个值得期待的活动，我们期待着它能收到预期的效果。

H大学Z博士认为，在校学生可以通过协作平台向一线的教师学习经验，一线的教师可以更好地了解先进的教育理念，学习新的教育理论和教育技术，我们应该建立一个双赢的学习，发展共同体，在双方领导的关系支持下，提高协作的成效。

最后，院校建立双方共同采取理性认识思维方式，分析与挖掘学习领导的理论元素，设计与实施学习领导模式的行动研究。

双方的合作方式是：

①合作时间：2006年8月至2009年7月

②合作方式：

方式一：W小学轮换部分骨干教师到H大学教育科学学院小学教育专

业接受高水平的教学专业培训，在大学教师的指导下，深化基于经验的教学专题研究，探索与尝试实践研究、专题培训、理论研究整合式在职教师专业发展新模式。

方式二：在W小学建立以《人文价值教育》综合性项目的“学研训”共同体，协助校长领导教师学习、学生学习，通过学习领导，提升学校的核心竞争力。

方式三：为W小学提供教育硕士、教育博士招生信息、复习辅导，为考上H大学的教育硕士教师提供专业学习、课题研究、学位论文的指导。

方式四：H大学教育科学学院小学教育专业硕士生到W小学做兼职实习教师，以开展现场的教师教学专业学习、训练与研究，通过现场实习与研究，促进教师专业发展。

（2）实施方案的讨论。2006年9月2日下午，W小学班子成员在行政会议室围绕学校发展问题开展讨论，讨论的主要议题：①选择综合性项目学习的内容；②确定领导主体；③明确学习制度。讨论结果：①确定在与H大学的合作框架内，以“人文价值教育”[1]为综合性学习项目，建立“学研训”共同体；②H大学教授、专家、W小学的校长是共同体的领导主体，校长负主要责任，在学习过程中，发挥优秀的学习者（一线教师、硕博研究生）领导学习的作用；③全体教师必须预先学习人文价值教育的主要内容，对项目有一定的了解，并结合教育教学实际思考如何实施，学

[1] 人文价值教育（Human Values Education）是一种在全世界有重大影响的教育主张和实践。主张在教学过程中，通过渗透人文价值教育，使学生认识到人的价值是由道德、智力、情感和精神等多个部分构成，学会正确对待处理人与事物之间的关系，在提升学习结果的同时，提高自己的价值观念和道德品行，成为人类社会和平、发展与进步的中间力量。选摘自：何巧艳．人文价值教育与道德教育概念的探讨［M］．黄甫全，Taplin Margaret，吴凤萍．中国人文价值教育原理与方法内部资料，2014：156.

校要建立工作学习化、学习工作化的环境，修订教师绩效奖惩方案，为提高整体的学习成效保驾护航。

最后，学校班子一致同意以“优化办学理念、精细学校管理、建设精锐师资、开展精准教研、家校精诚合作、构建精美文化”为学校发展的行动纲领，以师资队伍建设为切入口，通过大力推动组织学习来促进教师专业发展，提升学生学习成就，解决学校现存问题和面向未来发展的各种问题。班子成员也一致相信在学校发展的共同愿景引领下，能提升教师的专业发展和学生的学习成就。

综合性项目的内容：人文价值教育（Human Values Education）是一种在全世界有重大影响的教育主张和实践。它起源于印度，目前在全世界170多个国家和地区，都建立了“国际人文价值教育学院”（International Institutes of Sathya Sai Human Values Education），包括我国香港与台湾地区都已建立，大陆也刚刚开始建立。人文价值教育提倡并推行五大人文价值，包括“真理”（英语为truth，梵文为sathya）、“善行”（英文为right conduct，梵文为Dharma）、“和平”（英文为peace，梵文为Shanthi）、“仁爱”（英文为love，梵文为Prem）及“非暴力”（英文为non violence，梵文为Ahimsa）。“人文价值观”指出，真理、宁静、善行和非暴力并非相互孤立的，从根本上依赖于仁爱；当仁爱与思想相联，就演变为真理；当仁爱被引入你的活动之中，你的活动就演变为善行；当你的感觉里饱含仁爱时，你的心灵就充满了高尚的宁静；当你让仁爱指导你的理解与推理时，你的智能里就充满了仁慈。“人文价值”并不是抽象的，而是非常具体的，与人们的日常生活是息息相关的，在人们所接触的所有事物中，都包含着“五大人文价值”。

我们把人文价值教育项目主要作为学校组织学习的切入口，目标是通过对现有课程和教材的挖掘、开发，找到与现行教育教学相适应的人文价值教育内容，在课堂教学和日常生活中进行全方位的渗透、提炼，强调在提升学生学习结果的同时，提升教师教的价值观和师德水平及学生学的价值观和品行。

（3）搭建综合性项目学习平台。2006 年 9 月底，经院校双方协商，由 H 大学负责建立综合性项目资源库和“院校协作”学习、研修平台（见图 5-1），这个平台由 H 大学专人负责建设和管理，提供支持协作会话、远程会议、知识建构的多种学习软件，支持个性化和小组协作学习，学校为全体教师提供信息服务和技术支持。

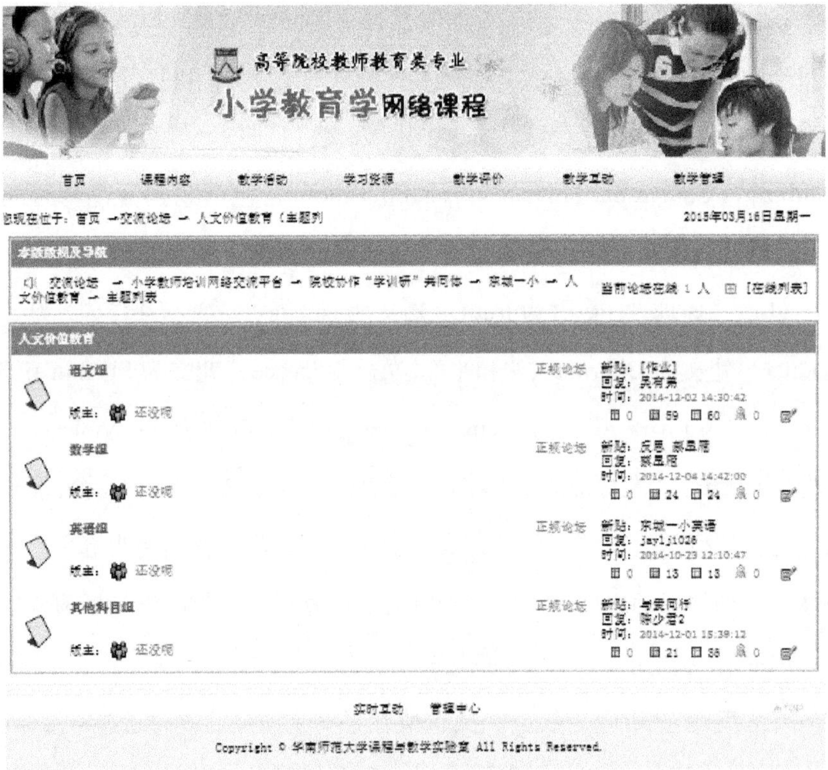

图 5-1 “院校协作”学习、研修平台界面

这个学习平台，包含了人文价值教育的基本理论资源、同类学校实验的经验资料、本校教师的学习心得、教学设计以及撰写的专题论文，能够满足学校教师学习的需要；H 大学的专家定时上网回答老师们在学习中遇到的问题，学校也每周上网了解和掌握教师学习的情况，便于根据教师学习的情况调整、更新各个版块中的学习内容，为更好地领导教师和组织的学习提供服务。

（4）启动综合性项目学习。2006 年 11 月 28 日，提升教师专业发展建设精品学校暨人文价值教育项目在 W 小学正式启动（见图 5-2），H 大学教授、专家团队和国际人文价值教育学院专家以及 W 小学的全体教师参加了启动仪式，在仪式上拟定了改革的方法和目标、实施的途径和学习的重点。W 教授就项目的行动研究做了具体说明。

图 5-2　W 小学提升教师专业发展建设精品学校暨人文价值教育项目启动仪式

首先，正确树立教育课程改革的方法和目标。一是方法，我们认为学习过程的创新是关键，但绝不能为了学习过程而追求那些形式主义的东西，必须清醒地认识到和牢固树立教育与课程改革的根本目标。二是提升学生学习表现成就是根本目标。①教育和课程评价的终极主体是社会，社会以及代表社会的政府是最权威的评价；②社会和教育行政部门评价的主要维度有两个：学生开始成绩和竞赛成就；③仅仅重视考试成绩和竞赛成就而忽视学习过程的创新是错误的，而仅仅重视学习过程而忽略考试竞赛成就也同样是错误的，甚至是更大的错误，是耽误千百万孩子和家庭的莫大错误，如果仅仅重视成绩导致学生学习郁闷的话，那么仅仅重视学习过程就会耽误孩子的一生幸福；④改革和创新教学方式和学习方式，根本目标是提升学生的学习成就，具体来说就是提高学生的考试成绩和竞赛名次；⑤教师教学成绩和科研成果是教师专业发展的集中体现；⑥教师成为名优教师，其基本条件是教师能出高水平的成果，如赛课、教学研究成果、科研课题成果等。三是真正的教学方式和学习方式的改革创新，必然是落实在提高学生的学习成绩和竞赛名次上。如果没有提升学生的学习成绩和竞赛名次，甚至降低了学生的学习成绩和竞赛名次，那绝对不是真正的教学方式和学习方式的改革创新。

其次，教师专业发展的实质和基本途径。一是我国在 20 世纪 80 年代后期，教师教育改革与基础教育课程改革合流，走向教师专业化发展。教师专业发展的四个基本任务：提升学生学习，促进教师学习与发展，提升学校教育质量，改善社区文化。二是教师专业发展的基本途径是“行动学习”。教师行动学习的含义包括：为行动而学习，学习目的是达到行动目标，行动基于经验，学习提升经验。行动学习的基本原理：分析现状、选择目标，现状与目标对比、找准问题，比较分析问题与教师水平、选择学习主题，开展行动研究、实施行动学习，推进行动学习、完成行动研究任务，创新教学方式、达到预定目标。

再次，项目行动学习的重点。一是学习创新校园文化，营造丰富而浓郁的学习环境。校长带头学习，鼓励师生加强阅读、分享、交流，为师生的学习营造良好的文化氛围和合作氛围，这是一所学校实现教师专业发展、提升学生学习成就的前提条件，学校的领导层必须在各个环节的学习中起到一个表率作用。二是学习创新校本教研方式，构建教师的学习共同体。将教研组建设成为团结友爱、交往互动、积极向上的温暖大家庭，让每一个教师都以组为家，以校为家。三是创新教学方式，真正地使学生生动活泼而富有情趣地投入学习。我们可以通过构建独特而有效的各种教学策略，实施高校课堂，满足学生的学习兴趣，强化学生的学习动机。四是学习学科教学心理学，养成学习障碍的心理诊断和对策创新的意识和能力。聚焦每一个学生的每一种学习困难现象，进行心理诊断和对策创新，帮助学生及时有效地克服学习困难，获得持续的学习成功体验。五是创新学校学习内容，选择恰当的项目，促进学校整体的学习，营造每一个师生都能一起学习、研讨、交流的学习环境。可以秉承中华传统美德、国学经典，也可以是人文价值教育项目，使师生无论是讲授、研习还是消遣、娱乐，师长与生徒，都能朝夕相聚，如一个大家庭。六是反思和总结经验，通过专题总结、论文写作、课题研究等方式，促进教师向高水平发展。

该行动研究为期三年，第一年是全体师生共同学习人文价值教育的相关理论及兄弟学校积累的相关资料，每个学习者对项目内容比较熟悉；第二年是根据教师学习的情况，结合自身的实际将人文价值教育融入高效课堂的研讨和活动，H 大学对教师学习和研究的情况做定期培训，着力提高教师专业发展水平；第三年是将人文价值教育项目渗透到学生学习中，通过挖掘教材中的价值内容，发展子价值，提高学生对学习价值和整体发展的意义。

（5）综合性项目学习的行动培训。2007 年 6 月 15 日上午，H 大学的 W 教授邀请中国香港国际人文价值教育学院的专家到 W 小学，对 W 小学的全体教师开展为期一天的专题培训（如图 5-3），对行动研究做了进一步要求。培训的主要内容根据笔者当时的会议记录，整理如下：

图 5-3　W 小学的全体教师参加综合性项目学习的行动培训

一是明确项目学习目标与要求。人文价值教育项目的总体要求是通过项目学习使思想、行为、学习成就等方面受到人文熏陶，内化为优秀品格。具体体现为两个方面：在学生方面：①实现学生身心全面发育和发展；②让学生认识自己；③帮助学生发展学习的潜能；④培养学生的合作精神，提升学生融入社会的能力。在教师方面：①教师道德水平的发展，即师爱意识的觉醒和能力的提升；②提升教师的教育艺术；③增强教师专业发展能力；④提高教师的专业研究能力。

这些要求不仅仅是为了发展学生的智能，也不仅仅是为谋生做准备，而是要帮助学生开阔视野，培养学生应对生活中道德和精神挑战的能力，使他们最大限度地成为对社会、对世界有用的人。因此，所有的教师都非常认真地投入，把自己真正当成价值教育的一名老师，用在价值教育中学来的理念、方法指导和修正自己的教育工作。

二是学校首先要建立综合性项目学习制度，明确研修的时间及各个层级（学校、学科组、年级组）具体的任务和预期达到的成效，其次是对教师学习和研修的每一个环节提出明确的要求，用制度引导教师用心发现问题，积极参与协作与交流，大胆地去探究和实践。

三是引导教师将教材中蕴含的价值教育素材与人文价值教育倡导的真理、仁爱、善行、非暴力与和平五大核心内容融入教育教学工作的方方面面，在专家的指导下大胆实践和探索。特别是针对学生在休息或午饭后、感到烦躁不安或遇到无法解决的问题时，如何能在几分钟内使孩子放松。香港地区专家现场示范了如何引导学生“静思”的技巧，把老师们当作学生上了一节示范课。静思是引导学生快速安静下来，教师运用轻松音乐、小故事、媒体情境或引导语引导学生放松心情，让学生专注及平和地进入课堂学习。其主要方法是让学生自然坐好，放松身体，深呼吸，通过教师的引导想象。

方法一：对于低年级的学生，还可以运用“光的想象”方法来辅助学生静思，因为光可以使人联系到知识、智慧、力量和温暖，可以驱走黑暗，带来温暖。想象我们前面有一点光，如果难以想象的话，可以点着一盏油灯或者一支蜡烛，我们张开眼睛望着火焰一会，然后闭上眼睛，试着想象那一点光。

方法二：指导学生先看一下问题，然后把它放到一边。闭上眼睛倾听心中的沉默，将所有注意力放在眼皮之后接触到眉毛的地方。试着不要想任何事，只要把心放空，专注于眼睛之后的空白。当你觉得心里已经完全稳定下来，再想想你要解决的那个问题。你可以不断地思考那个问题，或者你可以告诉自己：“我必须要找到这个问题的解答。”在你问了这个问题之后，再把注意力放到双眼后心底的空白，沉思几分钟，然后想象你的潜意识正像一台计算机在运作着：首先，它将你已有的知识分类整理来解决问题；然后再分类出其他你所需要的知识；而后，它将这些知识以系统性的方式结合，并传送到你大脑的意识来运作、解决问题。慢慢地深呼吸三次，然后睁开你的眼睛，开始解题。

此外，可以根据学生的年龄不同，有选择地向他们传达正面感情，播放健康的音乐及歌曲来增进内在的“和平”并强调正向的价值；也可以通过团体活动让学生做双人或小组的练习，培养团结、合作、相互尊重，以创意的方式解决冲突，提升学习成效。

（6）领导“综合性项目”学习。第一，校长自我领导学习。校长带头学习人文价值教育的基本理论，理解什么是人文价值，包括哪些内涵和外延，它跟学校领导有什么关系，跟德育、课程教学、师生的日常行为有什么关系，等等。因此，从 2006 年 9 月开始，校长边学习边思考和尝试人文价值教育理念处理学校工作，以成就人的生命可能为出发，宣扬教育的“真理”，用“善行”领导组织学习，激励学习者之间建立“仁爱”关系，用“非暴力”手段去监督师生的学习过程，学习结果的评价能使学习者内心“和平”。

第二，引领协作共同体学习。从 2006 年 9 月开始，校长与教师共同学习、研究“五大人文价值”理论，以五大价值为学习的价值取向，反思和改善自身教与学的行为，使“学习—领导”作为一种工作的修行。一是为项目学习提供服务。学校除了学习平台中提供的学习内容之外，我们经常通过 H 大学团队、中国香港国家人文价值教育学院的专家搜集与人文价值教育相关的文字、音视频、图片等资料，针对综合性项目的学习要求和教师教育教学的实际提供学习清单；教师根据自身情况来安排和调节自己的学习和研修，鼓励协作共同体成员在线学习和交流。二是宣传学习愿景。在每次教师会上，校长或教导主任都清晰、多次地强调学习、研修目标，激励教师——相信“如果学好该综合性项目，我们就能整体提升”。三是指导教师做好学习规划。校长通过参与学科组的学习讨论会，引导教师在综合性项目学习计划的框架下制定个人学习计划，将个人的发展与小组、学校的发展紧密地结合起来，用共同的目标将教师们团结起来互相学习、共同研究、共享经验，形成相互信赖的氛围，从而实现教师个人与学校整体的协同发展。

第三，领导学生共同体学习。从2006年9月开始，鼓励学生认真学习学校下发的人文价值教育宣传资料，提供如何将人文价值教育内容与教材内容相结合去理解的方法，这种方法就是将五大价值的内容分解，学习过程中尽量的表达出自己的思想和感情，分享有价值的学习信息，乐于去帮助学习有困难的同伴。一是日常自学。在日常生活中运用“五大人文价值”规范自己的行为，用实际行动去影响自己的家长，并在教师和家长的鼓励下，能大胆去发现、去创造生活中的真、善、美。二是教师指导。通过教师去帮助学生建立学习共同体，给每个学习小组指定学习任务和负责人，引导学生通过各种同伴们都喜欢的方式来开展合作学习、探究式学习，在互动中一起解决共同的学习问题。三是建立心灵环保练习场。本着人人都是可塑之才、可用之才的育人理念，引导学生发现同伴的优点或闪光点，强化学生的优势品格，适当扬其长来避其短，让不好的行为自然消失，让优良的品格带动其他方面的发展。四是家长辅助。家长们在人文价值教育项目学习的影响下，主动跟班主任沟通，利用节假日时间三五成群地带孩子开展价值教育的社会实践，共同培育孩子良好的思想道德品质，纠正学生的不良学习行为，优秀的家长还被学校邀请进入学校、课堂，协助教师辅佐孩子健康成长。

“人文价值教育”提倡，每所学校、每个教师都可以利用身边的各种各样的“五大人文价值”的素材或资源，在自己的课程开发与教学活动中，开展生动活泼的“五大人文价值教育”，来提高教学效果和培养孩子的人文价值和道德品行。人文价值教育的最终目标是养成全面发展的学生，而不仅仅是知识的发展和身体的发育。这些价值彼此独立，也相互联系。事实上，仁爱被视为品格的基础，也包含了所有的价值：仁爱展现在思想上即是真理；仁爱展现在情感上即是和平；仁爱展现在理解上即是非暴力；仁爱展现在行动上即是正义。

半年后，班主任C老师写道：实施综合性学习项目，使不同年级的学生和来自不同地方的学生都能在同一起跑线上学习，对于解决W小学学生生活习惯差别大及考试成绩两级分化的问题有明显的作用。同时，学生良好行为习惯的养成，对良好学风的形成起到很好的促进作用，良好学风又对社会和家长产生积极的影响，学校的美誉度在不断地提升。

学生中心负责人S主任写道：家长在学生的影响下，主动参与家校合作工作，每个班在学校的倡议下成立了家长委员会，家长委员会的代表主动给所在班级的学生上生活常识课，带孩子参加社会实践活动，还经常对学生的学习和学校的发展提出合理化建议。同时，教师在家长进入课堂授课的工作中，深切地感受到了作为家长如何与孩子沟通，如何把学习到知识转变为生活的能力，家长也从教师身上学习到现代教育教学的方式方法，学会了用更加科学的方法辅导自己的孩子学好每一门学科。

2. 借助课题、课例，领导教师团队学习

（1）指导课题立项。根据市教育局的相关文件精神，每年的4月份都可以向市教育相关部门申报课题立项。为此，W小学鼓励优秀教师承担课题研究主持人，鼓励教师自行物色课题组成员，校长作为课题组的普通成员加入课题学习、研究的团队，大家通过课题共同体的力量，共同商讨研究策略、分工、主要步骤，一起完成各阶段的研究任务，根据实际经验和教育理论商讨解决问题的可行方案，预设研究的结果和可能遇到的困难（见图5–4）。

图 5–4 W 小学教师参加课题学习

语文学科的 L 老师在课题立项中表示：课题研究是一种深度学习方式，教师可以就某一个具体问题进行理论追踪，实现探究和总结反思，在大学教授、专家的指导下，使教师的课题研究达到一定的深度和广度，也从中学习到不同问题的对应研究方法，破解了教师心中对科研的神秘感和恐惧感。在教师开展课题研究中能得到校长和其他学校领导、同伴教师的大力支持，增强了教师破解难题的信心。

（2）加强课题常规管理。我们根据学科的性质不同，对教师所承担的课题进行了分类指导，看课题研究常规活动，如备课、课堂教学、经验交流、专业讨论等教研活动，是否与课题研究相结合，各项活动的进展是否顺利。学校领导根据发现的情况及教师课题研究的实际需求，及时提供教育研究方法指导和与课题相关的理论资料，鼓励教师大胆探索学科教学发展的新方向以及改革的新思路。

教师发展中心负责人 L 老师在课题研讨会上（见图 5–5）说，科研管理是中小学开展课题研究最薄弱的环节，普遍存在轰轰烈烈地开题、冷冷清清地研究、稀里糊涂地结题的现象，我们应该想办法看看能否在大学教授的帮助下努力去改善、改变这种状况。

图 5–5　W 小学课题管理的研讨会及 W 教授对课题管理做理论上的点评

学校为了阻止这种现象的蔓延，制定了课题管理制度来管理课题的研究工作，校长亲自担任领导小组的组长，要求课题组定期汇报研究进展情况，并邀请专家鉴定研究的可行性和有效性，帮助解决研究的实际困难，使课题研究工作落到实处，切实解决教育教学中的难题，提高教育教学的绩效。

（3）举行课题研讨会。W 小学每个学期都举行一次课题研讨会（见图 5–6），主要针对课题立项、中期汇报和结题报告三种情况进行汇报和研讨，每一次研讨会均指定语文课组的 L 老师来负责，学校邀请 H 大学的教授或硕博研究生参加，以听取各方面的意见。

图 5–6　课题主持人对自己主持的课题在课堂教学中进行展示、研究成果汇报及 W 教授对课题和课例进行点评

课程教学中的 Z 主任在课题中期汇报时表示，自己发现当地的教师和学生都存在书面语言和口头语言严重脱节的问题，原因是当地语言表达的

方式把语素顺序做了调整，本地人能够听得明白，但是外来人员就听不明白了，所以，为了矫正学生语言表达惯习，专门开展相关课题的研究。

英语学科组的老师们发现学生除了在课堂教学中会听、会说英语之外，在课外和家里根本没有开展听、说工作，学生离开学校之后也不积极完成读英语课文的作业，英语考试成绩总是不理想。因此，科组长 W 老师提出了构建课外英语学习环境的课题的研究，全学科组的教师共同围绕学生课外学习英语困难的问题积极探索、实践。

数学学科的 L 老师，为了提高学生对数学概念和常用的公式的记忆能力，结合自己教学的经验，将数学中的概念、定理、解题的技巧编写成一套数学童谣，并邀请音乐老师为这些数学童谣配上简单的音乐成为儿歌，让学生在日常生活中加以背诵。学生在教室能够很快掌握数学的基本知识，提高了课堂学习的效率。

学生中心的负责人 S 主任在学校第六届科研论坛上，将她自己负责的《人文价值课程开发的行动研究》课题做了研究成果汇报，她认为课题的研究结果：学生笑了——“我的数学成绩在稳步提高”；老师乐了——“最喜欢上数学课”；家长开心了——“苏老师的课与众不同”。

（4）开展教育教学研究方法的研讨。如何运用规范的方法开展专题调查，是教师在课题研究中的一大难题。从 2007 年 4 月 15 日开始，每学期都有针对性地举行课题研究方法的研讨。在课题研讨时，校长都会真诚地邀请 H 大学的教授或博士生一起开展专题研究，对教师在研究过程中出现的问题进行点评，并现场指导如何使用基本的研究方法，诸如访谈、问卷、测量、调查报告和学术论文的撰写等，以强化教师教科研的意识态度，促进教师研究能力的提升，不断推进教育科研的深入发展。此类研讨活动，对教师来说无疑是最有用的学习（见图 5–7）。

图 5–7　W 小学的 M 老师上提升学习成就的研讨课、H 大学的博士生介绍研究方法、学科组长 Y 老师做点评和学科组的对提升学生学习成就的方法介绍

比如一："问卷法"可以用来搜集教学研究的资料，如学生对所开展的各类活动的态度进行调查，可以根据学生的年龄特点来设计问卷，看他们对某一项活动或某一种教学方法是很喜欢、较喜欢、一般喜欢、较不喜欢、很不喜欢的各占多少百分比，根据调查的结果来选择或调整教学方式方法或手段等。

比如二："访谈法"，可以选择学优生、中等生和学困生各 3 名，深入了解这些学生对某一事件、某一节课、某一个学科或某一个教师的感受和收获，并将学生的话加以记录整理，寻找自己想要的答案。

比如三："个案跟踪分析法"，就是选择一个特殊的研究对象，详细地记录研究对象的日常行为，并将学生的表现加以记录整理，结合教育学、心理学、学习科学等理论进行分析，从中得到合理的解释或解决方案。

教师中心的负责人 L 老师认为，教师在学习了科学的研究方法之后，能够积极主动开展研究，积极撰写课例和教学论文，勇于分享自己的研究成果。学校通过指导教师开展课题研究，把领导的职能分布给了课题主持人和学习优秀的教师，把学习的自主权还给了教师，强化了教师之间的合作学习、分享领导。因此，教师的研究水平上升得很快，教学中的一般性问题能够自行解决。

3. 领导教师个体学习与进修

（1）鼓励教师个体学习。W 小学对具有领导潜质的教师特别重视，校长平时对这些教师进行单独指导，或邀请 H 大学的硕博研究生根据教师自己的发展方向，给予理论知识、研究方法上的单独指导（见图 5-8）。校长通过鼓励教师个体学习，一方面是以此提高自身领导学习的能力，检视自身的学识，加强查漏补缺；另一方面是向教师学习，从教师的学习中得到改善学校领导和管理的灵感。

图 5–8　H 大学教授对 W 小学的优秀学习者进行单独和小范围进行指导

S 老师是 W 小学面向全国引进过来的教师，他在教学上很有经验，但是很难运用新的教育理念来改善自己的教学行为，校长经过细心观察和了解，发现 S 老师在学习上存在严重的畏难情绪，一看专业理论书籍，就会出现头晕眼花的现象，慢慢变得不愿看书、不想学习。针对这种情况，校长在 2008 年至 2009 年的第一学期，对 S 老师给予特别的关注，经常引导他多看教学光碟，经常去浏览网络教学视频，并尽可能做一些笔记，S 老师通过校长的引导和鼓励，在学习上找到了适合自己的方式方法，在学习中更新了教育教学观念，提高了教育教学技能。

L 老师是 W 小学 2006 年引进的教育硕士，其学科专业理论水平、教学思维能力相对来讲都比较强，特别是在教师发展的规划、课程重构方面有独到的一面。他能通过自己的才能展示及与校长的深度会谈，将自己的思想清晰、坚定地表达出来，让校长斟酌。校长经过与其他班子成员的沟通、讨论，最终采纳了L老师对教师发展规划、教师学习管理、语文学习管理的意见，并通过制定系列的制度加以落实。经过一年的试验，证明L老师所提出意见切实可行，他也因此被校长聘为校长助理，学习自主性也得到了加强。

（2）激励在职进修。第一，考前指导。每年报考前夕，校长都邀请H师范大学的W教授和在读硕士研究生来分享复习的经验（见图5–9），并将近几年的考题、录取分数线、学习的形式等做详细的分析和介绍，指导教师如何结合教育教学实际来理解教育理论，根据教育理论反思自己的教育教学实践，做到理论联系实际来理解和记忆，籍此达到既是复习迎考又是改善教育教学工作的双重效果。因此，2007年有12名符合教育硕士全国联考条件的教师报考，结果有5名教师考入H师范大学，2名教师考入S大学；2008年有6名教师愿意报考，又有3名教师考上了广东省周边省份师范大学。在硕士群体的影响下，直到2011年，每年都有教师考上、就读教育硕士。

图5–9　W教授现场指导符合条件的教师如何复习教育学、心理学及H大学的硕博研究生为英语水平较弱的教师讲授如何复习英语

第二，学中引导。在教师进修期间，校长都能细心引导教师学以致

用，结合学科教育教学中存在或发现的问题开展实践性研究，以防止出现研究和实践两张皮的现象发生。学校为在读硕士生提供学术资源下载的渠道和便利，指导和帮助教师完成学位论文的撰写。特别是选题方面，学校邀请H大学的在读硕博研究生来校分享选题，做文献综述的经验，提醒教师在选题时，一定要结合自己的教育教学实践且点要小、角度要准等。为在读硕士教师与在校的硕博研究生搭建理论学习、交流的平台，学校通过与上级行政主管部门的沟通和协调，给予参加进修的教师学习经费补助和学成奖励，并为学有所成的教师在课题立项、名师工作室申报、专业职务晋升等专业发展方面提供便利和人力、物力方面的支持。

第三，学末辅导。对硕士生开题报告的撰写、研究方法的选择、研究思路与设计方面，我们组织他们进行预开题的方式，让每一个硕士生按照正式开题的形式模拟开题，每一个参与者都要针对开题者的报告进行发言，大家互相学习、互相指出报告的优缺点，以便在正式研究中减少困难，提高课题研究的积极性和自信心。在硕士生研究和写作的中期，以学术沙龙的形式再次组织他们就研究设计、研究方法的实施、如何论证自己的观点等问题进行汇谈，帮助大家厘清思路，提高研究的技术和找到解决问题的对策。

4. 领导学生学习

2010年3月初，我国正式出台《国家中长期教育改革和发展规划纲要（2010—2020年）》（以下简称《纲要》）。4月中旬，W小学根据教育主管部门的知识精神，召集课程教学部门领导、学科带头人和骨干教师，在会议室对《纲要》进行了为期半天的学习和讨论：一是如何确定小学必须掌握的核心内容；二是每一个学科的内容具体包括了什么；三是如何转变教师的教学观念、落实学科教学的具体内容。讨论的结果：根据顾明远、石中英在《“国家中长期教育改革和发展规划纲要（2010—2020）”解读》一书中强调的小学必须掌握的核心内容，是指“能对学生全面发展发挥基础性、全局性和关键性作用的内容”[1]；学科的课程学习的具体内容包含“知识、方法、价值这样三个层面的要素：其一，构成该学科的基础知识和基本概念的体系；其二，该学科的基础知识和基本概念体系背后的思考方式与行为方式；其三，该思考方式与行为方式背后的情感、态度和价值观”[2]；教师必须注重知识教学转向关照知识、方法、价值和学科整体的教学，使学生在学科学习中达到“知识与技能、过程与方法、情感态度及价值观”的全面和谐发展。

最后，校长在讨论会做总结，表示：对于课堂学习的领导，目的是指明学习的方向及激发学习者的学习潜能，引导师生在教与学的过程中能够明白：①知识是由我们所知道的事实——“是什么”组成的，就是知道学习什么的问题。②新课程标准所指的“教学过程”或“学习过程”，是指学习者通过这两方面过程而发展起来的学习方法与策略、问题解决的方法与策略，让师生懂得——“怎么做”，即怎样教、怎样学这门学科的问题。③学科承载的价值直接影响学习者最初的学习情感与学习态度，如果学习者认识不到学科在个体知识结构构建和社会发展中的重要作用，会对学科学习缺乏应有的热情；同时，学习者是否积极学习一门学科，也反过来影响学生头脑中的学科信念的形成以及相应的价值选择。这就是我们所知道的“为什么”，即为什么学习的问题。关注讨论的目的就是希望教师加强

[1] 顾明远，石中英.《国家中长期教育改革和发展规划纲要（2010—2020）》解读[M].北京：北京师范大学出版社，2010：252.

[2] 钟启泉.“三维目标”论[J].教育研究，2011（9）：63.

自身对《纲要》精神的理解，结合《纲要》精神，运用当前全校性学习的人文价值教育内容独辟蹊径，大胆尝试，努力做好对学生学习的领导工作，让学生学会学习、自主学习，对学科的结构有整体的认知，全面提升学生的学习成就（见图 5-10）。

图 5-10　W 小学教师学习《纲要》精神并进行讨论

（1）领导“知识”学习。方法一：运用“知识导图”教学。Y 老师在人教版四年级数学上册第 5 单元第 66 页例 4“认识四边形”的教学中，学习内容涉及很多四边形，主要有长方形、正方形、平行四边形、梯形。教师让学生先回忆已经学过的每一种图形，并在自己的本子上画出来，让学生在操作过程中体验各种图形的概念，促进了图形概念的建立，然后引导学生将这些图形之间的关系进行导图设置，区分出相近的知识点，使学生直观理解每种图形之间的关系，进而有助于学生理解多边形的概念和联系。这样教学，能够帮助学生自己梳理每一个单元的知识点，形成知识学习的整体思维，提高学生解决实践问题能力和总结归纳能力，以便在解决问题时得心应手（见图 5-11）。

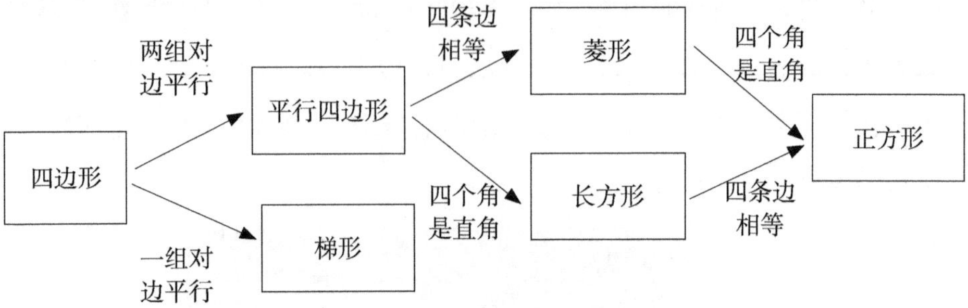

图 5–11 “认识四边形”知识导图

方法二：实施“任务驱动”教学。L老师在粤教版五年级科学下册《种子和幼苗》一课的教学中，主要以探究式的教学展开，以种子与幼苗的关系为探究的具体问题，引导学生动手实验，教师在整个过程中只是一个指导者。学生通过教师所创设的问题情境（我们生活中常见的种子）——提出问题（种子里面是什么）——猜想（种子的构造）——观察实验（解剖种子，观察种子的内部构造）——表达与交流（通过实物投影交流种子构造的共同特征）——巩固阶段（进一步猜想同一种子浸泡不同时间的发育变化是怎样的）——提出新的问题（种子的每一部分构造长成新植物体会是哪一部分）等一系列的探究过程。

这样设计，目标明确且符合学生的认知规律，学生能够在教师的指导下，以具体的任务解决为核心参与探究，根据生活中常见的“种子”——元认知到本节课的重点“幼苗”——新认知，形成一个认知的转变、内化过程。并通过小组合作探究的形式，让优秀的学生引导同伴之间的交流，给学生留下足够的空间，学习伙伴之间不同观点的认证、评价、辩论、补充、修正，而不断自我完善、自我提升，让学生学会学习，学会合作，学会指导同伴学习，真正成为课堂教学的主人。

（2）领导“方法”学习。M老师在人教版小学数学第十一册第五单元

《圆的面积》一课的教学中，充分运用数学方法（是指处理数学的思路、策略、步骤、途径等的概括性策略）作为指导的重点，让学生学习、理解什么是数学方法，能懂得从数学的角度提出问题，并能解决简单的实际问题，来培养他们运用数学的意识，实现数学教学的价值。其过程如下：

第一步是让学生自由谈谈对“圆”的认识，学生谈各部分名称、周长的有关知识、画圆的方法等。

第二步是根据圆的认识，尝试用已经学过的图形面积计算方法来探究圆的面积计算方法。

第三步是让每个学习小组发表自己的看法，考察学生的知识迁移能力。

第四步是教师指导小组代表对各小组的意见进行归纳，并点评。

第五步是让学生谈谈自己的收获：

生 1：我发现圆不论剪拼成什么样的图形，都能推导出圆的面积公式 $S=\pi r^2$。

生 2：我发现圆不管拼成什么样的图形，只是形状变了，而大小不变，也就是面积不变。

生 3：我发现圆可以转化成我们学过的图形，比如长方形、正方形、平行四边行、三角性等。

生 4：……

最后是教师总结：我们今天把新知识转化成学过的知识来解决问题，是我们数学上经常用到的数学思想方法——转化，在圆的转化过程中，我们就是使用了“化圆为方”的转化思想。教材上圆的面积推导过程只展示了一种方法，但是同学们却研究出了多种方法，特别是第三位同学独特的具有创造性的想法和前两位同学富有哲理性的总结，让所有在场的老师和学生都感到震撼。

这种教学方法就是引导学生学习学科方法，通过理解方法而掌握学科构成，为学习学科的系统理论打基础。教育家叶圣陶曾说过：教学，教学，就是“教”学生“学”；主要不是把现成的知识教给学生，而是把学科知识、学科方法、学科学习的方法教给学生。学生掌握了学科方法和学科学习的方法，就能够更好地运用，将学到的内容迁移到对同伴的教的实践中，让学生产生浓厚的“学教”兴趣。

（3）领导“价值”学习。Z老师在人教版小学语文第五册第11课《秋天的雨》的教学过程中，根据教材特点，教学中可以把握三个基本点来体现学科价值和课文赋予的价值：一是引导学生通过静思想象秋天的美，营造一个轻松和谐的学习氛围；二是通过导读和自己品读课文，感受课文的语言美；三是通过课后拓展，引导学生进入大自然去发现美、创造美。Z老师注重了语文学科本身蕴含的人文性和工具性目标设计，还重点突出了教与学的价值融合，实现了提升学生人文价值素养及让学生明白学习价值的双重效应。这篇文章内容丰富多彩，抓住了秋天的特点，从天气、颜色、气味、动植物等方面来描写秋天，从整体上带出一个五彩缤纷、欢乐、丰收的秋天。文章思路清晰、结构分明，采用了比喻、拟人等多种形式的修辞手法，通过生动的描写，让学生体会秋天的美好，感受语文的语言美。

价值是学科学习的“为什么”。黄甫全教授认为，“价值的学习涵括了在民主化背景中‘多元价值’的认同，可以分为两个层面。一是在个人自身关系中的‘体知情意’价值的学习。这关涉个人的生理与心理价值的关系，生理的各个方面的关系和心理的‘知情意’之间的关系，理想的目标是个人的身心及其各个组成部分的和谐而自由的发展，理想的模式是‘全人教育’。

二是在社会的个人与群体的关系中‘多元文化’价值的学习”[1]。

（4）领导“整体学习”。M老师在教学PEP小学英语三年级Unit 5《Let’s eat》一课时，考虑到语言知识、语言技能、语言运用、情感态度、学习策略各个要素，兼顾学生的原有基础和在此过程中的学法，确定单元主题“Food”，并围绕它展开的一系列教学活动。第一步是整体呈现学习内容，第二步是局部讲解各知识点，第三步是整体回顾亲历体悟，最后，让学生表述自己想吃的食物。

整体学习源于整体教学，它分为单篇课文或单独内容学习和单元内容的学习。课文整体学习是指充分利用教材所提供的资料，首先引导学生完整理解课文意思、表现形式以及词语间的搭配，然后，各部分的具体意思，包括字词句的运用，最后厘清部分与整体的关系、整体对部分的作用。其教学模式：整体→部分→整体，即宏观导读→微观剖析→整体吸收。课文的整体教学保持了课文内容和篇章结构的完整性，有利于学生提高语言的要素、结构、意义的整体理解和运用能力。整体学习可以根据一个单元或一整篇文章的内容来处理教学，主要处理好部分（段落）与整个单元（整篇文章）的关系，围绕单元或整篇课文的主线，吸收单元或整篇课文内容的精髓。无论是对单元材料的感知、理解还是总体把握，都不能离开单元材料的整体。

5.3 实践反思

在本轮的实践探索过程中，能够根据新学校发展中遇到的实际问题，

[1] 黄甫全编著.新课程中的教师角色与教师培训［M］.北京：人民教育出版社，2003：73.

抓住学校变革和可持续发展的根本——学习，作为提高学校教育教学绩效和领导综合水平的切入口，大胆探索学习领导理论在学校各个领域中的实践，通过综合性项目为切入口，营造了良好的学习环境，在领导组织学习、教师学习、学生学习的行动中，明确了领导的价值取向，建立院校协作学习社群，拓展领导来源，实施多元领导，在指导教师开展课题研究和推动高校课堂建设中，将领导权责分布给了教师，增强了领导广度和密度，在领导学生学习中以学科的知识、方法、价值为主要落实点，让教师更加注重学科内容和整体学习的重要作用，从而促进学生学习多元化。本轮的学习领导实践，初步改变了学校办学初期那种盲目、慌张、杂乱、低效的局面，取得了一些效果，同时也发现了本轮行动中存在的一些有待解决的问题。具体如下：

1. 实践效果

学习是创新的基础，创新是发展的动力。新形势下衡量人才的重要标准就是人的学习能力，衡量组织发展能力的重要标准也是一个组织的学习能力。学习领导的行动实践，产生了一系列良好的反应。

（1）校长尝试运用“五大价值”处理“学习—领导”工作。校长通过人文价值教育理论的学习，进一步理解了无论是学习还是领导，都必须把人放在第一位，以激发人的潜能为己任，并用同理心处理学校的一切事务。同时，为形成通过学习促进学校发展的共同愿景构建，提供了最大限度的支持，校长有信心通过综合性项目的学习，提升学校的办学内涵，培育学校文化。

一是认识了“真理”。教育的真理是遵循人的生命成长规律、激发人内在的无限可能性、挖掘人的潜能智慧，使人的尊严、个性的自由得到发展，使人无论处于何种环境，皆能在自己所立之处，阔达地创造幸福的生活，从而成全每一个人在本学习阶段可能达到的生命价值。那么，作为校长，在学校领导工作中，必须做到你讲的道理是先进的、你的发展思路是正确的、你的工作决策是正确的、你的具体措施是到位的，才能充分调动内部的力量和借助外部的力量，形成学校发展的合力，实现学校的快速发展。

二是实施了“仁爱”。校长通过H大学专家的专业引领、U-S协作共同体的专题研讨、学科人文价值渗透、高效课堂建设、“学、研、训”的相关活动，加强了对师生学习的人性关怀，能够自己将学到的知识、生成的感悟移情到师生学习的领导工作中，提高了师生对人文价值教育项目学习和实践意义的认识，增强了各自研究的自主性和创造性，并配备了相应的行动经费和奖励措施，使师生在积极学习的同时体验到了学习带来的收益，也因而激发了师生向更高层次的学习迈进。

三是激发了“善行”。学习是人的本能，学习要靠自己，学校只能适度启发兴趣，加以指导，不能用假话、空话、套话要求师生学习。校长用自身榜样示范去影响、激励、教育引导教师如何教出一个全人；激励、教育指导教师在领导学生学习时，既要关注“质”的培养（培养拔尖的学生），更要注重“量”的扩大（尽可能使每一个学生都有好的学习表现）；师生在校长的教化下懂得了如何对自己学业的成败承担责任，学会了如何趋吉避凶、放眼未来，学会了如何规划自己的人生。

四是大力提倡“非暴力”。校长能充分运用国旗下讲话、校会等机会，向师生宣扬学习的理念与价值，让师生明白道理，懂得学习的意义，懂得担当、讲究信用。平时通过唤醒、引导、创造环境，让师生的心灵宁静下来，让师生在宁静的状态下自觉学习、感悟、生智，要求大家加强沟通与合作，尊重他人，不强行灌输知识，避免惩罚正在成长的身体，严禁摧残幼小的心灵。

五是推进了“和平”。校长通过学习、践行人文价值教育的理念，懂得了领导的器量须大、心胸须宽，要记得教师在学习中所作的贡献，理解、包容学习暂时遇到困难的教师，听得进各种不同的意见，保护好、调动好、发挥好所有教师的积极性、主动性和创造性。感悟到学习不在于拥有多少知识，而是在不伤害别人的利益之下懂得如何将这些知识发挥作用。同时，能引导教师在学生问老师问题时，老师要学会倾听，要看学生的程度在什么地方，只能给他听得懂的部分，让学生对学习树立起信心，也不能讲与学生生活太远的东西，更不能用学生没有学习过的东西来考核评价学生。

（2）组织学习激发了师生主动学习、自主学习的志趣。综合性学习项目的实施，在 W 小学掀起了全校学习的热潮，在 H 大学协作团队的辅助下，改变了单一、单向，仅限于校内的学习局面，营造了学习拓展、交流互动、知识分享的良好氛围，激发了每一个成员的学习热情，形成了学习领导实施的有利环境。

一是教师静心学习。教师通过人文价值的学习，深刻地理解了学习是提高自己职业修养的一种行为，是教师生活的一种方式。在教师自学中，教师对学习能持以良好心态，辅以合理安排，学校予以创设读书分享、交流的平台，为教师的职业生活增添情趣。积极阅读的老师认为，静下心来阅读一本书，会在思维和情感作用下，让书籍内容发生“增值”，即当你看到类似的答案或对自己有启发的词句，使自己拥有了一种解决的方案，思路变得更加清晰了，运用于专业实践，在不断改善专业行为的同时，会产生心领神会、豁然开朗的愉悦感；当读书真正形成了习惯，融入了自己的职业生活，就会在阅读中促使那颗躁动的心慢慢地安静下来，享受书中的“黄金屋”“颜如玉”，在阅读中寻找到我们的信仰和精神支柱，在工作中以睿智的眼光和深沉的思想，去发现生命的真谛，去参悟教育的意义，让自己从容行走于美好的教育世界。主持课题研究和主动参加在职进修的老师，他们在教师发展共同体的活动中深感知识世界的精彩，已经由原来听从专家、教授、教育领导的教育教学指令变成为自己主动去发现、探索教育教学世界的真善美。同时，在人文价值学习的启发下，这些教师愿意主动分享知识，交流学习和研究的经验，自觉地寻找、整合有利于提高自己教育教学技能的学习资源，也为学生学习成就的提升调整自身的教育教学策略。

二是学生学会学习。学生通过老师的示范、引导，学会了根据书籍提供的目录先大致了解书籍的内容，了解书中所表达的是什么问题，这些问题是基于事实、偏好，还是判断，问题蕴含了哪些信息，作者是如何根据这些信息来解决具体问题的，其结果是怎样的，等等；知道、相信自己能从指定书籍的阅读中学习到自己想要的东西，请学生静下心来耐心地去阅读，能根据自身解决问题的需要，找寻证据和事实，独立思考，形成适合自己的答案和解决问题的思维模式。个别学习能力强的同学也学会了根据书籍的内容，用关键词及其关联画出书籍的知识导图或知识树形图，厘清知识的脉络，整理和完善自己的学习思维，还能主动、大胆地提供给老师和同学学习、参考。

（3）唤醒了教师的学习领导意识，学习领导的权责得到分布。在人文价值教育精神的鼓舞下，语文、数学、英语、品德与生活学科重点开展了学科结构、整体学习方面的高效课堂研讨和实践，老师们充分认识到：①人文价值与高效课堂相结合的实践，让自己开阔了视野、开放了心智、激活了思维；②明白了领导学生学习是教师的使命与责任，教师自觉、主动地学习更先进的教学理论，选择有效的教学手段，使学习指导尽量做到以生为本，帮助学生提升学习表现和成就；③教师在领导学生学习的过程中，学会了整合资源、换位思考，学会了如何去唤醒学生的学习潜意识，激发每一个学生的学习潜能；④通过互动交流、合作探究，形成了通过人文价值教育提炼高效课堂特色的共识，培养了一批先行先试的优秀青年教师；⑤推动了学校领导方式的变革，学校领导乐于倾听教师对改进课堂教学的意见和建议，领导与教师、教师与学生的沟通变得越来越频繁，学习的氛围变得更加浓郁。

（4）教师加强了学科学习的具体领导，教与学的能力增强。通过人文价值教育项目的学习和高效课堂建设的实践，教师在领导语文和英语学科的学习中，能够做到：①从故事的主人公身上去引申。语文和英语教材中描写人物占有很大的比例，课文中人物的语言、行动、情感以及作者所做的旁白或运用的修辞手法是最具有感染力的，其目的就是要通过故事的主人公及作者细微的描写来陶冶和感染学生，以达到知识、方法、价值整体学习的目的，为了达到这个目的就得引导学生以课文中主人公形象为基础向外引申。②从教材内容或事件本身去引申。语文和英语教材中有为数不少的以叙事为主的课文。这些课文有的夹叙夹议，有的歌颂美德，是很有教育意义的。我们从人物、内容、表达方式和蕴含的思想，对学生进行价值渗透、思想教育和经验积累。③从生活画面中去揭示。学生的生活经验、视野相对于成人来说比较窄，课文所描述的点点滴滴的生活场面或事件，以及作者为了描写人物活动而勾画的环境等，都是经过作者加工整理的，是有目的地让读者从学习中去感悟和懂得一定的做人道理的，在今后的生活中学会处理具体的事情。因此，这些生活画面也就自然成了促进学生整体学习的重点。④从思想感情上升华。以“情”感人是语文和英语的重要教学手段，是学习领导理念渗透的理想境界。学生在学习中能用同理心去对待周边的任何事，能尽自己的能力去帮助身边需要帮助的人，能为自己的学习承担责任。

在领导数学学科学习中，教师通过借助数学知识载体进行符合学生年龄和心理特点的方法和价值的渗透，使学生理解科学的学习不但是知识，还包括方法和价值，学习需要从整体角度去思考。教师能经常运用激励的方法对学生进行引导，让学生充分感知整体学习意义。比如：①数据对比法；②观点熏陶法；③实践锤炼法；④人物激励法；⑤活动诱导法；⑥言行感染法。

2. 存在问题

（1）从学习领导的主要领导者作用来看：校长学习的自我领导的榜样示范作用，对师生没有真正起到很好的影响、教化功效。

（2）从学习领导的结构来看：学习领导模式下还沿用科层制组织结构，阻碍了学习者的人际关系改善发展，不利于培养优秀的学习领导者。

（3）从模式运行的角度看：该模式虽然涉及学习领导的各个层面，但是学习领导的环境没有得到进一步优化。

5.4 制订新一轮实施计划

2009 年 7 月底，与 H 大学的协作已经结束，这就意味着接下来的模式实践研究只能靠学校内部的力量来完成。于是，2009 年 8 月 28 日上午，校长召集学校班子成员、硕士教师、家长代表共商学校发展大计，同时根据上一轮实践中发现的问题，提出了新一轮的行动计划。（新一轮完善行动持续两年，从 2009 年 9 月至 2011 年 7 月。2011 年笔者因任职期满，轮岗到另外一所学校工作。）

（1）探索校长自我领导学习对师生的影响途径，培养更多具有学习领导功能的教师。

（2）构建扁平式的学习领导组织结构，改善领导关系，增强领导力。

（3）运用校长在学校领导中的行政影响，营造良好的学习领导环境。

5.5 本章小结

任何理论的价值和意义的体现都必须通过实践来检验。本章根据学习领导模式的基本模式，运用态势分析法对研究个案 W 小学的优势、弱势、机会和挑战进行分析，找到以学习为促进学校各方面发展的路径，以教师专业发展为突破口，与 H 大学建立了“学研训”协作共同体。在开展人文价值教育综合性学习项目、高效课堂建设、指导教育科研和鼓励学历进修等方式的过程中，渗透学习领导理念，强化学习领导的积极作用，通过建立学生学习共同体、实施有效教学等活动来分布学习领导权责，教师明白了对学习领导的积极意义。特别是学习领导的具体指向问题得到了解决，领导学生学习应包含学科的知识、方法、价值和整体意义，这样才能使学生学会学习、自主学习、终身学习。在运行结果的反思中，发现了学习领导对校长、师生和学校组织的发展具有相当重要的意义，也发现本轮的实践中存在校长的主要作用及现有的组织结构和领导环境方面存在的问题，急需在新一轮实践中加以改善。

6 学习领导模式的完善过程

学习领导是一个新的学校领导范式，在上一轮的行动实践中，师生对学习领导的内涵、作用和实践运作有了初步的认识了解，学习领导对教师专业发展、学生学习成就和学校整体发展起到很好的推动作用。在知识信息化、学习社会化的大数据时代，领导者的主要角色和职能发生了根本的改变，不但要兼顾传统领导者的角色任务，还要创设有利于学习绩效提升的扁平式领导结构，进一步优化学习领导的环境。以此促进校长自我学习、领导组织学习、激励下属群体和个体学习，扮演好学习的设计者与促进组织学习的教师及服务者的角色。因此，校长自身的作用和领导方式的选择，领导结构的改善及领导环境的优化直接影响学习领导模式运作的成败。

6.1 强化校长的领导作用

在前面的三年中，通过学习推动了学校的整体发展，如今在没有外援的情况下，唯有靠校长深化学习领导理念，进一步加强对学习的领导工作。因为校长是学校的法人代表、领导班子的核心，对学校规划学校发展愿景的负主要责任，所以学校学习情境中，如何改进上一轮实践中存在的问题并创造新的业绩是校长的责任。

1. 加强学习的自我领导

笔者已有十多年的教育经验，又获得硕士学位，按道理完全可以适应小学阶段的知识和经验的要求，但仍然觉得自己的学识对于领导一个快速发展的学校来说是相当有限，好多领域的知识不了解，好多应当读的书没读过，这就让自己始终把继续学习当作生活和工作的主要内容。笔者认为持续的深度学习，才能开阔视野、开放心胸、开启思维，才能在学习中不断调整自己的知识结构，改善办好学校的思维模式，精炼自己的办学思想。最重要的是，学习能使自己保持一颗年轻的心，不会让精神快速地老去，而且有成为学习型校长、教育专家的可能性。基于这种思想和行为表现，笔者能克服很多困难，每天安排一定的时间学习，不放过参加教育行政部门举办的各种学习班的一切机会。因此，校长的学习对学校成员产生一种"此时不学更待何时"的积极影响，也让教师领悟到"学然后知不足，教然后知困"意涵，而不好意思不学习。2009 年 10 月，国务院学位委员会办公室公布了《关于开展教育博士专业学位教育试点工作的通知》（[2009] 47 号），并在全国 15 所高校开始试点招生，这是教育专业学位的最高层次，其培养目标是造就教育、教学和教育管理领域的高层次、职业化的专门人才。笔者认为这是一个很好的学习平台，也是挑战自己的一次重要机会、一个新的学习目标，于是，就下定决心复习备考，希望能够通过更高层次的学习，激发自己的潜能，使自己有一点教育的浪漫情怀，能系统思考学习领导的方式方法，借助学习领导理论提高学校领导的绩效，又可以结合实际创造更加容易操作的模式。

2. 注重组织学习的价值领导

校长对师生的学习领导，目的是启发师生的心智，改善自身和师生的思维模式和行为方式，让学习帮助“我”成为“我自己”。笔者通过自身的学习经验告诉师生，向经典学习就是与高人进行心灵的对话，使自己更加明白事理；向他人学习不是为了成为“他”，而是为了成就“自我”，积极参加组织学习是既能成就自己，又能成就他人和组织。因此，让学校成员都能认识到学习使人变得聪明和有教养，学习是学校人的一种基本责任。笔者认为，每一个人都可以通过学习提升自己适应社会的能力，对于教师来说，只有比学生更主动学习且善于学习，他才可能会“教”，会去努力改善“学”，因而才可能是“师”，也只有比学生更知道学习对人的发展的重要性，他的“教”才会不断地提升，才能更显其价值；对于学生来说，只有学会学习、学会合作才能有更好的生活，也只有通过学习，才能更好地成就自我生命的价值，创造更加美好的未来。

3. 培养学习领导者

经过前面三年的学习领导实践，笔者充分认识到师生才是学校的主人、学习领导的主体。校长必须帮助师生的个人发展，以实现学科组、班主任工作业绩提升，这样不仅会赢得师生的拥护，同时也会使学科团队、班级的发展速度加快。

（1）校长运用分权、授权、协作、团队等组织行为学的原理和技术，在校内安装便于校内信息发布、交流的腾讯通软件，让专门接收外部信息、文件的文员，第一时间把接收到的信息与文件分内容发给领导及相关部门和普通教师，让教师及时作出反应，同时，学校领导、部门负责人根据文件的精神或要求再具体部署。其优势在于：一方面便于学校与外部（上级主管部门、社区等）的关系，外部的业务培训、竞赛、名优教师的评比信息直接发到一线教师手中，为每个教师提供共享信息和广泛交流的机会，让教师知道的信息与校长知道的信息是同时的、对等的，以让学科组、教师及时对外部信息作出反应。另一方面，围绕学习理顺学校内部（校长、教师、学生等）的领导关系，让每一个成员的学习需要都能受到关注，为他们创造良好的学习和沟通平台，让积极主动、成绩优异的师生都有展示自己才华的空间和机会，并引导师生把个人的思想和感情都投入到一种为团队目标作贡献、分担责任的团队环境之中，促进成员之间的相互协作，推动团队不断地开拓学习的新途径。

老师们反映：信息、文件的即时传输，让教师有了第一时间的知情权，各项工作都变得积极主动了。同时部门负责人、学科带头人能够按照信息、文件的相关要求，主动安排好教师业务学习及先进学科组的建设工作，并带领团队师生共同构建自己的特色。

（2）为了给予优秀学习者发展的连续性，笔者充分运用行政手段减少有碍于师生持续学习的各种影响因素，尽一切可能去调动全体师生学习的积极性，使培养优秀学习者的目标能够从质的追求兼顾到量的扩散，从而增强团队学习力，形成整体发展的立体思维。同时，创设机会让学习优秀者承担对师生学习的领导权责，为他们提供必要的人力、物力支持，减少行政干预和维护他们的形象、声誉，让他们大胆地为学习奉献自己的才智。

数学科组长的 W 老师，在数学教育教学方面有比较深厚的功底，学校为了使他有更好的发展平台，专门给他和数学科组开辟了“数学智慧乐园”教室。一方面，W 老师能深入开展专题研究，培育学科教学特色，另一方面，他能带动整个学科组的发展，开发校本课程。2010 年 3 月，W 老师编著的《小学数学学习病理学》由广东高等教育出版社正式出版，数学科组被评为市级先进学科教研组；2010 年年初 W 老师编著的《数学智慧乐园》校本教材开始正式使用，学生在参加市数学科技竞赛中获得团体一等奖，2012 年 12 月《玩转数学智慧乐园》著作由广东高等教育出版社正式出版（见图 6–1）。

图 6–1　W 老师编著的《小学数学学习病理学》、数学科组被评为市级先进学科教研组及 W 老师编著的《玩转数学智慧乐园》

教师发展部门的 L 老师认为，为学习优秀的师生搭建的成长平台，让很多教师都能独立主持一项大型的业务学习、综合性活动，提升了他们的学习成就感。同时，他们通过主持大型活动及全校性的课题研究，能主动地对某一领域的知识、技能进行前期的深度学习、深度思考，形成自己独挡一面的能力（见图 6–2）。因此培养了一批省市级的骨干教师、学科带头人，个别教师还承担了市级名师工作室的主持人。

图 6-2　由笔者主编 W 小学课程改革书籍、专著，首届教育博士生 L 老师的专著

6.2　构建扁平式的领导结构

根据学习领导的内涵和笔者在实践中的感悟，学习领导绩效的体现，必须减少传统的履行常规管理的职位和层级，根据学习多元化的时代发展要求，扩大领导的范围，增强领导的密度，发挥学习领导应有的价值。

（1）为关照学校的主体——人（师生），即教师的职业尊严和学生的发展可能，实现了让专业人士做专业的事情。笔者经过对教育原理的潜心研究和实验，结合教育者、教学内容、教育手段、受教育者四个教育的基本要素，创造性地提出了“一室四中心”的扁平式领导结构，即在校长室的领导下设立教师发展中心、学生成长中心、课程教学中心、资源服务中心。特别是教师的专业部门的设立，教师日常的学习培训、课题研究、成长规划和人事工作有了专人负责，为培养优秀的学习领导者提供了有力的保障；学生中心加强了与家长和关心下一代工作委员会的联系，切实提高了教育的合力，为培养美好未来的创造者提供了良好的学习、生活环境。

“一室四中心”的组织结构模式，调整了管理权力的强度和范围，在突出四个教育要素的管理功能的同时，加强专业研究、专业引领、专业推动的组织支持，充分发挥每一个基本要素的最大效力，共同服务于学校的发展战略，实现学校更大发展的共同愿景[1]。这种领导组织结构是 W 小学的一个创举。据此，W 小学的课题立项的数量位居全市第一，获得省教育创新成果奖的数量由零变为每年最少有一项，2012 年学校荣获市基础教育科研先进单位（见图 6–3），校长被评为教育科研先进工作者，L 老师被评为教育科研先进个人等。在课程教学部门的苦心经营下，语文、数学、英语先后获得了市先进教研组的光荣称号。家校合作工作在学生中心的努力下，家校互动频繁，绩效显著，获得市家庭教育先进集体、市优秀家长示范学校、市关心下一代工作先进单位称号（见图 6–4）。

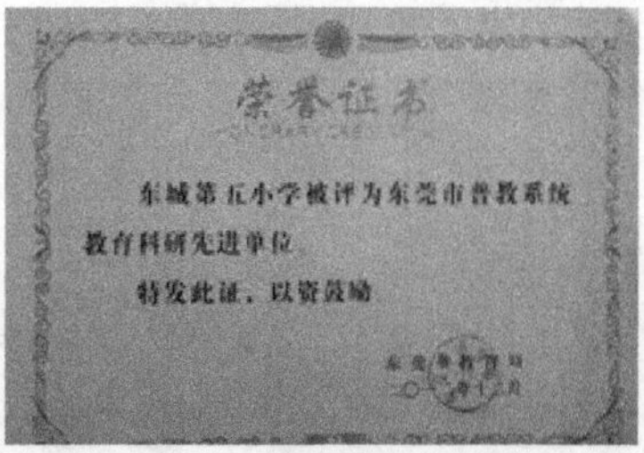

图 6–3　学校荣获市基础教育科研先进单位

图 6–4　获得市家庭教育方面的荣誉及在全省教育创新优秀成果会推介会上的展示

[1]　刘建强.学校组织变革之“功能—要素”取向[J].教育研究与实验，2012（6）：72.

（2）为了进一步促进校本学习工作，校长充分激发了教师的学习领导潜能，W 小学每月举办一次校内教师专题“百家讲坛”，由学科学习小组推荐出教师代表或轮流做专题，专题内容不限于学科教学，可以是国学经典、教师礼仪、家教新鲜事等，让每一个教师及优秀家长都能够参与到校本学习中来，大家在一起互相学习、共同探讨、共同进步。重要的是拉近了领导与教师之间、学校与家长之间的距离，关照了师生、家长在学校组织中应有的尊严，相信学习能够使各项工作做得更好，也因此促进了学校学习的全面发展，提升了学习的品质。

W 小学的校本学习模式，得到了社会和教育主管部门的支持和肯定，也有很多兄弟学校在效仿、改进。因学校的各种学习活动形式多样、效果明显，2009 年被广东省教育厅立为校本培训示范学校，2011 年被评为省首批校本培训示范学校先进单位（见图 6–5）。

图 6–5　2009 年学校被省教育厅立为校本培训示范学校、2011 年被评为省首批校本培训示范学校先进单位

6.3　优化学习领导环境

任何领导活动都是在一定的环境中进行的，领导目标的实现和领导效能的提高，不仅取决于领导者自身的行为取向，还同它所依存的环境密切相关。学习领导有效实施及模式的优化，离不开良好的领导环境。

（1）校长以自身的专业知识和学习魅力激励全体教师和学生，积极履行了改善学习环境、培育新型文化的责任，清楚地向师生表达在学习方面如何“领”、如何“导”，师生在学习中同样可以行使领导的义务与责任，学校对主动学习的师生给予充分的肯定，对学习成绩突出的师生给予表扬，对敢于且善于引领小组、团队学习的师生给予隆重表彰，以此激励学习的有效发生和持续进行，营造具有学校特色的领导氛围，打造和谐的领导共同体。

（2）校长经常通过学习领导理念的宣讲，让师生理解学习和领导的辩证统一关系，学习是为了领导得更好、更有效，领导是为了组织成员更好地学习，学习领导是一种以道德目的为价值追求的活动；把学习作为领导的核心，学习优胜者都可能并可以成为学习的领导者。因此，学校优先考虑学习优秀者评优评先的问题，帮助他们寻找更大的发展空间，给他们提供更加专业、更高层次的学习机会，让他们充分感受到学习丰收带来的喜悦。W 小学在近几年时间内为兄弟学校输送了 5 名教导处主任，培养了 1 名教导主任成为副校长，1 名教师评上市级优秀教师，1 名教师评上中小学高级教师（副高级）。教师看到了学习所赋予的专业成长希望，也使教师产生了学习的心理满足感。

（3）为保证领导目标的实现，W 小学采取只奖不罚的激励措施，指导各部门将学习目标与领导的中心工作结合在一起，鼓励领导抓好领导与学习的目标的分解，落实好相关人员的领导责任，并按照学习的进度检验领导在其中的表现。降低了干部和部门负责人对领导的恐惧，消除了怕达不到目标的焦虑心理，使每一个干部都能尽情地发挥自己的主观能动性和聪明才智，享受学习、享受领导。并通过制订只奖不罚的绩效奖励方案落实目标责任制，克服朝令夕改、随意变通，真正使学习领导任务由软指标变为硬指标，同时根据学习领导的需要，及时提供人力、物力、财力上的支持和精神上的鼓励。

（4）学习是为了发展，在学习领导实践中校长和教师都能充分感受到校长的专业水平与教师专业发展、学生学习成就是一种相辅相成的统一关系，明白了未来的成功取决于个人的表达与创新。校长通过指导师生弄清楚各自的学习目标、任务，认真审视学习中存在的问题，找准自己与其他成员的差距，提高化解学习问题的意识和能动性，切实担负起自己应尽的责任，并通过自己宣讲、邀请专家辅导的方式指导师生拟订学习计划，引导师生自我管理学习。因而使学习领导关注到师生的每一个学习环节，学习领导的成效更加明显。

W 小学在全校教师中开展设计“个人发展规划”活动（见图 6-6），引导教师结合学校发展规划自主制定个人发展计划，运用态势分析法（SWOT 分析）剖析自己的优劣势、机遇和挑战，从而确定明确的努力目标。学校领导和优秀教师帮助教师完成个人发展计划，并以“学习，成就美好人生”为题，在全校开展学习规划的交流与研讨，提高自我规划的意识和能力，强化学习理想信念，对自己的人生目标进行高质量的定位。

图 6-6　校长和 W 教授个人发展规划和“学习，成就美好人生”的主题分享

6.4 学习领导模式实施的效果

本研究成效的验证，是根据质化研究深度访谈的方法，将收集到的文字、观察、录音等相关资料，采用归纳分析方式对具体问题做出分析与解释，并找出计划和结果的不一致性，从而反思、探讨下一步如何修正及拟达到什么目标。

1. 学校的领导现状得以改观

学校在近五年的工作中，发展的速度相当快，校长具有大局观念，在接受上级教育行政部门的管理、指导和社会舆论监督的同时，能够深入新课程的改革，以教师专业发展为突破口，注重以学习提高教师的整体素质，完善学校的知识结构，形成学校发展的共同愿景。在协作共同体的活动中，通过领导学习，提高了教师的现代教育技术水平，干部的创新意识、创造精神和民主、平等、实事求是的思想作风得到改善，学校的组织管理能力、协调能力有了明显的提高，特别是校长的自我领导学习精神，带动了全校师生走向学习改善工作和生活品质的自觉道路。在访谈中我们了解到：（1）教师发展部门已经深切地感受到近年来校长特别注重学习和指导师生学习，学校的学习氛围变得浓厚，让老师们受益匪浅，学习让自己变得更加心平气和。（2）课程教学部门认为：校长关注的是通过如何引导师生学习来促进学校的发展；校长本身的学习精神影响并带动了全体教师通过学习走向幸福人生的道路。（3）在读教育硕士生谈到，自己平时也会学习，近几年受到身边同事、领导，尤其是校长学习那种学习精神的影响，同事（硕士）学习带来的高效工作启示，增强了自己学习的动力。（4）普通教师都明显感觉到学校领导很关注学习，现在感觉学校是一个学习的乐园，每天都会不由自主地学习，人变得自信了，不再像以前一样害怕问题、逃避问题，而是知道向别人学习，琢磨别人的思维模式，敢于尝试着去面对问题、解决问题了。

2. 学习的领导环境得到改善

在H大学的辅助下，学校把领导“学习”作为改善一切工作的核心。学校以综合性项目作为全校性学习的切入点，统一规划了个体、团队和组织的学习，营造了“学习即工作、工作即学习”的氛围。校长在领导学习的过程中起到了榜样示范作用，干部能把校长的学习领导意图落实到具体的工作当中，敢于大胆发挥在自身学习中的领导作用，改善了人际关系。教师的学习主动性增强了，向外索求学习资源的自主性提高了。教师在学习中也充分认识到领导学生学习的全面性、针对性、可持续性，学生由依赖性学习逐渐转变为自主性学习。在访谈中我们了解到：（1）校长领导师生学习的方式是先带领大家认清形势，了解学习对教师这个职业的重要性，接着向大家推荐并利用专项经费购买书籍，并搭建读书展示交流平台，分享读书心得体会，还对勤读书善读书的老师进行精神激励和书籍奖励，更重要的是校长运用榜样示范、言语激励，与大家分享学习信息、读书体会激发了师生学习的兴致；认识到自己既是学习的执行者，也是学习的领导者，虽然压力很大，但是还能够像校长那样“不是给我上，而是向我看”，帮学生结合具体课文梳理并习得学习方法，培养自主学习的好习惯和“兵教兵”的方法创造良好的学习环境，引领学习的氛围。（2）校长通过开展各种大型活动，如人文价值教育、学校长期积累下来的兴趣班（微型课），让每个老师、学生都必须学习和掌握一两门学科知识以外的技能；学生在人文价值教育中表现得很突出，敢于指出教师教学中存在的问题，表达自己想要学习的事物和参与的课外实践，我们的老师本着人文关怀的精神，欣然接受学生的意见和建议；特别是在体育大课间项目、家长进课堂的大型学习活动中，先学会的学生自告奋勇地教本班的老师和学生练习；在全体师生都以“学习”作为中心工作的情况下，也发现了有部分干部、年纪略长的教师对校长的领导方式有较大的抵触情绪，因为教师学习得快，表现太优秀了自己没办法驾驭，优秀教师虽然优秀，但是个性强，小错误也常有，给管理带来较大的压力；年纪略长的教师不用学习也能捱到退休，何苦要这么累，这些现象不容小觑。（3）教育硕士生从自己的学习情况来看，首先是学习更加系统且有针对性，注重改变自己的学习方式方法的同时，学习到了大学教授如何把握学科结构点拨学生的学习，使自己能够从不同的学科角度看问题，以更加宽的思维去理解和消化知识，为今后如何指导科组或同事学习提供了参考；从学科组和集体交流来看，向名校学习的机会还比较缺乏，自己感觉到通过学习有较大的进步，但从横向对比的话，不到名校的参观学习是检验不出来的，希望多找到一些渠道，带领这些硕士教师到名校去学习；从学校综合性的学习项目来看，无论是构建学校特色的校本微型课程学习，还是人文价值项目学习、综合性的文体活动、家校共建交流活动，都能做到有计划、有步骤，从上到下互相学习、互相促进，不但没有影响考试成绩，而且考试的“一分两率”（平均分、合格率、优生率）还稳中有升，但是强化的力度还可以再大一点；我们经常从大学教授、校长和其他优秀教师那里得到一些启示，使我们更加注重对学生学习兴趣的培养，注重学习价值和学习意义的引导，特别是在人文价值教育项目的学习、感悟中，我们知道了如何遵循教育的规律，以学生为本，以帮助学生将来能幸福地生活为目标实施教育教学。（4）一些老师说，校长创设的各种条件，让我们与高校和兄弟学校加强合作与交流，让我们经常聆听到校园之外的声音，激发了我们学习的欲望；校长自己也很善于聆听我们老师的教育故事，能读懂我们的内在需要，并有针对性地交换他的想法，介绍一些理论书籍让我们学习，启发我们怎样反思和如何写好教学反思、教育叙事等，还帮我们结集出版；我们经过校长在听课当中给我们指出的如何理解学科的结构和整体教学方法，大家都能按照自己的理解提高课堂教学的效率，重点探索学科知识、方法、价值和整体的教与学；课堂上通过改善学生的读书习惯、上课习惯、作业习惯和思考问题的习惯，强调深刻理解整体学习与综合素质提高的关系和意义，因而激发学生学习的志趣，提高自信心，增强成就感，能自觉地把学习的内容和方法在新的情景中迁移应用。通过帮助学生进行学习的“一对一”结对，让优秀学生带领、帮扶学困生，这不仅让优秀的学生更自信，沟通能力增强，而且学困生更乐意接受同伴的帮助，理解得更明白，成效更显著。

3. 学习领导开阔了学习的渠道

由于知识的衰减期加快，教师发现原有的知识越来越难于适应新课程改革的发展需要。通过与大学院校建立协作学习关系以来，教师深感自己的理念、知识、技能亟需改善，以一个普通学习者的身份自愿投入各种学习中。教师学习不再局限于学科和学校，在大学教授、硕博研究生的学习指引下，开辟了综合性项目、高效课堂项目、课题研究、学历进修和网络研修、学校联盟研讨等方面的学习，使知识的传播渠道变得更加畅通。因为学校学习的氛围得到改善，知识的传播渠道变得更加畅通。在访谈中我们发现：（1）学校大部分老师都受校长的影响也喜欢上了学习，一些教师设法挤出时间参加业务进修，或联系教学实践学习，或向周围同事学习，也有教师以忙而无时间或教龄长经验足无需再学等为由拒绝或敷衍学习，还需要学校领导注入更多的正能量，以把握好教师学习的最好时机。（2）课程教学部门的老师说，我们以往都有科组学习、班主任培训、备课组讨论等集体学习活动，现在不但有校内的工作性学习，而且还有人文价值教育项目学习、与在校的硕博研究生互动学习和随时可以进行的网络学习，通过学习与交流，增强了师生的主体责任感、荣誉感和责任感，激发了师生对学习和学校发展的美好向往。（3）教育硕士生说，校长和其他学校领导能参加学科教研、班主任工作交流、读书交流等，跟我们一起学习、一起研讨，发现了我们的学习资源不足，能够想办法联合兄弟学校之间的教学研究与交流，引进大学院校的教授、硕博研究生到现场调研和指导，拓宽了老师们学习、研讨的时空，提高了学习质量。（4）很多老师都感受到，教师的专业成长是教师追求教育理想的必经之路，校长做好了榜样，带动的将是整间学校，受益的是全校师生，变化在日积月累中，成就在千里之外，老师觉得学习必定会让自己的人生更加厚重。我们现在能主动寻找学习资源，把去兄弟学校搜集到的及网络上下载的优秀学习资源在学科组、备课组共享，在科组长的关照下能自主开展集体研讨和分散学习。

4. 学习领导者的技能得到提高

在学习领导模式的运作过程中，校长能够不断地对“学习”进行全方位的统筹、协调，为师生的学习整合各种资源，如大学资源、家长资源，把学习的领导责权分散到优秀的教师、学生和家长的身上，教师从中学会了是一个等待过程，学会了反思。对自己和学生的学习必须有足够的耐心，要有担当的精神和勇气，敢于针对自身的不足加强向周边的人和事学习，切实能为自我和学生学习成就的提高担负起责任。同时，老师们体悟到了如何“领”、如何“导”、如何“学”，懂得了指导学生学习是一个循序渐进的过程，学习必须与思考相连、学习必须与实际工作相连，才能真正理解和掌握一门学科的整体内容，对自己的教学思想和行为做符合学习者学习规律的调整，相信学习者有能力和信心提高学习成绩，这样才能使教与学保持最有效的状态，也从中提升了自身的学习领导能力。在访谈中，我们了解到：（1）影响学习的领导因素是自身对学习的领导内驱力和本身的学识涵养，自身对学习的重视程度和学习时间的规划、安排等；学校领导在领导学习的过程中遇到的困难是缺乏经验，不知如何着手；造成这些困难的主要原因是我们本身的主观能动性不足，不敢领导，需要加强学习领导的艺术。但是通过长时间与专家教授和硕博研究生的交流，从专家、教授身上习得了一些指导他人学习的方式方法，增强了自己学习和领导他人学习的自信心。（2）在没有突出学习领导的重点以前，学校领导在学习过程中遇到的困难是对学校文化（学习文化和领导文化）的理解和把握不够准确，学习的自我领导动机不够强烈，对学生的环境需求和学习内容的需求了解不够深入，围绕某个专题的知识建构相对欠缺，学习内容相对零散，学习效率不够高，原因可能是缺乏有效的学习方式和自我建构知识体系的方法，缺乏对自己、对领导和对学生的深入了解，故无法有针对性地各层次的学习进行领导。但是，这几年与H大学合作开展的综合性项目学习，促进了校长、教师、学生和家长之间的交流，发现了师生的知识尚未完全激活，也发现了有些教师原来是这么有才的，在这几年的学习中，一个原先很平常的教师忽然成了领军人物；也发现不知是校长的授权不足还是干部、教师的理解能力和主动性不够，目前除了学科组长、骨干教师和在读硕士生敢去引领学习、组织课题研究，还有一部分教师不愿参与和分担相关的责任，大家互动的频率不够。（3）以前，影响我们学习的因素主要是学校安排的时间短，有时还没有交流完就因为到时间了而停止，经常令人感到遗憾。现在，校长会根据我们写的论文和教育叙事，安排好时间，分批进行交流和及时点评，指导我们如何选择论文题目，如何抓住关键词，如何从理论来源与发展来分析自己所要表达问题之间的关系，如何根据自己的案例或经验提炼出新颖的观点等，每个学期都有两三次这样的活动。我们从中学会了自我指导学习、研究，也懂得了如何跟同事、硕博研究生互动、交流。（4）有些老师谈到，领导对学习有严格的要求，既得到领导的鼓励和帮助，又让自己有时感到很痛苦、难过，我们希望在学习要求上更加人性化，学校的环境能给学习者更多的学习选择权，降低一点要求，同时辅以尊重个体、彰显人性（对年长教师）的评价机制，让大家自然地爱上学习；教师在教学中能从注重知识的教学转向学科的结构和整体来设计教学，学生学习的兴趣浓了、阅读量大了，是一件好事。但是他们的表现欲太强了，经常在教室里叽叽喳喳地讲个不停，影响其他同学学习，有时真不知怎么办好。

5. 学习领导的来源更加广泛

学习是每个人走向成熟的重要途径，在学习的道路上必须得到不同层次、不同领域的“导师”指导，才能使一个人的素质得到整体提升；学习必须通过领导他人、实践反思才能检验出自己的学习成效。对教育工作者来说，领导他人学习、为他人提供学习服务，才能更好地成就他人、成就自己。因此，很多优秀的师生都能在学习中发挥自己的优势，培养和展示自己的领导能力。我们在访谈中了解到：（1）学校通过建立教师共同体、学生学习共同体，免费提供学习资料、搭建交流平台、诚邀专家帮助提升等保障学习目标的落实；学校把提升教师、学生的学习力作为建设精品学校的核心内容，并能提供一切精神与物质资助等保障机制。特别是新的领导组织结构，拉近了领导与师生的距离，相互之间的关系更为密切，交流更加频繁了，新的组织环境激发了师生的潜能，给每一个学习者创造了表现的机会，让老师们感到只要深入学习、持续学习，都有可能成为学校领导中的一员或者是学科带头人。（2）学校对每一个层次的学习都有明确的要求，也给每一位分管的领导下达了具体的任务，为干部领导学习提供了极大的支持，很多教师都愿意用自己的学识来影响同事、鼓励学生，互相引领、互相成就。（3）学校领导最能让我们点赞的，一是给我们提供了最好的学习装备，给我们每个硕士生提供功能强大的文献资料搜索、下载的帐号；二是与 H 大学建立了硕士、博士学习的协作共同体，给我们一个高大上的学习、交流平台，有一种找到儿时伙伴的兴奋感觉，提高了“我的学习我做主”、“我的学科、班级是我的‘责任田’”的主人翁意识。在校学生年轻有活力，他们的学习思想和创造意识对我们影响很大，我们很愿意在实践上帮助他们，他们也乐于在理论上帮助我们；三是我们在给其他老师做成果分享时，给我们提供很好的发挥空间，给我们鼓励，维护我们的形象，增强了我们的信心，我们都很愿意为学校领导分担一些力所能及的工作。（4）因为老师们都能熟练地运用现代化的学习手段进行学习，学校领导能够根据师生需要什么学习环境、需要什么学习工具和学习资源，给予及时解决和优化，并提出相应的学习进阶和奖励措施，对喜欢学习的师生来说是一种莫大的鼓舞，老师们可以通过网络引领同事和学生学习，家长们能通过 QQ 群分享家庭教育的经验，引领家长伙伴学习。

6. 学校的美誉度大幅上升

金杯银杯，不如老百姓的口碑。学习领导模式的成功运作，打通了通往高效学习、共享领导的路径，改善了学校的知识结构，个体和组织自身积聚了能量，改变了气质和思维方式。这些改变，促进了学校每一个成员自身的发展和学校各项工作的整体发展，也因而展示了新学校应有的新气象，赢得了各界的赞许。在访谈中我们了解到:（1）根据教师发展部门统计，在这几年的发展过程中，教师的理论水平和专业技术迅速提升，有18人在攻读硕士学位（含已毕业的），占全校教师总数的37.5%；教师的科研能力有了突破性地提高，学校现在市立项课题共15项，省级课题2项，教师撰写论文的水平明显提高，无论获奖或发表的数量都较以前增加，教师在上课、评课中运用正确的学术语言表达方面有了很大的进步；学生课外书的阅读量大，参加上级组织的各类比赛活动摘金夺银，连续多年初评为区优秀读书组织单位，教学质量近三年连续荣获一等奖，学校办学水平提高很大；自己在领导学习的过程中，学会了整合资源并用辩证思维、发展眼光看待师生学习成就的提升以及教育教学事业的发展，虽然跟着校长这个学习领军人物学习起来有些吃力，有时事务多的时候还难免有些急躁，但知道唯有学习，才能让自己变得强大，痛并快乐着。（2）课程教学部门干部说，各级领导强化学习领导对学校的整体发展有极大的推动作用，人文价值的长期熏陶，使每一名师生体悟到了如何做人、做事，如何学习，促使语文、数学、英语三个学科都得到最好的发展，能先后获得市先进教研组殊荣，社会美誉度越来越高，大家都特别拥护，希望继续引领学习，发挥每个教师的领导作用，共同为学校打造特色、提高实力、促进发展，赢得群众的好口碑。（3）教育硕士生对模式运作提出了更高的要求，希望有更好的措施来改变目前个别中层执行方面有点流于形式，比如学科的业务学习、德育的班主任交流，没有新意、触发点不够，容易使学习者产生疲劳和枯燥感等状况，学校应该创造性地进行学习领导，形式不追求多但要精，且有一定趣味性，可以广泛征求师生的意见和建议，为师生的学习创造一个自由、宽松、精彩的学习氛围。（4）一线的教师谈到，校长本着“领先一步，导人一程”的思想，做到以身作则，积极学习，不断提升自身价值，他用自己的言行举止告诉我们学习的重要性；他重视领导班子的培训，常常提倡领导班子进行学习，如读专著、心得交流、外出学习等，还让他们把学习到的新知识、新理念制成 PPT 在会议上交流，让我们也同时得到能力上的提升；学校在新观念、新思维的影响下，不断地注入新鲜的血液，学习气氛浓厚了，师生都爱学习、爱思考了，家长和社会对学校的评价更高了。

6.5 学习领导模式的改进

根据第二轮实践行动以后教师访谈的结果来看，反映出了学习领导模式实施的总体效果是好的，从学习领导理论的阐释与演绎、模式的构建与运作过程、访谈论证中，认为本轮实践达到了预期的目的。但是学习领导的基本要求有些模糊，对个体作用、组织的功效、校长的作用和地位、学习领导的终极目标等在模式运行中的地位不够突出，为了使整个模式更加完整且容易操作，有必要对现有运行的学习领导模式进行改进，以进一步提升学习领导在学校变革中的功效。根据教育组织学、教育组织行为学、学校领导学和学校管理学等学科理论，结合学习领导的内涵，学习领导模式进行改进，如图 6–7。

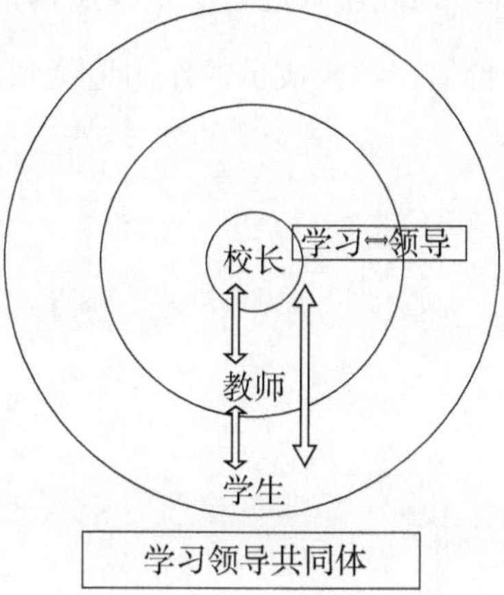

在学校情境中，学习领导模式：

① 领导者、被领导者和环境共同作用形成互动、互惠的学习领导共同体；

② 领导者、被领导者把学习作为知识分享、改善领导关系、提升领导思维品质的必经途径；

③ 学习者把学习领导作为学习成就、组织创造力、领导绩效、学校核心竞争力提升的重要手段；

④ 校长是学习的领袖、教师是学习领导的主力、学生是学习领导的主体；

⑤ 学习领导的终极目标是自我领导、自主学习、终身发展。

图 6–7 学习领导模式修正

这个模式改进的主要目的：（1）进一步明确学习领导的基本要求；（2）突出学习在对个体领导力发展的重要作用；（3）阐明学习领导对学校组织发展的积极功效；（4）明确学校成员在学习领导中的地位和作用；（5）清楚地表达出学习领导的终极目标。

6.6 本章小结

本轮的实践行动在没有外援的情况下，校长针对第一轮实践中存在的各种问题，重点发挥了校长在学习领导中的榜样、示范作用，将学习领导思想转化为自我领导学习、师生积极参与学习领导的行动指南，突出了校长在学习领导中的领袖和导师作用。通过学校领导组织模式的重构，改善了学校成员之间的关系，深化了学习领导理论。通过学习领导环境的优化，弥补和完善了学习领导模式运作中的缺陷，使学习领导的应有功能得到尽情的发挥。

经过对本轮研究实践效度的访谈，对学习领导模式进行了重新建构，对学习领导的基本要求、个体和组织发展的价值、学校成员的作用地位和学习领导的终极目标作出具体的说明。

7 结论与反思

7.1 结 论

根据模式运作的两轮实践，综合基本运作图和改进图，建构一个以学习为学校领导价值取向的学校领导新模式（如图 7–1）。

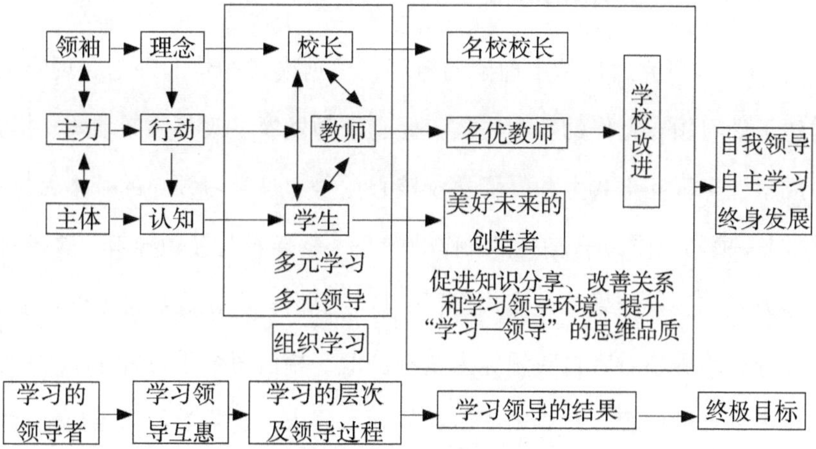

图 7–1　新学习领导模式

新模式图的主要内容：（1）校长作为学习的领袖，带头学习、推广学习领导理念，并对校本学习进行设计、引领和创造，从而提升领导智慧，走向名优校长的行列；（2）教师作为学习领导的主力，在学习领导的理论指引下，运用学习科学、领导科学，提高自身的思辨、沟通、问题解决、技能运用等能力，促进专业成长，成为名优教师，走向学习的自觉道路；（3）学生作为学习领导的主体，通过学习和领导能力的训练，在知识、技能、情感等方面发生的变化，提升“学习—领导”的认知能力，从而学会学习、自主学习、终身学习，成为美好未来的创造者；（4）说明学习领导是一个互惠过程，层次包括个体学习和组织学习，其行动方式是多元学习、多元领导；学习领导的结果是知识分享、改善关系、提升“学习—领导”的思维品质，共同推进学校改进；（5）学习领导是一个螺旋式上升的过程，其终极目标是促进学习者自我领导、自主学习、终身发展。

7.2 反 思

1. 模式实施结果的反思

（1）本研究通过基本理论的梳理，根据模式构建的理论和现实需求，构建了学习领导运作的基本模式：促进教师发展、改善领导绩效、提升学习成就、实现互惠共生和凝聚学校核心竞争力是学习领导的基本目标；把“学习—领导”作为学校一切工作的中心，领导者与被领导者、领导环境、领导方式和领导结果等是模式运行的核心要素；学校成员都是学习者，学校领导以培养学习者自我领导为核心价值，相信每个学习者在学习中都可以发挥领导的作用，并尊重学习者的学习需求，这是学习领导模式运作的基本特点；评价学习、评价领导、评价学习领导模式本身，使模式在实践中更能检验出效果的好与坏；明确领导权责、规划学习流程、提供行政支持、优化学习资源是学习领导模式运作的根本保障。这是充分运用建构主义的基本理论指导，完善学习领导模式运作的机制，对学习领导的实际行动具有指导意义。

（2）通过学习领导模式的构建，厘清了新时期学校领导操作基本规范。弄清领导为了什么，领导谁，怎样领导，需要什么条件，达到什么效果，是落实学习领导理念的基本要求。学校的发展是多方面的：教师发展、学生成就、改善关系、领导效益和整体共进，实际上就是成人、成己、成事，即通过最恰当的领导运作，使教师的专业发展更快、学生的学习成就更明显、校长的领导思想更成熟、学校的人际关系更加和谐、学校应变能力和创造能力更强。所以围绕学校领导变革理论和学校发展的现实需求，把学校领导的焦点聚集在"学习"上，把原来科层式行政结构转变为扁平式人际关系结构，把学校成员置身于"校园"这个班级中，淡化了领导的"权位"成分，突出学习的"伙伴"关系，"同学"与"伙伴"之间的关系的建立，改善了等级森严的科层结构，使学校成员的关系更为融洽，即使在学习上发生争执时，学校领导也只是扮演裁判的角色；明确学习领导所需要的环境条件，通过倾听、对话、协商等方式构建学习领导的愿景，并形成每个成员都能接受的评价机制，学校必须为学习领导提供强有力的服务保障。从研究结果中可以看出，模式的构建来源于学习科学和领导科学，符合教育的基本规律和人的发展心理，能够对具体的实践指引方向，同时便于通过实践检验理论。

（3）对本研究就同一种模式能在同一个案中连续实施，表明学习领导是一个互惠的过程，学习领导模式是一个螺旋式上升的过程，这个过程没有终点。校长是学校的主要负责人，是把握学校这艘大船方向的舵手，其行政权威影响学校干部、教师的所思所想。从领导特质理论到课程领导和教学领导的演进发展，本研究提出的学习领导，是对以学习为中心的学校领导的延伸，学习领导者本身是一名热衷于学习的领导，他的思想、行为深刻影响、激励着内部成员，不断向成员描述合作学习、共同领导的美好愿景，并运用多元领导方式激发成员学习、领导的志趣，培养更多的学习领导者。随着学校不断发展，问题不断地暴露出来，如模式在学校发展的不同时段实践的切入点、侧重点，需要修正模式、变革方式、调整目标，使干部、师生能够继续拥有、拥护、自觉践行理念，调整侧重点之后的模式运作中，干部、师生在个体学习、小组学习、综合性项目学习行为中能够紧跟学习领导的步伐，一起实践、反思、深化学习领导理念，不断提高学习领导的水平和领导绩效。两轮的实践结果，显示了学习领导模式的成效，丰富了教育领导实践经验。

（4）通过学习领导模式的具体运作，验证了学习领导对学校发展的重要性。在第一轮的行动实践中，说明了新课程改革中没有一定的知识储备是难于推动课程改革和提高课堂教学质量的。也正因为课程改革的压力，校长发现了各种阻碍学校发展的问题，迫使校长转变领导观念，在学习中明白了学习对个人领导力、教师专业成长和学生学习成长的价值。在学习领导理论的指引下，把学习作为领导工作的中心，积极寻找学习资源以满足师生的学习需求，拓宽领导来源以调动师生学习和参与领导学习的积极性，加强内部人员的沟通以改善学习与领导的关系，使学习和领导朝着开放、多元的方向发展，为学校发展注入了生机，改变了学校的面貌。同时也发现了校长在学习领导中的榜样示范作用，以及现行组织结构对改善人际关系的负面影响，学习领导环境有待进一步优化等问题。于是在第二轮的实践中，重点加强了校长学习的自我领导对师生产生的影响、组织结构变革、领导环境优化的实践研究，并突出每一个学校成员在学习领导文化建设中的重要作用，把外在的学习领导行为内化为共生共存共进的精神。从研究结果中显示，校长的多元学习方式和孜孜不倦的学习精神感染了年轻教师，所引进的学习资源满足了师生在某一个阶段的学习需求，通过授权和指导培养了一批优秀的学习领导者和领导文化的建设者；厘清了学生学习的具体内容：学科的知识、方法、价值，生活技能、学习技术和人文价值等方面的整体学习，对人的综合发展的重要性。

（5）通过学习领导模式运作的访谈，说明了学习领导及模式运作的可行性。学习领导的成败必须根据参与者的亲身感受、实际效果来说明。从访谈结果中可以看出，校长唯有进入研究现场，亲历领导实践，才能真正发现学校发展的问题所在，才能找到最适合的领导方式，并且让师生看到短期目标和未来蓝图，运用智慧去克服领导中的各种困难。在访谈过程中了解到，校长通过明确学习领导的价值，且能够持之以恒地宣扬学习能改善个人和组织知识结构、思维模式的理念，告诉全体成员学校发展提倡什么、重点是什么、什么是应该做的，相信每个人都能通过学习挖掘自己的潜能，鼓励师生大胆去探索那些未知的领域，因而让学校师生清楚了学校工作的方向，加强了对学校领导意图的理解，这是学习领导模式实施的基础。

在访谈中了解到，高强度的学习对于生活安逸、年纪稍长的教师来说是一件痛苦的事情，这些教师在学习中存在的抵触情绪、消极行为影响到部分意志不够坚定的教师的学习积极性，不愿接受他人的学习领导，这对整个学校组织的学习造成一定的阻力。但是，在共同学习、分享知识的过程中，营造了良好的学习领导氛围，干部、师生习得、懂得了用同理心来处理学习与领导的关系，能够站在别人的角度思考事情，懂得了彼此尊重、彼此合作、彼此平衡、彼此成就，从而提升了学习的智慧和领导的智慧，保证了学习领导可以深入开展下去。

学习领导大力推动学习促进个体和组织发展的工作，让一部分学习优秀者“先富起来”的激励措施，触动了学历低和知识基础薄弱干部已有的利益，给他们带来严重的危机感和紧迫感，个别干部在执行、落实学习领导行动过程中，有意无意地出现工作疏忽、岗位不作为等现象，造成组织明显的领导“内耗”，也有些干部没有把学习作为检验工作绩效的惟一标准，经常出现“说起来重要、做起来次要、忙起来不要”的情况，无法达到学习领导的全方位、全过程渗透。根据这些存在的问题，学校领导紧接着大力推崇的开放式领导、开放式学习，强化学校成员之间的知识传递、知识分享，在知识传递和分享中改善学习、改善教学、改善领导，从而形成了“合作学习、共同领导”的发展愿景。为追求高品质的学校教育，学校更加重视人的平等地位，以教师和学生为本，从原来的以制度强迫约束为主的方式，转向以促进人的发展为本的柔性领导，以优质的服务吸引了师生的注意力，提高了个体和组织对学习领导的接纳能力和综合素质。

学习领导理念的不断深入，全体师生充分感受到了它的魅力，能用崭新的视角思考学校组织发展的内在需求，适应组织环境的变化，增进了组织成员的学习力和领导力，积累了学校发展的经验，把握了自主学习的方向。特别是现代社会信息的来源广、范围大、变化快，人的学习心理、学习方法、学习过程、学习目的已经不能用驾驭、管理等强制手段来做简单处理，作为学习领导者的校长不能停留在像学校组织范围内的那种领导方式来领导师生的学习，必须培育个体和组织的学习领导精神，通过强化合作学习、共同领导的相互作用来提升学习者的自我领导信心，每一个学习者能源源不断地为学校组织变革带来智力，为学校的生存和长期发展提供良好的领导决策环境。

2. 对本研究的结果反思

（1）通过对学校领导存在问题的探析，加深了对学习领导理论的认识和理解。学校普遍认为新课程改革让学校领导的取向发生了变化，学习领导理念是积极的，但操作起来比较难。一般的学校领导者对学校领导认识停留在完成上级下发的各种工作及做好自己的本职工作上，就是想着如何“把事情做好”，因而领导者和管理者都在做同一件事情，没有很好地区分领导和管理的关系。从学校领导的现实状况中可以看出，一方面，领导主要针对的是“人”，管理主要针对的是“事”，把事情做好的前提是执行者的素质和能力，素质和能力来自于他的学识，学识来自于学习和思考。另一方面，认为学习是自己的事情，学习根本不需要领导，没有充分认识到对被领导者、组织学习的领导是领导者的基本职能之一，学习是提高领导者领导能力的重要手段，学习力决定领导力，学习即领导，领导即学习。再者，领导者的学习表现是影响组织学习的重要因素，领导者善于自我领导学习和领导组织学习，对组织知识的重新构建和组织创造力起到至关重要的作用。从理论的梳理、人的规律成长和学校发展的现实需要角度分析、思考，让学校领导者认识到，学习需要领导，学习需要合作，领导需要学习，组织学习需要领导，学习与领导是互惠关系。特别是在学校去行政化管理、学习社会化的时代，学习领导在个体成长和组织的发展中是必不可少的，学校领导需要转变领导观念，以学习领导作为学校变革或改进的切入口是合适的。

（2）通过学习领导理论的梳理和归纳，认识到了实施学习领导的必要性。学习领导是未来学校领导的主要方式，在跨入新时代的今天，学校领导者会用以往领导的惯性思维处理新事物，这对新课程改革环境下的学校领导变革，会带来一定的阻碍和困难。为了使领导观念得到一个好的过渡，必须领导全体学校成员向学习历史学习、向师生学习、向未来学习的思想引导，这样可以激发干部、师生对学校的认同感和荣誉感，并慢慢接纳学习领导理念。认同学习领导之后，能更好地促进学校知识的分享与交流，更新个体和组织的知识结构，提高个体和组织的应变能力，迎接新的挑战。研究结果显示，要改变既往的领导思维模式，必须要处理好学习领导与行政领导、现有学校运作方式的关系，工作与学习的关系，这些关系往往存在冲突，一个是行政权威和学术影响，另一个是日常工作和学习提升，如何避免高效的行政与消化过程较慢的学习之间产生矛盾，如何在有限的时间内做到学习工作化、工作学习化，教师深感被动，使领导运作与个体快速反应比较难达到统一。行政干部对跨学科学习的领导感到知识储备不足，领导思想转变困难，而且害怕承担领导责任问题。同时，部分教师因年龄、身体素质、精力投入、事务繁多等原因，在学习领导实施的初期使他们深感压力大而产生不适，出现消极的情绪。但个体学习热情的被激活、强化对综合性项目的学习及领导，使年轻好学的教师看到了学习带来的效益和希望，在年轻教师的极力推崇下，绝大部分教师表现得明智地对待困惑和压力，能清晰地表达出来并愿意付诸行动，认识到加强对学习的领导才能转变固化的领导方式，也必须加强学习领导才能促进个体知识的分享与交流，才能更好地协调师生的学习，共同谋划学校的发展，才能迎接挑战。在校长的领导下，学校制订学习领导支持、保障体系，鼓励合作学习、共同领导，在实践中达成学习领导促进个体成长和学校发展的共识，形成学习领导共同体。

（3）本研究对学习领导理论的来源进行了多学科、多层次的探讨，尤其是对学习领导在学校实施的必要性、重要意义和实施条件等问题进行了系统的阐述，这将有助于学习领导理论在我国中小学开展研究，可以丰富和发展学校领导理论。从理论研究的层面来看，学习领导属于学校领导的微观层面，即校长领导学校的价值取向，通过对学习领导的研究，揭示校长个人的知识基础、思维模式能深刻地影响学校发展的速度，能锻造学校的个性。本研究在西方国家及台湾地区的研究文献中得到启示：学校需要组织学习，组织学习需要领导，领导需要学习，说明了学习领导在学校领导中的必要性；学习领导有别于行政领导，它有自身的内涵、分类和特征；学习领导对学校发展、教师专业成长和学校的发展具有重要的意义；学习领导的实施需要良好的学习领导环境，领导者有较强的学习能力，被领导者有强烈的学习意愿和学习能持续坚持下去等各种条件。从理论上填补我国中小学校长作为研究者、实践者开展行动研究的空白，这将有助于认识新的学校领导范式。本研究就具有本土化的特征，具有重要的理论价值。

学习和领导都是一个持续变化的过程，学习领导的研究是一个全新的课题。选定此研究题目，是从校长领导学校的实践出发，运用文献分析研究法、描述性行动研究法等开展研究。笔者希望，通过这个研究，校长能够根据自身的实际条件，将领导的价值取向、行为风格集合成一个学校发展的整体。文献研究包括中国期刊教育数据库、台湾地区教育期刊数据库等所搜集的报告、期刊、博士论文及其他国内外书籍、杂志等数据。利用已有的文献，可能受到影响，本研究是在前人研究的基础上进行一些再创造研究，研究的价值取向在很大程度上依赖于研究者掌握的文献资料。通过文献的梳理，基本厘清了学习领导的真相和价值所在，通过理论与实践、研究者与实践者的思维辩证方式预设领导学习可以促进学校发展的命题，整合领导科学中的学习理论和学习科学中的领导理论，建构、界定学习领导概念，阐明学校实施学习领导的必要性和重要性以及相关模式，通过实践的层层推演，来对学校领导、学校发展进行验证，以求达到最好的结果和最好的解决办法，还原其学习领导思想本真的实际生活。描述性行动研究，可能受到研究者个人身份，如性别、年龄、文化背景、社会地位、受教育程度、性格特征以及研究者的个人倾向，如研究者的角色意识、看问题的视角、对生活经历的体验与评价等影响，同时可能受到被访者个人身份和个性特征的影响，以及质化研究中伦理道德方面的限制，在访谈时可能说很多好话，把不好的话有意无意地隐藏起来，使本研究始终处于一种两难的境地，正如陈向明教授所说的“一方面希望自己的研究是真实可靠的，另一方面又声称没有任何一个文本是完整的”。所选择的W小学是新建的公立学校，在教育均衡化、就近入学的大背景下，具有典型性，但是不能代表一个地区或更大范围内的学校类型。学习领导是一个螺旋式上升的发展变化过程，其效果需要很长的时间来检验，也无法用一时的、具体的数据来量化。如果把发现的结论运用到其他学校，必须考虑学校发展的独特文化背景、教师本身的素质以及学校的具体情境。我们现在仅限于从实践者的角度树立基本理论、构建基本模式，面对学习化社会这一国际大环境，面对大数据时代的数字化学习，面对领导理论的不推陈出新，会遇到错综复杂的事情。校长（学校领导者）应该在领导学习中形成自己的专业判断，如何处理行政领导与学习领导的关系，如何把握领导、学习与工作的关系，如何认识个体学习、组织学习、学校变革与发展的彼此联系，这些是未来校长领导学习的重点与难点，也是形成校长个人核心领导力和学校核心竞争力的高标准体现。总之，作为校长，领导学校不仅要面向未来，而且还可以在一定程度上去影响未来。

参考文献

一、中文文献

1. 著作类

[1][澳大利亚]林嘉德等. 领导学习——达成教育者的愿景[M]. 张健，译. 长沙：湖南教育出版社，2008.

[2] Crawfordm，Kyddl，Richesc. 教育管理：领导与团队[M]. 黄婉仪，等译. 香港：香港公开大学，2001.

[3] 陈永明. 教育领导学[M]. 北京：北京大学出版社，2010.

[4] 董君武，等. 学校变革与教育领导[M]. 北京：北京大学出版社，2010.

[5] 范蔚，李宝庆. 校本课程论——发展与创新[M]. 北京：人民教育出版社，2011.

[6] 高文，等. 学习科学的关键词[M]. 上海：华东师范大学出版社，2009.

[7] 郭继东．学校组织与管理［M］．上海：华东师范大学出版社，2012．

[8] 国家教委国家教育发展研究中心．未来教育面临的困惑与挑战［M］．北京：人民教育出版社，1991．

[9] 丁栋虹．领导力［M］．北京：清华大学出版社，2012．

[10] 顾明远，石中英．《国家中长期教育改革和发展规划纲要（2010——2020）》解读［M］．北京：北京师范大学出版社，2010．

[11] 韩廷伦．教育研究方法［M］．北京：高等教育出版社，2011．

[12] 胡中锋．校本评价：方法与案例［M］．广州：广东高等教育出版社，2011．

[13] 黄甫全．小学教育学［M］．北京：高等教育出版社，2007．

[14] 黄毅英．教授现在告诉你：如何开展教育研究［M］．武汉：华中师范大学出版社，2010．

[15] 侯锷．首席学习官［M］．北京：社会科学文献出版社，2010．

[16] 冯大鸣．美、英、澳教育管理前言图景［M］．北京：教育科学出版社，2004．

[17] 冯克诚，西尔枭．实用课堂教学模式与方法改革全书［M］．北京：中央编译出版社，1994．

[18] 毛泽东．毛泽东选集：第1卷［M］．北京：人民出版社，1991．

[19]［加拿大］哈格里夫斯．可持续变革［G］// 丁钢，黄锦樟．聆听外面的界——多元社会中的教育领导．上海：华东师范大学出版社，2008．

[20]［加拿大］迈克尔·富兰．学校领导的道德使命［M］．北京：教育科学出版社，2005．

[21] 靳玉文．教育研究大视界（上篇：教育研究方法论）［M］．长春：东

北师范大学出版社，2010.

[22][美]阿尔玛·哈里斯．分布式领导：不同的视觉[M]．冯大鸣，译．上海：上海教育出版社，2012.

[23][美]彼德·圣吉．学习型学校[M]．杨振富，译．台北：天下远见出版股份有限公司，2002.

[24][美]迪伊·霍克．隐形VISA：面向未来的混序组织[M]．张珍，张建丰，等译．上海：上海远东出版社，2011.

[25][美]格拉索恩．校长的课程领导[M]．单文经，等译．上海：华东师范大学出版社，2003.

[26][美]杰里米·里夫金．第三次工业革命：新经济模式如何改变世界[M]．张体伟，孙豫宁，译．北京：中信出版社，2012.

[27][美]琳达·兰伯特，等．教育领导：建构论的观点[M]．崔云，译．兰州：甘肃文化出版社，2005.

[28][美]马修斯（Matthews，L. J.），[美]克罗（Crow，G. M.）．今天怎样当校长[M]．徐益能，等译．北京：中国轻工业出版社，2008.

[29][美]Priscilla Norton，Karin M. Wiburg 信息技术与教学创新[M]．吴洪健，等译．北京：中国轻工业出版社，2002.

[30][美]乔伊斯·奥斯兰，[美]大卫·库伯，[美]欧文·鲁宾，等．组织行为学（第8版）[M]．北京：中国人民大学出版社，2011.

[31][美]斯蒂芬·P. 罗宾斯．组织行为学（第7版）[M]．北京：中国人民大学出版社，1997.

[32][美]Sylvia M. Robert，Eunice Z. Pruitt．学习型学校的专业发展——合作活动和策略[M]．赵丽，等译．北京：中国轻工业出版社，

2004.

[33] [美] 托马斯·J. 萨乔万尼. 校长学：一种反思性实践观 [M]. 张虹，译. 上海：上海教育出版社，2004.

[34] [美] 约翰·WW 克里斯韦尔. 质的研究及其设计——方法与选择 [M]. 余东升，译. 青岛：中国海洋大学出版社，2008.

[35] 雷玲. 谁来办好每一所学校：9 位名校长的办学智慧 [M]. 上海：华东师范大学出版社，2011.

[36] 李志厚. 教师校本学习论 [M]. 广州：广东高等教育出版社，2006.

[37] 梁素贞. 领导科学 [M]. 北京：中国社会出版社，2004.

[38] 梁歆，黄显华. 学校改进：理论和市政研究 [M]. 上海：华东师范大学出版社，2010.

[39] 刘裕权，卢彰. 公共关系学：原理与实务 [M]. 成都：成都科技大学出版社，1996.

[40] 孟繁华，等. 学校发展理论 [M]. 北京：教育科学出版社，2011.

[41] 彭志刚. 校长的影响力 [M]. 呼和浩特：远方出版社，2007.

[42] [日] 佐藤学. 课程与教师 [M]. 钟启泉. 译. 北京：教育科学出版社，2003.

[43] [日] 佐藤学. 学习的快乐——走向对话 [M]. 钟启泉，译. 北京：教育科学出版社，2004.

[44] 施良方. 学习论 [M]. 北京：人民教育出版社，2001.

[45] 孙远航，郭文智，孙喜连. 薄弱学校改造与发展 [M]. 上海：华东师范大学出版社，2006.

[46] 孙远航. 新时期中小学校长领导力的提升 [M]. 西安：陕西师范大学出版社，2008.

[47] 孙正聿. 哲学导论 [M]. 北京：中国人民大学出版社，1999.

[48] 王利. 学校课程领导研究 [M]. 北京：中央民族大学出版社，2012.

[49] 汪来杰. 中西方视域下的领导理论 [M]. 开封：河南大学出版社，2010.

[50] 温恒福. 教育领导学 [M]. 北京：中国人民大学出版社，2010.

[51] 文茂伟. 当代英美组织领导力发展理论与实践 [M]. 杭州：浙江大学出版社，2011.

[52] 谢文全. 教育行政学（第 2 版）[M]. 台北：高等教育文化事业有限公司，2009.

[53] [英] Alma Harris, Daniel Muijs. 教师领导力与学校发展 [M]. 许联，吴合文，译. 北京：北京师范大学出版社，2007.

[54] [英] BARBARA MACGILCHRIST MARGARET BUTTRESS. 教与学的变革 [M]. 北京：中国轻工业出版社，2006.

[55] [英] 布什，[英] 贝尔. 好校长是这样炼成的 [M]. 林丽玲，译. 福州：福建教育出版社，2011.

[56] 叶澜. "新基础教育"发展研究报告集 [M]. 北京：中国轻工业出版社，2004.

[57] 查有梁. 教育建模 [M]. 南宁：广西教育出版社，1998.

[58] 张兆芹，卢乃桂，彭新强. 学习型学校的创建：教师组织学习力的新视角 [M]. 北京：教育科学出版社，2011.

[59] 钟志贤. 大学教学模式革新：教学设计视域 [M]. 北京：教育科学出版社，2008.

2. 期刊论文类

[1] 艾诗根. 英国学习领导实施的经验评述 [J]. 全球教育展望，2014(9).
[2] 蔡怡. 教育领导理论新进展 [J]. 比较教育研究，2007(1).
[3] 曹永国. 一个必须慎思的教育话题：知识学习 [J]. 现代大学教育，2012(2).
[4] 程晋宽. 建构主义学校教育领导观述评 [J]. 外国教育研究，2006(4).
[5] 陈江. 五大利器提升组织学习力，构建企业核心竞争力 [J]. 现代管理科学，2010(10).
[6] 陈佩英，潘慧玲. 校长的学习领导：领导践行与能力发展的初探 [J]. 教育研究月刊(台湾)，2013(5).
[7] 陈江. 五大利器提升组织学习力，构建企业核心竞争力 [J]. 现代管理科学，2010(10).
[8] 冯大鸣. 西方教学领导研究的再度兴盛及逻辑转向 [J]. 教育研究，2012(3).
[9] 高宏卿，王新法. 团队学习层次模型研究 [J]. 软件导刊·教育技术，2009(1).
[10] 龚孝华，于慧. 提升专业能力的中小学校长培训模式探索——基于实践性取向的理念与行为 [J]. 课程·教材·教法，2011(12).
[11] 蒋园园. 分布式领导概念辨析及对学校组织改善的作用 [J]. 教育科学，2008(12).
[12] 李莉. 数字经济时代领导者的素质刍议 [J]. 淮北煤炭师范学院学报

（哲学社会科学版），2004（6）.
［13］刘春，杨小微．臻至中国“第三极”学校领导研究的思考［J］．黑龙江高教研究，2012（4）.
［14］刘幼玲．近十年国外分布式教育领导研究述评［J］．上海教育科研，2010（8）.
［15］李艺伟，李文举．“以学习为中心”的心理学解读与启示［J］．辽宁工业大学学报（社会科学版），2011（2）.
［16］梁东荣，张艳敏．英美澳分布式领导研究透视及其启示［J］．比较教育研究，2007（7）.
［17］林明地．学习领导：理念与实际初探［J］．教育研究月刊（台湾），2013（5）.
［18］刘建强．学校组织变革之“功能—要素”取向［J］．教育研究与实验，2012（6）.
［19］刘茜．学习领导理论述评［J］．外国教育研究，2011（1）.
［20］［美］J．墨菲 E．戈德林 S．艾略特 X．克雷文斯，［美］A．波特．范德堡教育领导力评估：以学习为中心的评估方式［J］．华东师范大学学报（教育科学版），2011（3）.
［21］齐书宇，邢立娜．美国中小学校长领导标准及其启示［J］．教育探索，2013（7）.
［22］单文经．试释学习领导的意义［J］．教育研究月刊（台湾），2013（5）.
［23］田荣俊．校长的角色行为（一）［J］．教育科研论坛，2006（4）.
［24］王冰，尹涛，吕廷杰．论基于建构主义的探究性学习与知识创造过程［J］．天津大学学报（社会科学版），2008（3）.

[25] 王菲. 不同领导方式的比较选择 [J]. 理工高教研究，2004 (8).

[26] 王海英，伍州. 学校改进的路径分析：学校领导的视角 [J]. 教育科学，2009 (2).

[27] 王红，陈纯槿. 美国教育领导力评价研究三十年：回顾与启示 [J]. 比较教育研究，2012 (1).

[28] 王文静. 情境认知与学习理论研究述评 [J]. 全球教育展望，2002 (1).

[29] 魏磊，陈大超. 论校长的学习领导者角色 [J]. 牡丹江师范学院学报 (哲学社会科学版)，2006 (1).

[30] 谢翌，李朝辉，史丽晶. 学校课程领导引论 [J]. 高等教育出版社，2012.

[31] 熊川武，江铃. 论义务教育内涵式均衡发展的三大战略 [J]，教育研究，2010 (8).

[32] 佚名. 领导即学习 [J]. 领导决策信息 (月末版)，2004 (12).

[33] 易晓佩. 互惠式教师学习社群：内涵、意义及建构策略 [J]. 教育与教学研究，2011 (9).

[34] 余胜泉，等. E-learning 新解：网络教学范式的转换 [J]. 远程教育杂志，2009 (3).

[35] 查有梁. 校本学习与教育建模 [J]. 中国教育学刊，2005 (2).

[36] 张新平. 对学校科层制的批判与反思 [J]. 教育探索，2003 (8).

[37] 张兆芹. 个体学习、组织学习与学习型组织之辨析 [J]. 比较教育研究，2006 (8).

[38] 曾文婕，柳熙. 获得 · 参与 · 知识创造——论人类学习的三大隐喻 [J]. 教育研究，2013 (7).

[39] 曾艳，黎万红，卢乃桂．学习的领导：理解教育领导的新范式［J］．全球教育展望，2014（4）．

[40] 曾艳，黎万红，卢乃桂．课程改革中教师成为学习领导者的路径探索——基于一项实证研究的探讨［J］．教师教育研究，2014（1）．

[41] 周俊．以学习为中心的学校领导者发展——美国南部地区教育委员会学校领导者发展项目述评［J］．外国教育研究，2011（11）．

[42] 周建平．大学实践教学的变革：情境学习理论的视角［J］．高教探索，2009（4）．

[43] 钟启泉．从"行政领导"走向"专业权威"——"课程领导"困惑与课题［J］．教育发展研究，2006（4A）．

[44] 钟启泉．"三维目标"论［J］．教育研究，2011（9）．

[45] 钟志贤．知识建构、学习共同体与互动概念的理解［J］．电化教育研究，2005（11）．

[46] 朱伟．中小学校长的知识结构与学习的改善［J］．教育学术月刊，2010（1）．

3. 学位论文类

[1] 蔡京玉．行动研究对中小学教师专业发展的助推作用研究——基于长春汽车经济技术开发区区域推进案例［D］．东北师范大学，2013．

[2] 梁毅．探寻学习型领导——一项关于中学校长的质的研究［D］．广西师范大学，2004．

[3] 刘亚敏．大学精神探论［D］．华中科技大学，2004．

[4] 孙传远．教师学习：期望与现实［D］．上海师范大学，2010．

[5] 杨甲睿．互惠性教师专业"学训研"共同体创建的行动研究［D］．华

南师范大学，2013.

[6] 原献学. 组织学习的动力理论与实证研究 [D]. 华东师范大学，2004.

4. 其他

[1] 何巧艳. 人文价值教育与道德教育概念的探讨 [M] // 黄甫全，Taplin Margaret，吴凤萍. 中国人文价值教育原理与方法内部资料，2014.

[2] 刘志华. 以学习为中心的校长领导力与中小学教师领导力的关系研究 [C] 2012 年教育创新大会（科研专辑）.

[3] [美] 吉恩 · 卡特. 在全球社会促进学校学习的领导能力 [C]. 2006 中美教育研讨会论文集暨首届教育领导国际研讨会论文集，2006.

[4] 王世伟，黄崴. 试论聚焦于组织学习的学校领导 [C]. 中国教育学会教育管理分会教育管理学学科学术委员会第 10 次学术年会，2009.

[5] Lashway，L. Developing Instructional Leaders. ERIC Digest [DB/OL]. http：//www. Eric digests. org/2003 — 2/leaders. html，accessed on November 5，2009.

二、外文文献

[1] Assessment Reform Group. Assessment for Learning：10 Principles [M]. Cambridge：University of Cambridge，2002.

[2] Argyris C，Schon D. Organizational learning：a theory of action perspective [M]. MA：Addison — Wesley Publishers，1978.

[3] Beckett L. Professional learning in community teachers and academic

partners focused on disadvantaged students in schooling and higher education [J]. Aust. Educe. Res., 2011 (38).

[4] Burns J M. Leadership [M]. New York: Harper and Row, 1978.

[5] Barth R S. Teacher Leader [J]. Phi Delta Kappan, 2001, 82.

[6] Edmonds R. Effective Schools for the Urban Poor [J]. Educational Leadership, 1979 (37).

[7] Edward S, Gary J. Knowledge Management in Education: Enhancing Learning & Education [M]. London: Kogan Page, 2002: 2、5、3、XV、121.

[8] Fink D, Hargreaves A. The Seven Principles of Sustainable Leadership [J] . Educational Leadership, 2004, 61 (7).

[9] Fullan M. Leading in a culture of chang [M]. Hoboken, NJ: Jossey Bass, 2004.

[10] Gibb C. Leadership [A] //Lindzey G. Handbook of Social Psychology. M A: Addison–Wesley, 1954: 877 - 917.

[11] Gronn, P., Distributed leadership [A] //Leithwood K, Hallinger P. Second In ternational Handbook of Educational Leadership and Administration. Dordrecht: Kluwer Academic Publishers, 2002.

[12] Hallinger P. Leadership for 21st century: From instructional leadership to leadership for leaning [A]. Hong Kong: The Hong Kong Institute of Education, 2009.

[13] Hallinger P. A Review of Three Decades of Doctoral Studies Using the Principal Instructional Management Rating Scale: A lens on Methodological Progress in Educational Leadership [J]. Educational

Administration Quarterly, 2011, 47 (2).

[14] Hedberg B. How Organizations Learn and Unlearn [M] //Nystrom P, Starbuck W. Handbook of Organizational Design. Oxford: Oxford University Press, 1981: 3.

[15] Janice Jackson. Leadership for Urban Public School [J]. The Educational Forum, 2005 (69).

[16] Judge T A, Piccolo R F. Transformational and transactional leadership: A meat analytics test of their relative validity [J]. Journal of Applied Psychology, 2004, 89 (5).

[17] Robin B S. Leading Learners, Leading Schools [M]. Rutledge Farmer: Taylor and Francis Group, 2003.

[18] King D. The changing shape of Leadership [J]. Edueational Leadership, 2002, 59 (8).

[19] Leadwood K, Montgomery D. The role of the Elementary Principal in Program Improvement [J]. Review of Educational Research, 1982 (3).

[20] Ryan S. Principals and Teachers Leading Together [C]. Annual Meeting of the American Educational Research Association, Montreal Quebec Canada, 1994.

[21] Snell J, Swanson J. The Essential Knowledge and Skills of Teacher Leaders: A Search for a Conceptual Framework. Washington, DC: ERIC Clearinghouse, 2002.

[22] Sosik J J, Godshalk V M, Yam Marino F J. Transformational leadership, learning goal orientation, and expectations for career success inmentor - prot é g é relationships: A multiple levels of analysis perspective [J].

The Leadership Quarterly, 2004, 15 (2).

[23] Southworth G. The Learning School [C] //Ribbin P, Burridge E. Improning Education: Promoting Quality in Schools. London: Cassel, 1994.

[24] Uhl-Bien M. Relational Leadership Theory: Exploring the social processes of leadership and organizing [J]. Leadership Quarterly, 2006, 17.

[25] Youk-Barr J, Duke K. What do We Know about teacher leadership ? Findings from Two Decades of Scholarship [J]. Review of Educational Research, 2004, 74 (3).

附　录　学习领导模式访谈提纲

访谈目的：

了解学校领导的现状；

了解校长、教师、学生对自己和组织学习的态度；

了解领导在教师、学生和组织学习中的现状；

了解影响学生学习、教师学习和组织学习的领导因素和领导障碍；

了解校长、教师、学生在学习领导模式运作中的态度、表现；

了解学习领导对促进学校整体发展的积极表现；

访谈纲要：

① 请您描述一下，目前您所在的学校领导的领导最注重什么？给您和学校产生什么影响？

② 你们校长是怎样学习的？是自愿吗？您（或同事）平时学习吗？是否受他人的影响？您所在的学科组（或所在的团队）有集体学习吗？是怎样组织学习的？

③ 有哪些领导因素影响学生与您（或所在的学科组、团队）学习？在领导过程中会遇到什么样的障碍或困难？您认为这些障碍和困难是基于什么原因产生的？您是否想过如何改进？

④ 校长（或学校领导）、教师或学生怎样领导您（或同事）学习？其过程是怎样的？您的表现如何？

校长（或学校领导）、教师或学生怎样领导您所在的学科组（或团队）学习？其过程是怎样的？您所在的学科组（或团队）的表现如何？

校长（或学校领导）、教师或学生怎样领导学生（或班级、学生组织）学习？学生的表现如何？

校长（或学校领导）是怎样领导学校（组织）学习的？

⑤ 在学习领导模式运作过程中，您有什么感受？其他同事和学生有什么变化？

⑥ 学习领导对教师的专业成长、学生的学习成就和学校的整体发展带来了哪些变化？您持怎样的态度？

后 记

本书是在我的博士毕业论文原稿基础上，根据广东省基础教育强师工程课题研究的要求，以最真实的学校领导与管理案例展示一个校长、一所学校通过学习领导的实践、探索、研究历程。从我接触“学习领导”一词以来，经历了十个年头。十年时间里，本人从函授本科到博士研究生毕业；从草根校长成长为市名校长工作室主持人、市教育家培养对象、省名校长培养对象；从一个学习者成为一个学习领导者，被普通师范大学、“211”师范大学、“985”大学聘为硕士生兼职导师；我主持工作的两所学校，从没有硕士生到目前激发了30多位教师读硕士、做科研、成名师。这一切都有赖于上级领导的关心与支持，同事们的信赖与追随，家长和社会的肯定与激励。特别是下面跟我关系最密切的人对我的关爱，在此特别感谢。

感谢我最尊敬的导师李太平教授，他待人真诚、坦荡、大气，他以其渊博的学识、聪慧的眼界、严谨的思想，以及对专业领域前沿问题和发展动态的把握，令我敬佩不已，使我受益匪浅，在此致以衷心的感谢！在四年的学习中，每次参加导师组织的学术交流活动，都使自己深感学术知识的浅薄，幸亏有导师的宽容、鼓励和精心指导，让我有信心和勇气坚持深入研究。通过本研究的训练，我的学术思维和研究规范有了一定的进步！

感谢华南师范大学的博士生导师黄甫全教授，他一丝不苟，兢兢业业，犀利而富于创造。他在我读硕士、博士的全过程当中，都给予了大力的指导和帮助，为我搭建了各种学习的平台，而且随时随地就办学和研究过程中遇到的问题与我交流，给我指导，他是我学术成长的见证人之一！

感谢华南师范大学的曾文婕教授，她学识渊博，严谨深邃，在我读硕士、博士的过程当中给予鼎力支持；感谢福建师范大学的刘家访教授，他亲切、智慧、反应敏捷，言谈间挥洒活力无限。他们是我永远的良师益友！在我学术成长过程中提出的宝贵而中肯的建议至今令人回味无穷。

感谢我的爱人，她工作繁忙之余还要照顾好孩子，并特别为我的学习创造了温馨的环境，让我感动万分！我懂事、自立的孩子，减少了我无谓的操劳，给予我更多的时间完成学业！

2017 年 5 月 9 日